궁 궐

그날의 역사

궁 궐
그날의 역사

글 · 황인희, 사진 · 윤상구

기파랑

서울 한복판에는 조선의 5대 궁궐인 경복궁, 창덕궁, 창경궁, 덕수궁, 경희궁이 있습니다. 이 궁궐들은 우리나라의 중요한 문화재들이며 서울을 찾는 외국 관광객들한테는 꼭 들러야 하는 필수 코스로 알려져 있습니다. 그래서 제법 복원이 많이 이뤄진 경복궁이나 창덕궁에 가면 외국어로 궁궐을 안내하는 도우미들의 목소리가 사방에서 들려올 정도입니다.

아마도 우리나라 사람치고 경복궁이나 창덕궁에 안 가본 사람은 거의 없을 것입니다. 하지만 어른들에게 궁궐은 어린 시절 학교에서 소풍갔던 추억의 장소로 기억되는 경우가 대부분일 것입니다. 그때는 도시락 먹고 별 생각 없이 대충 한 바퀴 둘러본 게 다였겠지요. 또 어른이 된 후에도 데이트를 위해, 가족 소풍을 위해 가보긴 했지만 그 안에 어떤 건물이 있고 그 건물의 모양이나 쓰임새까지 눈여겨 본 사람은 많지 않을 것입니다.

궁궐은 '궁(宮)'과 '궐(闕)'을 합한 말입니다. 궁은 임금과 신하들이 만나 나랏일을 보고 임금과 그 가족들이 생활하는 공간을 말합니다. 궐은 궁을 지키기 위해 에워싸고 있는 담장과 망루, 출입문 등을 일컫는 말입니다. 궁궐은 〈주례고공기〉의 궁실 제도에 관한 규정 중 '삼문삼조(三門三朝)'라는 조항에 따라 지어졌습니다. 삼조는 궁궐의 앞쪽부터 외조(外朝), 치조(治朝), 연조(燕朝)로 이어지는 세 개의 중정(中庭 : 회랑으로 둘러싸인 가운데 마당) 구조를 말합니다. 외조는 조정의 관료들이 업무를 보는 관청이 있는 구역입니다. 치조는 임금이 신하들과 정치를 행하는 구역으로, 이곳에는 보통 정전과 편전이 자리합니다. 정전은 조례를 거행하고 법령을 반포하는 등 중요한 행사를 치르는 곳이고, 편전은 임금이 대신들과 정사를 논하는 곳입니다. 연조는 왕비 등 임금과 그 가족이 생활하는 공간입니다. 삼문은 외조의 정문인 고문(庫門), 외조와 치조 사이의 치문(雉門), 치조와 연조 사이의 노문(路門)을 말합니다.

조선의 임금들은 왕릉에 성묘하러 갈 때를 제외하고는 거의 궁궐을 벗어나지 않고 그 안에서 모든 일을 처리했습니다. 그러니 궁궐은 우리나라 역사 가운데 왕조사는 거의 다 담고 있는 곳이라 할 수 있습니다.

혹시 어떤 사람은 중국 베이징의 자금성을 보고 와서 우리의 궁궐은 너무 작고 초라하다고 할지도 모릅니다. 그러나 우리의 궁궐은 중국 자금성의 축소판이 아닙니다. 우리 궁궐은 우리 나름의 독창적인 건축 양식으로 지어져 있습니다. 또 궁궐을 짓고 수리를 할 때마다 백성들에게 피해가 가지 않도록 검소하게 지어야 함을 강조한 조선 임금들의 애민 정신이 반영되어 있기도 하고요.

물론 현재 우리 눈에 보이는 것이 우리 궁궐의 전체가 아니었다는 것도 알아야 합니다. 다행히 조선의 5대 궁궐이 여러 해에 걸쳐 1차 복원 공사를 마쳤습니다. 우리의 궁궐들이 본래의 모습을 되찾을 때까지 앞으로도 두어 차례 더 복원 공사를 벌인다고 합니다.

가장 중요한 사실은, 궁궐에 가면 우리 궁궐에만 있는 중요한 것을 만날 수 있다는 것입니다. 그것은 우리의 역사입니다. 궁궐에 있는 전각 하나하나 우리의 역사가 깃들지 않은 곳이 없습니다. 조선의 역사에 대해 알고 싶은 사람들은 우선 궁궐로 찾아가야 합니다. 그리고 그곳에서 일어난 역사적 사건들을 차근차근 되짚어보아야 합니다. 그러면 역사가 눈앞에 환하게 보이게 될 것입니다. 그곳이 바로 역사의 현장이기 때문입니다.

이제 더 이상 궁궐을 오래된 건축물로만 보아서는 안 됩니다.

궁궐에 가면 전각 하나하나에 깃들어 있는 역사의 살아 있는 소리를 들어야 합니다. 이 책은 궁궐에 있는 전각들에 얽힌 역사 이야기를 답사하는 사람의 동선을 따라 구체적이고도 자세하게 들려줄 것입니다. 그래서 역사를 배우고자 궁궐에 찾아온 사람들에게 훌륭한 안내자가 되어줄 것입니다.

2014년 여름 황인희

차례

경복궁 ◎ 조선의 정궁, 그러나 버려진 궁궐

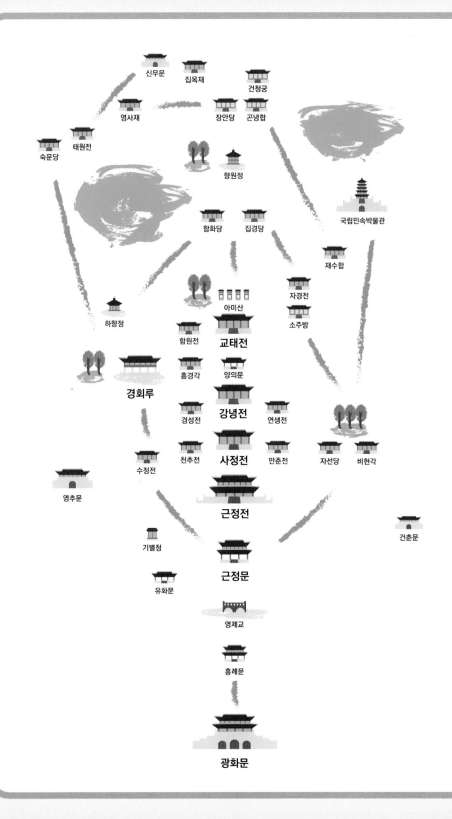

경복궁

조선의 정궁, 그러나 버려진 궁궐

경복궁(景福宮)은 태조 4년인 1395년 9월, 조선 건국 후 가장 먼저 지어진 궁궐입니다. 궁궐 가운데 으뜸이 되는 정궁(正宮)이지요. 임금이 공식적으로 나랏일을 보고 생활을 하던 궁궐을 법궁(法宮)이라 불렀는데 경복궁은 건국과 더불어 조선의 법통을 상징하는 법궁이 되었습니다.

경복궁은 풍수지리적으로 최고의 명당자리를 골라 세워졌습니다. 남쪽을 바라보고 선 경복궁 뒤편에는 북악산이 있어 거센 바람과 외적을 막아줍니다. 맞은편에는 남산이 아늑함을 더해주고 동쪽의 낙산과 서쪽의 인왕산이 좌청룡 우백호의 형세를 이루고 있습니다. 또 한양 도성 안에는 청계천이, 바깥에는 한강이 흘러 백성들이 살아가는 데 필요한 생활용수를 풍성하게 제공해주었습니다.

조선은 경복궁을 중심으로 한양에 새로운 도읍을 만들었습니다. 경복궁 주변에 국가의 근간이 되는 종묘와 사직을 세웠고 정신적 지주가 되고 교육을 담당할 문묘, 성균관도 만들었습니다.

1394년 9월부터 시작된 새 궁궐 세우는 일에는 조선의 개국 공신 정도전(鄭道傳)이 중심이 되었습니다. 그는 경복궁을 지금의 자리에 세워야 한다고 적극 주장하였고, 착공 10개월 후 새 궁궐이 다 지어졌을 때 궁궐의 이름과 주요 전각의 이름을 지어 올렸습니다. 정도전은, 《시경(詩經)》'주아'편에 나오는 "이미 술에 취하고 덕에 배가 불러서 군자 만년의 빛나는 복[경복(景福)]을 빈다"라는 시구에서 궁궐의 이름을 따왔다고 전거를 밝혔습니다.

그날, 태조 4년(1395) 10월 7일, 정도전은 전각들의 이름을 짓고 아울러 이름의 의의를 다음과 같이 써서 태조에게 올렸습니다.

"…… 근정전(勤政殿)과 근정문(勤政門)에 대하여 말하오면, 천하의 일은 부지런하면 다스려지고 부지런하지 못하면 폐하게 됨은 필연한 이치입니다. 《서경》에 말하기를, '경계하면 걱정이 없고 법도를 잃지 않는다' 하였고, 또 '편안히 노는 자로 하여금 나라를 가지지 못하게 하라. 조심하고 두려워하면 하루 이틀 사이에 일만 가지 기틀이 생긴다. 여러 관원이 직책을 저버리지 말게 하라. 하늘의 일을 사람들이 대신하는 것이다' 하였으니, 순임금과 우임금의 부지런한 바이며, 또 말하기를, '아침부터 날이 기울어질 때까지 밥 먹을 시간을 갖지 못해 만백성을 다 즐겁게 한다' 하였으니, 문왕의 부지런한 바입니다. 임금의 부지런하지 않을 수 없음이 이러하니, 편안히 쉬기를 오래 하면 교만하고 안일한 마음이 쉽게 생기게 됩니다. …… 선유(先儒 : 옛날의 유학자)들이 말하기를, '아침에는 정사를 듣고, 낮에는 어진 이를 찾아보고, 저녁에는 법령을 닦고, 밤에는 몸을 편안하게 한다'라는 것이 임금의 부지런한 것입니다. 또 말하기를, '어진 이를 구하는 데에 부지런하고 어진 이를 쓰는 데에 빨리 한다' 했으니, 신은 이로써 이름하기를 청하옵니다.

융문루(隆文樓)·융무루(隆武樓)에 대해서 말하오면, 문(文)으로써 다스림을 이루고 무(武)로써 난을 안정시킴이오니, 마치 사람의 두 팔이 있는 것과 같아서 하나라도 폐할 수 없는 것입니다. 대개 예악과 문물이 빛나서 볼 만하고, 군병과 무비가 정연하게 갖추어지며, 사람을 쓴 데에 이르러서는 문장 도덕의 선비와 과감 용맹한 무부(武夫)들이 경외(京外)에 퍼져 있게 한다면, 이는 모두가 문을 높이고 무를 높이게 한 것이며, 거의 전하께서 문무를 함께 써서 오래도록 다스림을 이룰 것입니다. ……"

— 〈태조실록〉 1395년 10월 7일

새 왕조를 여는 벅찬 마음으로 명당을 고르고 골라 새로 지은 경복궁은 3년도 채 지나지 않아 피비린내에 휩싸이게 되었습니다. 1차 왕자의 난이 일어난 것입니다. 1차 왕자의 난은 태조 이성계의 다섯째 아들 이방원이 일으킨 골육상잔의 비극입니다. 이때 이방원은 이복동생을 두 명이나 죽였습니다. 역성혁명에 공이 큰 자신은 물론 친어머니 신의왕후 한씨의 아들들을 제치고 계모 신덕왕후 강씨의 아들이 세자가 된 것에 불만을 품었던 것이지요.

이 사건으로 태조는 임금 자리를 내놓고 상왕으로 물러앉았고 제2대 임금 정종이 왕위에 올랐습니다. 동생 방원에 떠밀려 왕위에 오르긴 했지만 정종에게는 임금 노릇이 부담스럽기만 했습니다. 경복궁 생활도 불편하게만 느껴졌지요. 그래서 정종은 어머니 신의왕후의 제릉에 참배하러 개성에 간 후 한양으로 돌아오지 않았습니다. 공식적으로 개성으로 천도한 것은 아니었지만 임금이 개성에 있으니 나랏일은 한양의 경복궁이 아닌 개성의 경덕궁에서 이뤄지게 되었습니다.

그러던 중 정종 2년(1400)에 2차 왕자의 난이 일어났습니다. 이번에도 주도자는 이방원이었고 그 칼끝은 동복형제를 향한 것이었습니다. 정종은, 동복 형 방간을 몰아내고 대적할 자 없는 막강한 실세로 자리잡은 동생 방원이 두려웠습니다. 같은 해 정종은 선위 교서를 내려 옥새를 방원에게 물려주고 임금 자리에서 물러났습니다. 곧이어 이방원은 개성 수창궁에서 제3대 임금(태종)의 자리에 올랐습니다.

태종도 정종과 마찬가지로 경복궁으로 돌아가는 것을 꺼려했습니다. 그곳은 이복동생들을 죽인 끔찍한 기억이 담긴 장소였기 때문입니다. 그러나 태종이 즉위한 후 수창궁에서는 화재가 잇달아 발생했습니다. 결국 태종은 수창궁도 경복궁도 자신이 머물 곳이 아니라 생각하게 되었지요. 그래서 태종은 한양에 또 다른 궁궐 창덕궁을 지었습니다. 한양으로 돌아온 태종은 경복궁이 아닌 창덕궁에서 주로 지냈습니다. 외국 사신이 왔을 때나 국가의 주요 행사가 있을 때만 경복궁이 법궁으로써의 역할을 했을 뿐입니다.

경복궁을 명실상부한 법궁으로서 역할을 하게 한 사람은 제4대 임금 세종입니다. 세종과 문종, 단종에 이르기까지는 경복궁이 임금들의 주된 거처로 사용되었습니다. 많은 전각이 이때 새로 지어지기도 했습니다.

하지만 세조 때부터 임금들은 주로 창덕궁에서 지냈습니다. 성종 때는 대비들을 모실 거처가 필요하다며 새로운 궁궐 창경궁을 지으면서도 경복궁으로 돌아올 생각은 하지 않았지요. 급기야 제14대 임금 선조 25년(1592)에 일어난 임진왜란으로 한양의 모든 궁궐이 다 폐허가 되어버렸습니다. 난을 피해 의주까지 몽진 갔던 선조는 한양에 돌아온 후 궁궐들을 재건하였습니다. 하지만 경복궁은 폐허로 남은 채 제26대 임금 고종이 즉위할 때까지 버려져 있었습니다. 경복궁이 불길하다는 소문이 사라지지 않았기 때문입니다.

경복궁은 고종의 아버지 흥선대원군의 건의로 다시 지어졌습니다. 흥선대원군은 왕실의 권위를 회복하고 나라의 체통을 바로잡기 위해 경복궁 중건에 힘을 쏟았습니다. 다섯 걸음에 누각 하나가 있고 세 걸음에 전각 하나가 있다는 말이 나올 정도로 큰 공사였습니다. 흥선대원군은 공사비용을 마련하기 위해 당백전(當百錢)이라는 화폐를 발행했습니다. 당백전은 명목 가치가 실질 가치의 20배에 달할 정도의 악화(惡貨)였습니다. 그는 당백전의 명목 가치와 실질 가치의 차액으로 궁궐 재건은 물론 서구 열강의 침략 대비를 위한 군비 확장 비용까지 마련하려고 했던 것입니다. 물

■ 경복궁의 정문인 광화문. '광화'는 빛이 사방을 덮고 백성을 가르쳐 감화시킴이 나라 곳곳에 미친다는 뜻이다.

가가 폭등하는 등 그 폐단이 심해지자 당백전의 통용을 금지시켰지만 이 일로 흥선대원군은 그 위상에 커다란 타격을 입었습니다.

우여곡절 끝에 경복궁은 다시 지어졌지만 이 경복궁에서 조선 역사상 최악의 비극이 발생했습니다. 1895년 조선의 왕비가 일본인의 칼에 맞아 세상을 떠난 것입니다. 생명의 위협을 느낀 고종은 세자와 함께 러시아 공사관으로 몸을 피했습니다. 이때부터 경복궁은 다시 주인 잃은 궁궐이 되었습니다. 그로부터 1년 후 러시아 공사관에서 나온 고종이 경복궁이 아닌 경운궁(덕수궁)에 거처를 마련했기 때문입니다. 고종의 뒤를 이어 경운궁에서 즉위한 순종은 나라를 잃은 후 창덕궁에서 지내다 창덕궁 대조전에서 세상을 떠났습니다. 명성황후가 시해된 을미사변과 함께 경복궁도 법궁으로서의 생명을 다한 셈입니다.

　경복궁의 정문은 광화문(光化門)입니다. 경복궁의 광화문, 창덕궁의 돈화문, 창경궁의 홍화문, 덕수궁의 인화문, 경희궁의 홍화문 등 각 궁궐의 정문 이름에는 모두 '될 화(化)'자가 들어 있지요. '화'자는, 백성을 정신적으로 가르치고 이끌어 감화하게 한다는 '교화'의 의미를 담은 글자입니다. 세종 때 집현전 학사들이 지은 이름 '광화'는 '빛이 사방을 덮고 교화가 만방에 미친다'는 뜻입니다. 밝고 안정된 시대를 열고자 한 세종의 염원이 담긴 이름이기도 합니다.

　광화문을 바라보고 서서 오른쪽으로 눈을 돌리면 누각 같은 건물이 하나 보입니다. 이것은 동십자각(東十字閣)입니다. 동십자각은 현재 남아 있는 유일한 궐(闕)의 흔적이지요. 광화문 좌우에 연결된, 경복궁을 둘러싼 담장의 동쪽 귀퉁이에 있던 망루가 동십자각입니다. 동십자각은 당직하는 병사가 올라가 근무를 하는 곳이었습니다. 지금 올라가는 계단은 없어졌지만 광화문 쪽에서 보면 망루로 들어가는 문은 뚜렷하게 볼 수 있습니다. 그 문 아래 남아 있는 축대를 머릿속으로 연장해보면 경복궁의 궐이 어떤 모습이었을지 상상할 수 있습니다. 경복궁을 중심으로 서쪽 대칭 지점에 서십자각(西十字閣)도 있었습니다. 서십자각과 부근 담장은 1923년 전찻길을 놓을 때 철거되었습니다.

■ 광화문 앞의 해태상. 해태는 정의의 수호자를 상징하는 상상의 동물이다. 원래는 나랏일을 제대로
  하라고 관리들을 경계하기 위해 사헌부 앞에 세워진 것이다

　광화문 앞에는 해태상이 있습니다. 해치, 해타, 신양 등 여러
가지 이름으로 불리는 해태는 상상의 동물입니다. 앉은 모양은 사
자 같은데 머리 가운데 뿔이 나 있고 몸에는 물결 모양의 무늬가
돋을새김되어 있습니다. 온화한 미소를 머금은 듯 하지만 날카로
운 이빨이나 잔뜩 치켜 올라간 꼬리는 해태가 긴장의 끈을 놓지 않
음을 보여줍니다.

　예전에는, 해태가 불을 먹는 동물이어서 관악산의 화기(火氣)를
막기 위해 세워진 것이라 알려졌습니다. 그런데 해태는 시비나 선
악을 판단하는 정의의 수호자로서 관청 앞에 세워졌다고 합니다.
또 원래의 자리는 궁궐 앞이 아니라 지금의 정부종합청사와 세종

문화회관의 중간쯤 되는 사헌부 앞이었습니다. 즉 해태는 화기를 막기 위해서가 아니라, 관리들에게 법과 정의에 입각하여 제대로 나랏일을 행하라고 경계하기 위해 세워진 것입니다.

광화문의 규모와 건축 양식만 봐도 경복궁이 조선의 법궁이라는 것을 알 수 있습니다. 다른 궁궐의 문들은 낮은 기단 위에 만든 삼문(三門) 형식의 문입니다. 그런데 광화문을 비롯하여 경복궁의 4대문인 건춘문, 영추문, 신무문은 석축을 쌓고 중앙에 홍예(虹霓 : 윗부분을 무지개 모양으로 반원형이 되게 만든 문)를 터서 문을 만들고 그 위에 누각을 얹은 구조를 하고 있습니다. 마치 성곽의 문과도 같은 웅장한 모습이지요. 그 중 광화문은 홍예문을 세 개나 가진 위풍당당한 모습을 하고 있습니다.

광화문을 지날 때는 고개를 들어 홍예의 천장을 살펴볼 필요가 있습니다. 천장에는 서로 다른 그림이 그려져 있으니까요. 임금

■ 임금만이 다닐 수 있었던 광화문의 어칸 천장에는 봉황이 그려져 있다.

■ 광화문과 근정문 사이의 중문인 흥례문. 문의 좌우에는 행각이 연결되어 있다.

의 행차만이 지나다닐 수 있던 가운데 어칸 천장에는 봉황이 날고 있고, 동쪽 문에는 기린이, 서쪽 문에는 신령스러운 거북이 그려져 있습니다.

광화문은 출입문인 동시에 백성들의 여론을 듣는 장이기도 했습니다. 문루에 종을 걸어 시각을 알리기도 했고 중요한 사건을 백성들에게 알리는 장소로도 쓰였습니다. 임금이 세상을 떠나면 백성들은 광화문 앞에 와서 땅을 치며 울었고 중국에서 손님이 오면 임금이 광화문 밖에까지 나와 그들을 맞이하기도 했습니다.

그날, 영조 46년(1770) 4월 5일, 임금은 광화문에 나가서 유생 수천 명을 만났습니다. 그 자리에서 영조는, 하고 싶은 말을 그날 중에 하면 죄를 주지 않겠다고 하였습니다. 이후 상소하여 직언하는 자가 있으면 역률로 다스리겠다고 했는데 유생들은 모두 아뢸 일이 없다고 대답했다고 합니다. 임금은 그 자리에서 동몽(童蒙 : 글을 배우기 시작하는 5세에서 13세까지의 아동)들에게 《소학(小學)》 한 대목씩을 외워보게도 했습니다. 동몽 가운데 무인의 아들들에게는 "집안에 내려오는 무인의 직업을 어찌 버리려하느냐?"라고 말하며 병조 판서에게 무(武)를 권장하라고 명하기도 했습니다.

광화문으로 들어서면 정면에 흥례문(興禮門)이 보입니다. 흥례문은 광화문과 근정문 사이의 중문입니다. 문루가 2층으로 지어진 흥례문에는 행각(行閣)이 연결되어 있습니다. 행각은 궁궐의 주요 건물 앞이나 좌우에 지은 긴 복도식 공간을 말합니다. 행각은 다른 공간과 분리하는 담 역할을 하면서 관청 건물로 쓰이기도 했습니다.

광화문과 흥례문 사이에서는 매일 몇 차례씩 수문장 교대식이 열립니다. 이 교대식을 보고 흥례문 안에 들어서면 신성한 공간의 시작임을 알리는 시내, 금천(禁川)이 보입니다. 금천교 위에 영제교(永濟橋)라는 다리가 놓여 있는데 경복궁의 치조로 들

■물을 통해 들어오는 사악한 기운을 막기 위해 금천에 만들어놓은 상서로운 동물.

어가려면 이 영제교를 건너야 합니다. 영제교는 삼도(三道)로 이루어져 있고 가운데 조금 높게 만든 길은 임금이 다녔던 어도입니다. 조선 시대에는 이유 없이 어도 위를 걸으면 곤장을 맞았다고 합니다.

영제교 난간 양쪽 기둥에는 서수(瑞獸 : 상서로운 동물) 네 마리가 조각되어 있습니다. 궁궐에 잡귀나 사악한 기운이 들어오지 못하도록 지키는 것이지요. 다리 옆 물가에는 상상의 동물인 천록(天祿)들이 물을 노려보고 있습니다. 천록의 모습은 사슴 또는 소와 비슷하고 긴 꼬리와 삼지창 같은 외뿔을 가지고 있습니다. 이 동물들은 물길을 타고 들어오는 사악한 기운을 막아내라고 만든 것입니다. 주어진 역할과는 달리 천록은 무서워 보이지 않습니다. 천록은 엎드린 채 늘어져 있고 혀까지 날름 내놓은 우스꽝스러운 모습을 하고 있습니다.

영제교를 지나면 정면에 근정문(勤政門)이, 왼쪽에는 유화문(維和門)이 보입니다. 유화문 너머는 궁궐 안에 있는 관청인 궐내각사(闕內各司)가 있던 자리입니다. 원래 조선의 핵심 관청인 육조는 궁궐 바깥에 있었습니다. 그런데 업무 성격상 임금을 가까이 모셔야하는 관청은 궁궐 안에 들어와 있었는데 이들이 모여 있던 곳을 궐내각사라고 합니다. 경복궁의 궐내각사 건물로는 수정전이 유일하게 남아 있을 뿐입니다.

유화문 오른쪽에는 기별청(奇別廳)이 있습니다. 기별청은 국가가 발행하는 신문인 조보(朝報)를 만들던 곳이었습니다. '조보'라는 이름은 세조 때부터 쓰인 것이고 그 이전에는 이 신문을 '기별' 혹

■ 근정문. 이 문은 특별한 행사가 있을 때 임금과 세자. 중국의 사신만이 출입할 수 있던 문으로, 평
소에는 닫아두었다.

은 '기별지'라고 하였습니다. 그런 연유로 관청 이름이 기별청이
된 것이지요. 임금의 명령이나 상소에 관한 것, 관리 인사 소식 등
을 실은 조보는 나라의 일을 널리 알리는 역할을 했지요. 하지만
중국에 기밀이 알려질까 여간 조심한 것이 아니었습니다.

　다시 근정문 쪽으로 가보겠습니다. 근정문도 흥례문처럼 중층
으로 이뤄져 있습니다. '근정'이란 정사를 부지런히 돌본다는 뜻
입니다. 임금이 정무를 게을리 하면 백성들의 삶이 어려워지겠지
요. 그래서 역대 임금들은 '경천근민(敬天勤民)', 즉 하늘을 공경하
고 백성을 다스리는 일에 부지런할 것을 가장 중요한 의무로 여

겼습니다.

　근정문은 특별한 행사가 있을 때 임금과 세자, 중국 황제의 사신만이 출입할 수 있었던 문으로, 평소에는 닫아두었습니다. 그런 까닭에 근정문 양옆에는 신하들이 출입하는 작은 문이 있습니다. 문을 바라보고 섰을 때 오른쪽 문은 일화문(日華門)으로 문관이, 왼쪽 문은 월화문(月華門)으로 무관이 출입하는 문이었습니다.

　또 외출에서 돌아온 임금도 이 문 앞에서 가마에서 내렸습니다. 여기서부터 연(輦)이라는 작은 가마에 타고 궁궐 안으로 들어갔지요. 임금의 연은 근정문 계단에 있는 답도(踏道) 위를 지나갔습니다. '답도'라는 말은 원래 '밟는 길'이라는 뜻을 가지고 있습니다만, 임금은 가마를 타고 실제로는 밟지 않고 지나가는 길입니다.

　근정문의 답도에는 임금을 상징하는 봉황이 새겨져 있습니다. 봉황은 수컷인 봉(鳳)과 암컷인 황(凰)을 합한 말입니다. 봉황은 오색 깃털을 지니고 5음의 소리를 내며 오동나무에만 내려앉는답니다. 또 이슬이나 대나무 죽순만 먹으며 맑은 샘물만 마신다고 하지요. 봉황은 살아 있는 벌레는 먹지 않고 살아 있는 풀은 밟지 않으며 태평성세에만 나타나는 새랍니다. 중국은 용을 황제의 상징으로 삼고 이와 구별하기 위해 봉황을 왕의 상징으로 삼았다지만 우리 민족의 뿌리인 한민족의 상징은 원래 신성한 새였답니다. 그러니 봉황을 우리 임금의 상징으로 삼은 것은 중국과 상관없는 일로 여겨도 됩니다.

　답도 양 옆에 있는 야트막한 계단은 임금이 가마를 타지 않았을 때 오르내리는 계단입니다. 그래서 다른 계단과 달리 구름 같은 모양으로 장식이 되어 있지요. 그런데 임금이 가마에 탔을 때 그 계단을 밟는 사람은 가마꾼입니다. 천하게 여겨졌을 가마꾼이 임금 전용 계단을 밟을 수 있는 유일한 민간인이었던 것입니다.

근정문은 단순한 출입문이 아니었습니다. 근정문은, 새 왕의 옥새 인수나 왕비·세자 책봉, 임금 앞에서 치르는 과거인 문과 전시 등 국가의 중대한 행사가 열리는 공간이었습니다. 즉위식은 근정문에서 이뤄지고 근정전은 새 임금으로서 하례를 받는 장소 였으니 근정문이 국가 대사를 치르는 가장 중요한 장소라고 할 수 있습니다. 또 외국 사신들을 위한 불꽃놀이나 새로운 무기의 성능 시험도 근정문 광장에서 이뤄졌습니다.

그날, 단종 2년(1454) 1월 22일에 왕비를 책봉하는 예가 근정 문에서 이뤄졌습니다. 이 예식이 끝난 후 단종은 다음과 같은 교 명을 내렸습니다.

"하늘과 땅이 덕을 합하여 만물을 생성하니, 임금이 된 자는 하늘 을 본받아 반드시 원비(元妃)를 세우는 것은 종통(宗統 : 종가의 혈통)을 받들어 풍화(風化 : 교육이나 정치를 잘하여 세상의 풍습을 잘 교화시킴)를 굳 건히 하려는 까닭이다. 내가 어린 몸으로서 큰 왕업을 이어받아 공경 하고 경계하여 덕을 서로 이루려면 마땅히 내조(內助)에 힘입어야 하 겠으므로, 이 때문에 널리 훌륭한 가문을 찾아 아름다운 덕을 구하였 다. 아아, 그대 송씨(宋氏)는 성품이 온유하고 덕이 유한(幽閑 : 태도나 마음씨가 얌전하고 그윽함)한 데에 나타나, 진실로 중궁의 자리를 차지하여 한나라의 국모로 임하여야 마땅하겠으므로, 이제 옥책(玉册 : 공덕을 기려 지은 글을 옥 조각에 새겨 만든 책)과 보장(寶章 : 임금이 내리는 글)을 주어서 왕비로 삼노라."

— 〈단종실록〉 1454년 1월 22일

제6대 임금 단종의 왕비는 정순왕후 송씨입니다. 왕비 책봉이 있은 지 불과 1년여 만에 단종은 임금 자리를 내놓고 상왕으로 물러앉았지요. 숙부인 수양대군이, 단종을 어릴 때부터 키워준 세종의 후궁 혜빈 양씨와 또 다른 숙부인 금성대군 등 단종 주변 인물들을 죄인으로 몰아 죽이거나 유배시키자 위협을 느꼈기 때문입니다. 또 그로부터 1년 후 상왕을 복위시키려는 계획이 사전에 발각된 일이 일어났습니다. 복위 운동의 주동자인 성삼문 등 사육신은 처형되었고 단종은 이듬해 노산군으로 강봉되어 영월 청령포로 유배를 떠났습니다. 근정문에서 책봉례를 올린 지 3년 만에 정순왕후는 남편과 생이별의 아픔을 겪게 된 것입니다.

비극은 거기서 끝나지 않았습니다. 그 해 9월 경상도에 유배되었던 금성대군이 다시 복위 운동을 벌였습니다. 세조로 등극한 수양대군은 단종이 살아 있는 한 역모가 끊이지 않을 것이라 생각했겠지요. 세조는 후환을 없애기 위해 금성대군은 물론 단종과 정순왕후의 아버지 송현수까지 사형에 처했습니다. 왕비로 간택되어 근정문에 들어서던 정순왕후는 그런 비극을 겪게 될 것임을 상상이나 했을까요? 아마도 왕비 자리가 편치만은 않을 것이라는 점은 예상했을 것입니다. 단종이 왕비를 들인 것도 수양대군의 강요에

■ 근정전의 처마 밑 공포의 선은 북악산의 산등성이 선과 거의 평행을 이룬다. 북악산의 기운을 거스르지 않고 조화를 이루도록 만든 것이다.

의한 일이었으니까요.

임금이 세상을 떠났을 때 국상을 발표하고 만조백관이 모여 통곡하는 흉례의 장소도 근정문 앞입니다. 흉례라고는 하지만 이 예절의 가장 중요한 순서는 새 임금의 즉위식입니다. 전 임금이 세상을 떠났다는 것은 곧 새 임금이 탄생한다는 의미니까요. 그래서 후계자를 새로 발표할 때 "아무개를 후계자로 한다"라고 하지 않고 "아무개를 상주(喪主)로 삼는다"라고 발표합니다. 상주가 되어 상복을 입고 죄인을 자처하던 후계자는 전 임금 별세 5~6일 만에 상복을 면복(冕服 : 임금의 정복인 곤룡포와 면류관)으로 갈아입고 이곳 근정문 앞으로 나와 옥새를 받는 의식을 치릅니다. 이것이 즉위식

■근정전 앞마당에 박힌 쇠고리는 관리들이 모이는 행사 때 설치하는 차일의 끈을 매기 위해 만들
어놓은 것이다.

인 것이지요. 임금의 자리가 비었던 며칠 동안 옥새는 궁궐의 가
장 높은 어른인 대비가 보관하는 것이 원칙입니다.

근정문을 들어서면 근정전(勤政殿)의 장엄한 자태와 마주할 수
있습니다. 근정전은 경복궁의 정전(正殿)으로, 상징적으로 가장 중
심이 되고 대표가 되는 건물입니다. 근정전은, 즉위식 후 임금이
신하들의 축하와 충성 서약을 받는 곳입니다. 또 세자나 왕비 책
봉, 주요 왕족의 혼례를 비롯한 각종 축하 행사가 벌어지는 곳이
었고 사신을 맞이하는 외교의 장소로도 쓰였습니다. 새로운 법령
이 만들어졌을 때 반포하는 곳도 근정전이었으니 훈민정음도 이
곳 근정전에서 반포되었습니다.

특별한 행사 날 외에도 한 달에 여섯 번씩은 한양의 관리들이
근정전에 모여 임금에게 문안을 드렸습니다. 1일, 5일, 11일, 15

일, 21일, 25일에 열리는 이 행사는 조회(朝會)라 불렸지요. 이때 문무백관은 각자의 품계석 앞에 서서 임금에게 네 번 절하는 의식을 치렀습니다. 지방 관리들은 이 행사에 참석할 수 없었기 때문에 임금이 계신 궁궐을 상징하는 '궐(闕)'자 패를 객사에 안치하고 이에 절을 바치는 망궐례(望闕禮)를 올렸습니다.

원래 조정(朝廷 : 임금과 신하들이 모여 정치를 의논하고 집행하는 곳)은 이 정전의 앞마당을 일컫는 말입니다. 조정에 모인 신하들의 자리를 정하는 품계석은 모두 스물네 개입니다. 정1품에서 9품까지, 종1품에서 3품까지 열두 품계의 문반과 무반을 양옆으로 나눠놓은 것입니다. 문반은 동쪽에 무반은 서쪽에 섭니다. 그래서 각각 동반과 서반이라고 부르기도 했습니다.

품계석 뒤편 박석에는 커다란 쇠고리가 박혀 있습니다. 눈을 들어 유심히 보면 비슷한 크기의 쇠고리가 근정전 기둥에도 있습니다. 이 고리들은, 관리들이 조정에 모이는 행사 때 차일을 치기 위해 끈을 매는 장치입니다. 근정전 앞마당을 모두 그늘로 만들지는 못하고 고위 관리의 자리까지만 가리도록 했답니다.

근정전 마당은 수평이 아닙니다. 근정전부터 먼 쪽을 향해 점점 낮아지도록 기울어져 있습니다. 임금을 우러러 보게 하는 효과도 있고 비가 왔을 때 배수가 잘 되도록 하기 위함이지요. 행각의 기단으로 그 차이를 가늠해보면 남쪽과 북쪽이 거의 1미터 정도의 높이 차이가 납니다. 마당의 박석은 일부러 울퉁불퉁하게 깔았습니다. 미끄럼도 방지하고 발밑을 잘 보고 조심해 다니도록 하기 위한 조치입니다.

근정전의 멋을 제대로 감상하려면 동쪽 행각과 남쪽 행각이 만나는 구석, 즉 근정문에 들어서서 오른쪽 행각 모퉁이에서 봐야 합니다. 근정전의 처마 밑 공포(栱包 : 처마의 무게를 떠받치도록 만든 나무) 선이 북악산의 산등성이 선과 거의 평행을 이루는 것을 볼 수 있습니다. 북악의 기운을 거스르지 않고 감싸 안긴 듯한 근정전의 모습을 만나게 되는 것입니다.

근정전은, 하늘은 둥글고 땅은 네모났다는 천원지방(天圓地方)의 이치를 그대로 담은 건물입니다. 근정전 지붕의 추녀 끝이 하늘로 날아올라갈 듯 휘어져 만든 곡선은 커다란 원의 일부가 됩니다. 또 네 방향의 처마와 네모난 두 층의 돌 기단은 탄탄한 땅을 상징하는 사각형입니다.

근정전은 앞면 다섯 칸, 옆면 다섯 칸으로 스물다섯 칸의 웅장한 건물입니다. 중층의 지붕과 두 층의 돌 기단이 그 장엄함을 더하고 있습니다. 전각 앞의 돌 기단을 월대(月臺)라고 하는데, 그곳에서 임금이 일식과 월식을 관찰했다 하여 붙은 이름입니다. 월대는 궁중 연회가 열릴 때 무대로 사용되는 공간입니다. 경복궁처럼 월대가 두 층일 경우, 아래쪽은 악공이 연주하거나 무희가 춤을 추는 무대로 사용하고 위쪽 월대에는 왕족들이 앉는 특별 좌석이 마련됩니다.

월대를 오르내리는 계단은 동쪽과 서쪽에 각각 두 벌씩, 남쪽과 북쪽에는 각각 한 벌씩 있어 상하월대를 합하면 모두 열두 벌의 계단이 있고 중앙계단에는 답도가 있습니다. 이 답도는 폐석(陛石)이라고도 부르는데 황제를 부르는 '폐하(陛下)'라는 말은 폐석 아래 있는 사람을 통해 황제에게 말을 건넨 데서 나온 말입니다. 왕은 '전하(殿下)'라고 부르는데 마찬가지로 전각 아래 있는 사람을 통한다는 의미가 있습니다. 근정전의 답도에는 왕을 상징하는 봉황 두 마리가 조각되어 있습니다.

다른 궁궐 정전의 월대에는 난간이 없는데 근정전 월대에만 위아래 모두 난간이 설치되어 있습니다. 난간 위에는 수많은 돌 짐승상이 서 있습니다. 근정전 돌 짐승상은 세 가지 부류로 나눌 수 있습니다. 첫째는 사령(四靈)이라고도 하는 사신(四神) 상입니다. 이들은 상월대 난간에 동서남북으로 위치하고 있습니다. 남쪽의 주작(朱雀 : 붉은 봉황), 동쪽의 청룡(靑龍), 서쪽의 백호(白虎), 북쪽의 현무(玄武 : 검은 거북과 뱀, 근정전 현무는 거북만 형상화했음)가 그것입니다. 그런데 이들은 색깔은 나타내지 못하고 그 형상만 표현되어 있습니다. 근정전 내부 천장에 새겨진 황룡(黃龍)에 이 사신을 더하면 오방(五方)과 오상(五常 : 인의예지신)이 완성됩니다.

돌 짐승의 둘째 부류는 십이지신(十二支神) 상입니다. 쥐[子神], 소[丑神], 호랑이[寅神], 토끼[卯神], 뱀[巳神], 말[午神], 양[未神], 원숭이[申神], 닭[酉神]의 상이 있지만 개[戌神], 돼지[亥神] 상은 세우지 않았습니다. 예로부터 개, 돼지를 깨끗지 못한 동물로 본 이유에서인 것 같습니다. 용[辰神]은 청룡과 겹친다 하여 만들지 않았다지만 백호와 겹치는 호랑이상은 만들어놓았습니다. 십이지신은 임금의 주변에 사악한 기운이 침범하지 못하도록 막아주는 상징물로서 근정전을 신성한 곳으로 지키는 역할을 합니다.

세 번째 부류는 서수(瑞獸 : 상서로운 동물)입니다. 난간의 모서리

■근정전 난간의 사신과 십이지신 석상들. 왼쪽부터 청룡, 주작, 현무, 쥐, 호랑이, 뱀, 말, 양, 원숭이, 닭.

에는 서수들이 서 있는데 새끼까지 동반한 가족 서수도 있습니다. 이 서수들은 각기 다른 곳을 보고 있습니다. 사방에서 나타날 수 있는 나쁜 기운을 빠짐없이 막아보려는 의도에서 그렇게 만든 것입니다. 계단 양옆을 막아주는 소맷돌에도 역시 서수가 조각되어 있습니다.

월대 위에는 서수 외에도 드므와 향로가 있습니다. 둥글고 넓적하게 생긴 드므는 방화수 그릇입니다. 그런데 그 정도의 물로 궁궐의 화재를 진압할 수는 없었겠지요. 드므에 담긴 물로 불을 끄기보다는 불귀신이 물에 비친 자신의 모습을 보고 도망가도록 하여 화재를 예방하기 위해 설치한 것입니다. 청동으로 만든 향로는 근정전에서 행사가 열릴 때 향을 피우던 그릇입니다.

근정전에서 즉위 하례를 받은 임금은 정종, 세종, 단종, 세조, 성종, 중종, 명종, 선조입니다. 정종은 동생 이방원에 의해 밀려서 임금이 되었습니다. 즉위할 때부터 마음은 이미 경복궁을 떠나

있었겠지요. 그래서 근정전에서 기쁜 마음으로 즉위식을 가진 첫 임금은 제4대 세종이라고 할 수 있습니다. 더구나 세종의 즉위식은 선왕의 초상과 맞물리는 비통한 상황도 아닌 오롯한 경사였습니다. 세종의 아버지 태종은 자신이 살아 있을 때 스스로 상왕으로 물러나고 기꺼이 임금의 자리를 물려주었기 때문입니다. 물론 아들이나 신하들의 입장에서는 최대한 사양하고 만류하는 것이 예의입니다. 그러나 아버지나 임금의 뜻을 따르는 것 또한 충효의 기본이기 때문에 결국은 임금의 결정을 따를 수밖에 없었습니다.

그날, 태종 18년(1418) 8월 10일, 태종은 훗날 세종이 되는 왕세자를 창덕궁으로 불렀습니다. 선위(禪位 : 왕위를 물려주는 것)의 절차를 밟으려는 것이었지요. 세자가 사양의 뜻을 전하며 세자의 상징인 오장(烏杖 : 검은 지팡이)과 청양산(靑陽傘 : 파란색 양산)을 세우고 전(殿)에 나타나자 태종은 화를 내며 "명을 따르지 않으려거든 오

지 말라"라고 말했습니다. 세자는 마지못해 임금의 상징인 주장
(朱杖 : 붉은 지팡이)과 홍양산(紅陽傘 : 붉은 양산)을 앞세우고 태종 앞
에 왔습니다. 세자는 소매에서 사양하는 상소문을 꺼내 태종에게
바쳤는데 그 내용은 다음과 같습니다.

　　"신이 성품과 자질이 어리석고 노둔하며 학문이 이루어지지 못하
여 정치하는 방도를 깨닫지 못하고, 세자의 지위에 외람되이 앉아 있
으니, 이른 아침부터 밤늦게까지 걱정하고 근심하여 오히려 그 자리
에 합당하지 못할까 두려운데, 어찌 오늘이 있으리라 헤아렸겠습니
까? 이에 왕위를 부탁하여 내려주시는 어명이 있으시니, 일이 뜻밖
에 나온 것이므로 정신이 없어 몸 둘 곳이 없습니다. 삼가 생각하건
대, 주상 전하께서는 춘추가 바야흐로 한창이시고, 성덕이 바야흐
로 융성하신데 갑자기 여러 가지 정사를 귀찮아하시고, 종묘사직의
중책을 어리석은 이 몸에 맡기고자 하시니, 어찌 오직 신하의 마음
에 두렵고 황송함이 갑절이나 더하지 않겠습니까? 진실로 종실 조상
님의 영혼이 놀라실까 두렵습니다. 또 나라를 서로 전하는 일은 실
로 오직 나라의 대사(大事)인데, 모두 갑자기 이와 같이 한다면 중외
(中外)의 신하와 백성들이 놀라지 않음이 없을 것입니다. 거듭 생각
하건대, 전하께서 신(臣)을 세워 후사로 삼을 때에도 오히려 감히 마
음대로 하지 못하고 천자(天子)에게 아뢰었는데, 더구나 군국의 중함
을 신에게 마음대로 주시니, 신이 사대의 예를 또한 잃을까 두렵습
니다. 엎드려 바라건대, 전하께서 어리석은 신의 지극한 정을 살피
시고 국가의 대계(大計)를 생각하여서 종사(宗社)와 신민들의 소망을

위로하소서."

— 〈태종실록〉 1418년 8월 10일

하지만 태종은 이를 듣지 않고 끝내 선위를 고집하였습니다. 문무백관이 이를 말리느라 통곡하는 소리를 들은 태종은 효령대군을 시켜 다음과 같이 말했습니다.

"내가 다른 성[異姓]을 가진 이에게 전위한다면 경들의 청이 옳겠지만, 내가 아들에게 전위하는데, 어찌 이와 같이 하는가? 지난번에 내가 전 세자(양녕대군)에게 전위하려 하였으나, 아들을 아는 것은 아비와 같은 이가 없으므로 내가 제(禔 : 양녕대군)의 선하지 못한 것을 알았던 까닭으로 전위하지 않았다가 이제 전위하는 것이니, 청하지 말라."

— 〈태종실록〉 1418년 8월 10일

세자의 간절한 사양과 신하들의 만류에도 불구하고 태종은 세자에게 친히 익선관(翼蟬冠 : 임금이 정복에 쓰는 모자)을 씌워주며, 국왕의 의장을 갖추어 경복궁에 가서 즉위하라 하였습니다. 세자가 어쩔 수 없이 명을 받고 문 밖으로 나와 "내가 어리고 어리석어 큰 일을 감당하기가 어려우므로, 지성으로 사양하기를 청하였으나, 마침내 윤허를 받지 못하고, 부득이하여 경복궁으로 돌아간다"라고 하였습니다.

신하들은 세자가 익선관을 쓴 것을 보고 통곡 소리를 멈추었습니다. 그리고는 서로 "세자는 우리 임금의 아들이다. 굳이 사양하였으나 윤허하지 않았고, 이미 임금의 모자를 쓰셨으니, 신 등이 굳이 다시 청할 이유가 없다" "어쩔 수 없는 일이다"라는 얘기를 나누고 즉위식에 관한 여러 가지 일을 의논하였습니다. 새 임금이 이미 정해진 상황에서 계속 통곡하면 새 임금에 대한 불충이 되기 때문이지요.

그날, 세종 즉위년(1418) 8월 11일은 앞의 사건이 있은 바로 다음날이지만 세종의 시대로 기록되었습니다. 세종이 근정전에서 다음과 같은 즉위 교서를 반포했기 때문입니다.

"삼가 생각하건대, 태조께서 나라를 세우는 큰 사업을 하시고 부왕 전하께서 큰 사업을 이어받으시어, 삼가고 조심하여 하늘을 공경하고 백성을 사랑하며, 충성이 천자에게 이르고, 효하고 공경함이 신명(神明)에 통하여 나라의 안팎이 평안하고 나라의 창고가 넉넉하고 가득하며, 해구(海寇 : 일본의 해적)가 복종하고, 문치(文治)는 융성하고 무위(武威)는 떨치었다. …… 그런데 근자에 오랜 병환으로 말미암아 청정하시기에 가쁘셔서 나에게 명하여 왕위를 계승케 하시었다. 나는 학문이 얕고 거칠며 나이 어리어 일에 경력이 없으므로 재삼 사양하였으나, 마침내 윤허를 얻지 못하여, 이에 영락(永樂 : 명나라 성조의 연호) 16년 8월 10일에 경복궁 근정전에서 위에 나아가 백관의 조하를 받고, 부왕을 상왕으로 높이고 모후를 대비로 높이었다. 일체의 제도는 모두 태조와 우리 부왕께서 이루어 놓으신 법도를 따라 할 것이며, 아무런 변경이 없을 것이다. …… "

— 〈세종실록〉 1418년 8월 11일

근정전은 바깥에서 보면 2층이지만 안은 위아래 층이 트인 통층 구조입니다. 내부의 정면에는 다섯 개의 계단 위에 마련된 어탑이 있습니다. 어탑의 중앙에 임금이 앉는 어좌가 있고 그 뒤로 일월 오봉병(日月五峰屛)이 둘러쳐져 있습니다. 일월은 해와 달, 오봉은 금강산, 묘향산, 지리산, 백두산, 중앙에 삼각산으로, 임금의 위엄을 상징하는 그림입니다. 임금이 행차하는 공식적인 자리에는 어디나 일월오봉병이 있었습니다.

천장에는 황금색의 칠조룡(七爪龍)이 조각되어 있습니다. '칠조'는 발톱이 일곱 개라는 뜻입니다. 원래 황제는 일곱 개, 왕은 다

■ 근정전의 천장에는 황제를 상징하는 황금색 칠조룡이 조각되어 있다.

■ 경복궁에 남아 있는 유일한 궐내각사 건물 수정전. 한글 창제의 산실이었고 갑오개혁을 만들어낸 현장이기도 하다.

섯 개를 그려야 했습니다. 또 용 자체가 황제를 상징하는 동물이 지요. 그래서 창덕궁이나 창경궁의 정전에는 봉황이 새겨져 있습니다. 하지만 경복궁에는 일곱 개의 발톱을 가진 쌍룡이 여의주를 가지고 노는 모습이 새겨져 있습니다. 경복궁을 중건할 때인 고종 때는 중국의 그늘로부터 많이 벗어난 후였기에 이런 조각이 가능했던 것입니다. 신하들이 앉는 자리 뒤 양쪽에 칠보로 장식된 커다란 향로가 놓여 있는데 이것들은 청나라로부터 선물로 받은 것입니다.

근정전 주변에는 행각이 둘러쳐져 있습니다. 지금은 지붕과 기둥밖에 남아 있지 않지만 원래는 칸이 막혀 있어 사무실이나 곳간

등으로 쓰이던 공간입니다. 회랑은 칸막이 없는 통로를 말하는데 근정전을 둘러싼 4면 중 남쪽은 회랑, 3면은 행각입니다. 행각과 회랑의 주춧돌에는 천원지방의 인식이 담겨 있지요. 안쪽 주춧돌은 네모, 바깥쪽은 둥근 모양으로, 거기에 사람이 지나가면 천지인(天地人)이 다 모이는 셈입니다.

근정전의 행각에는 양쪽에 하나씩 높이 솟은 누각이 있습니다. 근정전을 바라보고 오른쪽의 누각은 융문루(隆文樓), 왼쪽은 융무루(隆武樓)입니다. 문과 무를 조화 있게 일으킨다는 의미로 붙인 이름입니다. 문무루는 서적을 보관하는 장소였으며 국가의 중요한 행사 때 의장용 말이 서는 기준선이 되기도 했습니다.

근정전 앞을 지나 융무루 쪽 문을 지나면 수정전(修政殿)이 나옵니다. 수정전은 앞면 열칸 옆면 네 칸의 40칸으로, 근정전(25칸)이나 경회루(35칸)보다 바닥 면적이 넓은 건물이지요. 수정전 부근이 궐내각사가 있던 곳이라 관청 건물로 지어졌을 텐데 특이하게도 건물 앞에 월대가 있습니다. 월대는 연회 등 궁중 행사 때 무대나 특별석 등으로 사용되는 공간입니다. 그래서 월대가 있는 수정전이 일반 관청 건물로 지어진 것이 아니었음을 알 수 있습니다. 수정전을 바라보고 오른쪽 면에는 복도각이 이어졌던 흔적이 남아 있습니다. 이 복도각은 원래 사정전의 천추전까지 연결되어 있었습니다.

수정전은 세종 때 집현전으로 사용되었습니다. 훈민정음 창제의 산실이기도 했지요. 그런데 세조가 집권하면서 현판을 떼어버렸습니다. 단종 복위 운동에 집현전 학사들이 앞장섰기 때문입니다. 고종 때 중건하며 수정전이라 불렸고 한때는 편전으로 사용되기도 했습니다. 고종이 친정을 시작하면서 정무의 중심이 건청궁 쪽으로 옮겨졌고 수정전은 군국기무처(軍國機務處)가 되었습니다. 그리고 1894년 이곳에서 우리나라 대표적 근대 개혁인 갑오개혁의 내용이 만들어졌습니다.

그날, 고종 31년(1894) 6월 28일, 군국기무처에서는 다음과 같은 개혁 안건들을 고종에게 내놓았습니다.

1. 이제부터는 국내외의 공문서 및 사문서에 개국 기년(開國紀年)을 쓴다.

1. 청나라와의 조약을 개정하고 각국에 특명전권공사를 다시 파견한다.

1. 문벌, 양반과 상인(常人)의 등급을 없애고 귀천에 관계없이 인재를 선발하여 등용한다.

1. 죄인 본인 외에 친족에게 연좌 형률을 일체 시행하지 않는다.

1. 남녀 간의 조혼(早婚)을 엄금하며 남자는 20살, 여자는 16살 이상이라야 비로소 혼인을 허락한다.

1. 과부가 재가하는 것은 귀천을 막론하고 자신의 의사대로 하게 한다.

1. 공노비와 사노비에 관한 법을 일체 폐지하고 사람을 사고파는 일을 금지한다.

1. 비록 평민이라도 나라에 이롭고 백성에게 편리한 의견을 제기

할 것이 있으면 군국기무처에 글을 올려 회의에 붙인다. ……

— 〈고종실록〉 1894년 6월 28일

고종은 이 안들이 모두 실행될 수 있도록 허락하였습니다. 갑오 개혁을 통해 조선은 1894년 7월부터 1896년 2월 사이에 총 세 차 례에 걸쳐 정치, 경제, 사회 전반의 문물제도를 근대식으로 고쳤 습니다. 이 개혁으로 양반과 중인, 상민, 천민으로 나뉘었던 신 분제가 폐지되고 과부가 재혼할 수 있게 되었으며 노비 제도도 없 어진 것이지요.

이 해 12월 16일에 고종은 조칙을 내리길, "이제부터 나라 정사 에 관한 사무는 짐이 직접 여러 대신과 토의하여 재결하겠다. 의정 부를 대궐 안에 옮기되 내각으로 고쳐 부르고, 장소는 수정전으로 하라"라고 하였습니다. 의정부라는 예전의 정부 조직이 없어지고 '내각'이라는 근대적 기구가 생기게 된 것입니다.

그런데 이 개혁의 중심 인물들은 친일 정권의 개화파 관료들이 었습니다. 갑오개혁은 청일전쟁에서 이긴 일본이 자신들의 입맛 에 맞게 실시한 타율적 개혁이었습니다. 일본은 조선에서의 독점 적 지위를 차지하기 위해 조선과 청나라와의 관계를 다시 정하게 했습니다. '개국'이라는 연호를 쓰게 한 것도 청나라의 영향력을 없 애려는 조치였지요. 일본에 대한 반감이 컸던 조선 민중들은 이 개혁에 크게 반발했고 이러한 반감은 이후 항일 의병 활동으로 이 어졌습니다.

수정전을 바라보고 섰을 때 왼쪽으로 멀찌감치 영추문(迎秋門)이

■ 경복궁의 서문인 영추문. 궐내각사에 근무하는 관리들이 주로 드나들었던 문이다.

보입니다. 영추문은 경복궁의 서문입니다. 예전에는 수정전에서 영추문 사이에 궁궐 내의 관청인 궐내각사 건물들이 가득 차 있었습니다. 그래서 영추문으로는 궐내각사에 근무하는 관리들이 주로 드나들었습니다. 영추문은 광화문과 마찬가지로 석축 위에 목조 건물을 세운 형식입니다. 그런데 1975년에 복원한 지금의 영추문은 전체가 다 콘크리트 덩어리입니다. 하나뿐인 홍예의 천장에는 서쪽을 상징하는 백호가 그려져 있습니다.

연추문(延秋門)이라고 불리기도 했던 영추문에서는 역사적 사건이 많이 일어났습니다.

그날, 중종 14년(1519) 11월 15일 새벽에는 중종의 밀지를 받은 홍경주 · 남곤 · 김전 · 이장곤 등이 조광조(趙光祖) 일파를 잡기 위해 영추문으로 군사를 몰고 들어왔습니다. 이른바 기묘사화(己卯士禍)가 시작된 것입니다. 한밤중에 궁궐 안이 시끄러워 숙직하던 승지 윤자임(尹自任) 등이 허둥지둥 나가 보니 영추문이 이미 활짝 열리고 문을 지키던 군졸들이 정돈해 서 있었습니다. 이어 근정전 쪽으로 들어가며 보니 푸른 옷을 입은 군졸들이 전각 아래에 좌우로 서 있었습니다. 윤자임이 "공(公)들은 어찌하여 여기에 오셨습니까?"라고 묻자 이장곤 등은 "궁궐 안에서 표신(標信 : 급한 소식을 전할 때나 궁궐 문을 드나들 때에 사용하던 문표)으로 부르셨기 때문에 왔소"라고 대답하였습니다. 신하들과 몰래 이날을 미리 준비했던 중종은 대사헌 조광조 등을 잡아 가두게 하였습니다.

조광조는 중종의 정치 개혁을 도운 사람입니다. 반정 공신들에 의해 추대된 중종은 즉위 초기에는 강력한 왕권을 발휘하지 못했습니다. 즉위한 지 4년이 흘러 반정 공신들이 하나둘 세상을 떠난 후에야 중종은 비로소 개혁의 의지를 드러낼 수 있었습니다. 중종은 조광조의 주장을 적극적으로 반영하여 여러 가지 개혁을 시행했습니다. 그러나 조광조의 개혁 의지는 훈구 세력의 엄청난 반발에 부딪혔을 뿐 아니라 그를 끌어들인 중종에게서까지 배척을 당하게 되었습니다. 너무나 과격하고 급진적이었기 때문입니다.

그러던 어느 날 궁녀 한 명이 궁궐 뜰에서 나뭇잎을 하나 주워왔습니다. 나뭇잎에는 '走肖爲王(주초위왕)'이라는 글자 모양으로 벌레가 갉아먹은 자국이 있었습니다. '走肖爲王'의 '走'자와 '肖'자를 합하면 '趙'자가 되는데, 이 글자들은 '趙(조)씨가 왕이 된다'라는 뜻

■아름다운 경회루의 낮과 밤 풍경. 세종은 연회는 물론, 기우제, 무과 시험, 활쏘기 시범 장소 등
다양한 용도로 이곳을 이용하였다.

으로 풀이되었습니다. 반정 공신이 중심을 이룬 훈구파는 조광조가 붕당을 만들어 조정을 문란하게 만든다고 그의 처벌을 요구했습니다. 중종은 이 요구를 받아들여 조광조를 비롯한 사림 세력을 숙청했습니다. 이 사건이 조선 4대 사화(士禍 : 선비들이 재앙을 입은 것) 중 하나인 기묘사화입니다. 사건 전날 밤, 홍경주 등이 경복궁의 북문인 신무문으로 들어와서 자신들의 계획을 종중에게 알리고자 하였는데, 중종은 이들을 영추문으로 들어오게 했답니다.

그날, 고종 33년(1896) 2월 11일에는 고종과 세자(훗날의 순종)가 영추문을 통과해 정동의 러시아 공사관으로 옮겨갔습니다. 이 사건이 아관파천(俄館播遷)입니다. 1895년 을미사변을 겪은 고종과 세자는 극심한 공포에 빠졌습니다. 왕비가 길거리를 가다가 살해당한 것도 아니고 가장 안전하다고 생각한 구중궁궐 안에서 살해당했기 때문입니다. 궁궐 안의 그 누구도 믿을 수 없었습니다. 음식에 독이 들어 있을까 두려워 식사도 제대로 할 수 없었습니다. 의지할 사람 하나 없던 고종은 10년 전 승은을 입었다가 쫓겨난 엄상궁을 불러들였습니다. 엄상궁은 외국 공관이 밀집한 정동으로 몸을 피할 것을 권했습니다. 그 중 러시아 공사관을 선택했고 러시아 본국으로부터 협조를 얻었습니다. 을미사변이 일어난 지 넉 달 만에 고종은 궁녀의 가마를 타고 영추문을 몰래 빠져나갔습니다. 이전 얼마동안 궁녀의 가마를 영추문에 수시로 드나들게 하여 문을 지키는 군사들의 경계를 늦출 수 있었던 것입니다.

■ 경회루 내부의 마룻바닥은 3단으로 피라미드처럼 중앙이 높게 만들어졌다. 중앙의 높은 자리는 연회 때 임금이 앉는 자리이다.

　수정전 뒤편에는 경회루(慶會樓)가 있습니다. 원래 경회루 주변은 사방에 담이 쳐져 함부로 들어갈 수 없는 공간이었습니다. 그런데 일제강점기에 담을 허물어버려 지금은 경회루의 동쪽과 북쪽 담만 남아 있지요. 경회루는 동쪽 담에 있는 세 개의 문을 통해 들어갈 수 있습니다. 문 이름은 앞쪽부터 자시문(資始門), 함홍문(含弘門), 이견문(利見門)입니다. 자시문은 임금이 사용하던 문으로 그 규모가 다른 문들에 비해 크고 안쪽에는 어도가 구분된 삼도가 설치되어 있습니다. 함홍문은 왕실 가족이, 이견문은 신하들이 출입하던 문입니다.

　경회루가 서있는 연못도 천원지방의 개념에 기초하고 있습니다. 경회루 건물을 받치는 누하주(樓下柱 : 누각 아래의 기둥) 가운데 바깥 기둥은 사각기둥이고 안쪽 기둥은 원기둥입니다. 하늘과 땅

■경회루 지붕 위에는 궁궐의 건축물 중 가장 많은 열한 개의 잡상이 있다. 이는 경회루가 무척 호화스럽게 만들어졌음을 의미한다.

이 조화를 이루고 있는 셈이지요. 경회루의 누하주는 마흔여덟 개입니다. 마흔여덟 개라는 수는 아미타불이 비구로 수행할 때 마흔여덟 개의 서원을 세우고 정진한 끝에 깨달음을 얻었다는 데서 유래한 것입니다.

누각 내부에는 앞면 일곱 칸, 옆면 다섯 칸의 마루가 깔려 있습니다. 마룻바닥은 3단으로 피라미드처럼 중앙이 높아지게 만들었습니다. 중앙의 높은 자리는 연회 때 임금이 앉는 자리입니다. 가운데 자리는 세 칸으로 이뤄져 있습니다. 3은 천지인을 뜻합니다. 세 칸의 공간을 그 바깥과 분리하는 기둥은 여덟 개인데 이는 8괘를 의미합니다. 괘는 태극기의 네 귀퉁이에 그려진 것처럼 음양이 변화하는 모습을 층으로 쌓아 보여준 것입니다. 중간에 있는 기둥 사이의 칸은 열두 개인데 12는 1년의 열두 달을 뜻하고 바깥 기둥 스물네 개는 24절기를 의미합니다. 이렇게 경회루는 불교와 유교 사상에, 백성들의 농사를 걱정하는 마음까지 담아 지은 건물입니다.

경회루 지붕에는 열한 개의 잡상을 올렸습니다. 근정전에 일곱 개, 숭례문에 아홉 개가 올려진 것과 비교하면 경회루는 무척 호화롭게 만들어진 건물임을 알 수 있습니다. '경회'는 경사스러운 연회라는 뜻으로, 현판은 태종의 장남인 양녕대군이 쓴 것입니다.

경회루는 원래 사신 접대용으로 지어졌습니다. 그런데 경회루를 보면 연산군의 방탕한 삶을 떠올리게 됩니다. 경회루에서 연일 연회를 열며 그 자리에 '흥청'이라는 기생 조직을 동원했다는 이야기 말입니다. 여기서 '흥청망청'이라는 말이 유래되었다지요. 하지만 경회루를 가장 활발하게 사용한 임금은 세종입니다. 세종은 궁중의 연회는 물론, 기우제, 무과 시험, 활쏘기 시범 장소 등 다양한 용도로 경회루를 사용하였습니다.

경회루에서 즐거운 일만 있었던 것은 아닙니다. 단종이 숙부인 세조에게 임금의 자리를 물려준 것도 경회루에서였습니다.

그날, 세조 즉위년(1455) 윤6월 11일, 영의정이었던 수양대군 (훗날의 세조)은 단종에게 혜빈 양씨, 상궁 박씨, 금성대군 등을 귀양 보내라고 요구했습니다. 혜빈 양씨는 세종의 후궁으로 단종에게는 할머니뻘이지만 어머니나 다름없는 사람이었습니다. 단종은 태어난 지 일주일 만에 어머니를 잃고 혜빈 양씨의 손에서 자랐기 때문입니다. 금성대군은 세종의 여섯 번째 아들로 단종의 복위 운동을 두 번이나 일으킨, 단종 편의 사람이었습니다. 단종은 자신의 측근들이 고초를 겪는 것을 더 이상 보고만 있을 수 없었습니다. 그래서 수양대군에게 임금의 자리를 넘겨주기로 한 것입니다. 단종은 다음과 같은 선위 교서를 내렸습니다.

> "내가 나이가 어리고 중외(中外)의 일을 알지 못하는 탓으로 간사한 무리들이 은밀히 발동하고 난을 도모하는 싹이 사라지지 않으니, 이제 대임(大任)을 영의정에게 전하여 주려고 한다."
>
> ― 〈세조실록〉 1455년 윤6월 11일

동부승지 성삼문(成三問)이 상서원에 가서 옥새를 가져와 경회루에 가서 바쳤습니다. 단종이 경회루에서 부르니 수양대군이 달려 들어갔습니다. 수양대군은 엎드려 울면서 굳게 사양했지만 단종이 옥새를 잡아 그에게 전해 주었습니다. 수양대군은 더 사양하지 못하고 옥새를 받았습니다. 이윽고 선위·즉위의 교서를 짓도록 하고 수양대군은 익선관과 곤룡포를 갖추고 백관을 거느리고 근정전 뜰로 나아가 즉위하였습니다. 수양대군으로서는 사양하는 형식적 예는 다 갖춘 셈이지요. 옥새를 가져다 수양대군에게 넘겨준 사람이 성삼문이라는 사실이 또한 새롭게 느껴집니다.

경회루를 바라봤을 때 왼쪽 뒤편에 작은 정자가 하나 있습니다. 이 정자는 연꽃 향기라는 뜻의 이름을 가진 하향정(荷香亭)입니다. 이 정자는 조선시대의 건물이 아니고 제1공화국 시절 대통령이 낚시를 즐기기 위해 만든 시설입니다. 하향정 뒤편 담장에 있는 문은 필관문(必觀門)입니다. '필관'은 반드시 봐야 한다는 뜻이지요. 경회루를 끼고 한 바퀴 돌면서 필관문 앞에 가면 문 안을 반드시 들여다 볼 일입니다. 그 문에서 보면 물놀이를 하기 위해 띄워놓은 배와 경회루에 설치된 선착장을 가까이서 볼 수 있습니다.

다시 근정전 뒤쪽에 있는 사정전(思政殿)으로 가보겠습니다. '사정'은 정무를 생각한다는 뜻으로, 나라의 일을 결정할 때 깊이 생각하라는 의미가 담겨 있습니다. 정도전은 그 의미를 다음과 같이 밝혔습니다.

> "……《서경》에 말하기를, '생각하면 슬기롭고 슬기로우면 성인이 된다.' 했으니, 생각이란 것은 사람에게 있어서 그 쓰임이 지극한 것입니다. 이 전(殿)에서는 매일 아침 여기에서 정사를 보시고 만기(萬機 : 정치에서의 여러 가지 중요한 일)를 거듭 모아서 전하에게 모두 품달하면, 조칙을 내려 지휘하시매 더욱 생각하지 않을 수 없사오니, 신은 사정전이라 이름하옵기를 청합니다.……"
>
> — 〈태조실록〉 1395년 10월 7일

사정전은 임금의 집무실인 편전입니다. 이곳은 어전 회의나 경연 등 공식 업무를 처리하는 공간입니다. 내부에는 특이하게 운룡도(雲龍圖) 벽화가 그려져 있습니다. 서양의 프레스코화처럼 흙벽에 그린 것으로, 구름 속에서 여의주를 희롱하는 쌍룡의 그림이지

■사정전 내부의 벽화
운룡도. 구름 속에
서 여의주를 희롱하
는 쌍룡의 그림으로,
어진 신하가 있어야
임금이 제 구실을 할
수 있다는 뜻이 담
겨 있다.

요. 어진 신하가 있어야 임금이 제 구실을 할 수 있다는 뜻이 담
겨 있다고 합니다. 지금 운룡도는 국립고궁박물관에 보관되어 있
고 그 자리에는 족자로 만든 복제품이 걸려 있습니다. 운룡도 아
래는 일월오봉병이 펼쳐져 있고 그 앞에 어좌가 있습니다. 바닥에
는 대신들이 앉을 수 있도록 마루를 깔아놓았습니다. 하지만 온돌
이 아니라 추운 날에는 사용할 수 없는 장소였습니다. 사정전 앞
마당은 단종 복위 운동을 주도했던 사육신을 국문했던 곳입니다.

그날, 세조 2년(1456) 6월 2일에 김질(金礩)은 사정전에 와서 성삼문 등이 단종의 복위를 도모하며 반역을 꾀했다고 밀고하였습니다. 세조는 성삼문, 박팽년 등을 사정전으로 끌어와 친히 국문하였습니다. 그 자리에서는 다음과 같은 일들이 일어났습니다.

> "…… 곤장을 쳐서 당여(黨與 : 한 편이 된 무리)를 물으니 박팽년이 대답하기를, '성삼문·하위지(河緯地)·유성원(柳誠源)·이개(李塏)·김문기(金文起)·성승(成勝)·박쟁(朴崝)·유응부(俞應孚)·권자신(權自愼) 등과 신의 아비였습니다'라고 하였다. 다시 물으니, '신의 아비까지도 숨기지 아니하였는데, 하물며 다른 사람을 대지 않겠습니까?' 하였다. 시행 방법을 물으니, '성승·유응부·박쟁이 모두 별운검(別雲劍)이 되었으니, 무슨 어려움이 있겠습니까?'하였다. 그 시기를 물으니, '어제 연회에 그 일을 하고자 하였으나 마침 장소가 좁다 하여 운검을 없앤 까닭에 뜻을 이루지 못하였습니다. 후일에 관가(觀稼 : 임금이 농작물의 작황을 돌아보던 일)할 때 길에서 거사하고자 하였습니다'라고 하였다. 이개에게 곤장을 치고 물으니, 박팽년과 같이 대답하였다. …… 유성원은 집에 있다가 일이 발각된 것을 알고 스스로 목을 찔러 죽었다."

— 〈세조실록〉 1456년 6월 2일

임금이 참석한 자리에는 호위를 위해 2품 이상인 무반 두 명이 큰 칼을 차고 좌우에 서 있게 되어 있었습니다. 이들이 별운검이었지요. 박팽년이 말한 그 날 복위 운동을 꾀한 사람들이 별운검으로 정해져 절호의 기회를 얻은 듯했습니다. 그런데 세조가 별운

■ 사정전 양 옆에 있는 천추전(위)과 만춘전(아래). 두 건물과 사정전을 연결하던 복도각은 없어지고 지금은 각각 독립된 건물로 서 있다.

검을 들이지 말라고 하여 계획이 틀어져버린 것입니다.

박팽년은 세조가 왕위에 오를 때 경회루 연못에 빠져 죽으려 했답니다. 그런데 성삼문의 만류로 마음을 바꾸고 충주 관찰사가 되었습니다. 그는 국문 자리에서 세조를 '나으리'라 부르면서 자기를 '신(臣 : 신하)'이라 일컫지 않았습니다. 이를 괘씸하게 여긴 세조가 박팽년이 충주 관찰사로 있을 때의 상소 뭉치를 다시 꺼내 봤답니다. 그런데 그 상소에는 '臣(신)'자가 쓰여야 할 자리에 모두 '巨(거)'자가 쓰여 있었다고 합니다. 눈여겨보지 않으면 발견하지 못할 일이었지요.

또 한 명의 사육신인 하위지는 세조가 즉위한 해부터 받은 봉록은 따로 한 방에 쌓아 두고 쓰지 않았다고 합니다. 그는 국문을 받으면서 세조에게 "이미 나에게 반역의 죄명을 씌웠으니 죽이면 될 것을 무엇을 더 묻겠단 말이오" 하며 대화조차 거부하며 의연히 죽음을 맞이했습니다.

사정전 양 옆에는 천추전(千秋殿)과 만춘전(萬春殿)이 있습니다. 원래는 두 건물 모두 사정전에서 복도각으로 연결되어 있었는데 지금은 독립된 건물로 서 있습니다. 사정전을 바라보고 섰을 때 오른쪽에 있는 것이 만춘전입니다. 만춘전 쪽은 동쪽으로, 봄을 상징하는 방향입니다. 이름에는 왕실과 조정의 봄 기운이 만 년 동안 지속되기를 기원하는 뜻이 담겨 있습니다. 사정전을 중심으로 만춘전과 대칭을 이루는 건물은 천추전입니다. '천추'는 오랜 세월을 의미하는데 왕권과 왕족의 무궁한 발전을 기원한다는 의미를 담고 있습니다.

두 전각은 임금이 편하게 나랏일을 의논할 때 이용하던 비공식 업무 공간입니다. 또 임금이 독서하거나 조촐한 연회를 베풀던 장소이기도 합니다. 민가의 사랑채처럼 소박하게 만들어진 온돌방들이지요. 두 건물의 지붕 아래 벽돌로 짠 합각에는 글자가 새겨져 있습니다. 좌우로 '편안할 강(康)'자와 '편안할 녕(寧)'자를 새겨 넣었는데 사정전에서 가까운 쪽이 '康'이 되게 대칭으로 만들었습니다.

그날, 문종 2년(1452) 5월 14일, 유시(酉時 : 저녁 6시 무렵)에 천추전에서 문종이 세상을 떠났습니다. 당시 그의 나이 39세였습니다. 이 무렵 의관들이 날마다 문종의 안부를 살폈지만 별다른 문제를 발견하지 못했습니다. 그래서 문종은 활 쏘는 것을 구경하고 사신에게 연회를 베풀기까지 하였습니다. 그러다 종기가 심해지니 의관이 은침으로 종기를 따서 고름을 두서너 홉쯤 짜내서 문종의 통증이 조금 나아지게 되었습니다. 의관들은 3,4일만 기다리면 문종의 병이 완전히 나을 것이라 말했습니다.

그런데 이날 아침에야 의관들은 비로소 임금의 옥체가 위태로운 줄 알게 되었답니다. 이때 수양대군(훗날의 세조)이 바깥마당에서 통곡하면서 "어째서 청심원을 올리지 않는가?"라고 말하니, 의관들이 비로소 청심원을 올리려고 했지만 이미 때가 늦은 후였습니다. 그리고는 곧 문종이 세상을 떠났습니다. 여러 신하가 통곡하는 소리가 궁정에 진동했고 거리의 백성들도 슬퍼서 울부짖지 않는 사람이 없었다고 합니다. 〈문종실록〉에 의하면 백성들의 슬

■ 사정전 앞쪽 행각에 있는 내탕고.
천자고부터 월자고까지 천자문의
글자를 순서대로 따서 창고의 이름
을 붙였다.

퍼함이 세종이 세상을 떠났을 때보다도 더하였다는데 그 이유는
사왕(嗣王 : 뒤를 이을 임금)이 나이가 어려서 사람들이 믿을 곳이 없
었기 때문이라고 하였습니다. 이때 백성들은 이미 단종이 겪을 비
극을 내다봤던 것 같습니다.

사정전의 앞쪽 행각은 내탕고입니다. 임금의 사유 재산을 보관
했던 창고이지요. 창고 문설주에는 천자문(千字文)의 글자 순서인
하늘 천(天), 땅 지(地), 검을 현(玄), 누를 황(黃), 집 우(宇), 집 주
(宙), 넓을 홍(弘), 거칠 황(荒), 날 일(日), 달 월(月) 자를 딴 창고 이
름이 붙어 있습니다. 천자고(天字庫), 지자고(地字庫) 하는 식으로
말입니다. 창고는 월자고까지 모두 열 개인데 이 글자들은 단순한
순서를 나타낼 뿐 활자와는 상관이 없습니다.

사정전 뒤로 들어가 향오문(嚮五門)을 지나면 강녕전(康寧殿)이 나옵니다. '향오'는 오복(五福)을 향한다는 뜻입니다. 오복은 장수, 부귀, 강녕, 유호덕(攸好德 : 덕을 베풂), 고종명(考終命 : 편안한 죽음)을 말합니다. 옛 사람들은 가운데 있는 강녕을 택하면 양쪽에 있는 나머지 오복도 다 포함한다고 생각했습니다. 그러니 강녕은 오복 그 자체를 의미하는 것이라 볼 수 있습니다. 강녕전의 이름을 지은 정도전도 그런 점을 감안하였다고 했습니다.

"…… 강녕전에 대하여 말씀드리면, 오복 중에 셋째가 강녕입니다. 대체로 임금이 마음을 바르게 하고 덕을 닦아서 황극(皇極 : 나라를 다스리는 표준이 될 만한, 한쪽으로 치우치지 않는 바른 법)을 세우게 되면, 능히 오복을 향유할 수 있으니, 강녕이란 것은 오복 중의 하나이며 그 중간을 들어서 그 남은 것을 다 차지하려는 것입니다. …… 원컨대 전하께서는 안일한 것을 경계하며 공경하고 두려워하는 마음을 두어서 황극의 복을 누리시면, 성자신손(聖子神孫)이 계승되어 천만대를 전하리이다. 그래서 연침(燕寢 : 임금이 평상시에 한가롭게 거처하는 전각)을 강녕전이라 했습니다.

연생전(延生殿)과 경성전(慶成殿)에 대하여 말씀드리면, 하늘과 땅은 만물을 봄에 낳게 하여 가을에 결실하게 합니다. 성인이 만백성에게 인(仁)으로써 살리고 의(義)로써 만드시니, 성인은 하늘을 대신해서 만물을 다스리므로 그 정령(政令 : 정치상의 명령 또는 법령)을 시행하는 것이 한결같이 천지의 운행을 근본하므로, 동쪽의 소침을 연생전이라 하고 서쪽 소침을 경성전이라 하여, 전하께서 천지의 생성하는 것을 본받아서 그 정령을 밝히게 한 것입니다. ……"

— 〈태조실록〉 1395년 10월 7일

향오문을 지나면 임금의 사생활 공간인 연조가 시작됩니다. 강녕전은 임금의 침전인 대전(大殿)입니다. 민간인의 집으로 치면 강녕전은 사랑채이고 그 뒤에 있는 교태전은 안채입니다. 지금은 독립 건물이지만 예전의 강녕전에는 경성전, 연생전, 응지당, 연길당 등 네 동의 부속 건물이 복도각으로 연결되어 있었습니다. 그런데 진짜 강녕전을 보려면 창덕궁에 가야 합니다. 일제강점기에 창덕궁 보수 공사를 하면서 경복궁의 강녕전을 옮겨가 창덕궁 희정당으로 만들었기 때문입니다.

강녕전 지붕 위에는 용마루(지붕 가운데 부분의 가장 높은 곳에 하얗게 바른 수평 마루)가 없습니다. 대개 왕비의 처소인 중궁전 지붕에 용마루를 설치하지 않습니다. 용은 임금을 상징하는데 왕비의 처소에 용이 둘 있어서는 안된다는 생각에서였습니다. 하지만 임금의 침전인 대전에 용마루가 없는 것은 강녕전뿐입니다. 지붕의 좌우 합각에는 '康'자와 '寧'자가 새겨져 있습니다.

강녕전의 내부는 벽이 없이 문으로 구분되어 있습니다. 문을 모두 트면 하나의 공간이 되는 것이지요. 임금의 방을 중심으로 하여 주변의 방에서는 지밀상궁이 24시간 내내 임금을 지킵니다. 임금은 자신의 안전과 왕실의 번영을 위해 내밀한 사생활까지도 지밀상궁들에게 내놓은 것입니다.

강녕전 앞에는 작은 월대가 있습니다. 그곳에서는 왕실의 가족

■ 임금의 침전인 강녕전은 민간 집의 사랑채에 해당하는 공간이다. 강녕전은 침전으로는 유일하게
  용마루가 없는 건물이다.

을 위한 연회가 개최되었습니다. 원래 향오문에서 월대까지 천장
이 있는 회랑으로 연결되어 임금이 비를 맞지 않고 사정전에서 퇴
근할 수 있도록 되어 있었습니다.

강녕전은 정희왕후(세조의 비)가 성종을 임금으로 정한 곳이기
도 합니다.

그날, 예종 2년(1469) 11월 28일, 예종이 창덕궁 자미당에서
세상을 떠나자 대신들은 강녕전에서 대왕대비인 정희왕후를 만나
후계자를 결정해줄 것을 청했습니다. 정희왕후는 "원자(元子 : 예종
의 아들 제안대군)가 바야흐로 포대기에 있고, 또 월산군(月山君 : 세조

■강녕전의 부속 건물인 경성전. 궁궐 바깥에 살던 선조가 임금이 되기 위해 입궐했을 때 그 준비를
위해 머물던 곳이다.

의 적장자인 의경세자의 장남)은 어려서부터 병에 걸렸으며, 홀로 자을
산군(者乙山君 : 의경세자의 차남)이 비록 어리기는 하나 세조께서 일
찍이 그 도량을 칭찬하여 태조에 견주기까지 하였으니, 그로 하여
금 주상을 삼는 것이 어떠하냐?"라고 물었습니다. 이에 대신들도
적극 찬성하여 자을산군이 임금의 자리에 올랐습니다. 그가 바로
제9대 임금 성종입니다.

당시 제안대군은 4세, 월산군은 16세, 성종이 된 자을산군은 13
세였습니다. 세조가 어린 단종을 밀어내고 임금의 자리를 차지했
기 때문에 정희왕후는 다시 어린 임금 만드는 것을 피하고 싶어 했
습니다. 선왕의 아들인 제안대군은 그런 이유로 제외되었다고 하

지만 세조의 장손인 월산군이 동생에게 임금의 자리를 빼앗긴 것은 석연치 않은 일입니다. 정희왕후는 월산군의 건강을 문제 삼았지만 월산군이 특별한 병에 걸렸다는 기록도 없었습니다. 결국 정희왕후가 자을산군의 장인인 한명회와의 정치적 결탁에 의해 이런 결정을 했다고 볼 수밖에 없습니다. 또 자신이 수렴청정을 하는 동안 왕권을 안정시킬 수 있으리라는 계산도 있었겠지요. 정희왕후는 어린 성종을 대신하여 7년 동안 수렴청정을 했습니다. 조선 최초의 수렴청정이었습니다.

강녕전의 좌우에 경성전과 연생전이 있습니다. 임금이 독서를 하고 신하와 오붓한 자리를 갖는 장소로, 경연, 야대(夜對 : 밤에 신하를 만나는 일), 소대(김對 : 질문할 사람을 불러서 만나는 것) 등이 이뤄진 곳이었습니다. 강녕전을 바라보고 왼쪽, 즉 서쪽에 있는 경성전은 주로 가을과 겨울에 사용했다고 합니다. 서쪽은 가을을 상징하는 방향이기 때문입니다.

경성전은 명종이 세상을 떠난 후 후계자로 결정된 하성군(河城君)이 머물렀던 곳입니다. 하성군은 중종과 창빈 안씨 사이에서 태어난 덕흥군(德興君)의 아들입니다.

제13대 임금 명종은, 이복형인 인종의 뒤를 이어 임금이 되었고 평생 어머니 문정왕후의 그늘에서 벗어나지 못했습니다. 고단한 삶을 살았던 그는 자신의 뒤를 이을 자식마저 남기지 못했지요. 그래서 명종은 조카들 중에서 후계자를 골랐습니다. 이때 선택된 하성군이 바로 제14대 임금 선조입니다. 선조는 이렇게 조선 최초로 적손(嫡孫)이 아닌 서손(庶孫)으로서 왕위를 이은 임금입니다.

하지만 선조는 총명한 소년이었습니다. 그래서 수렴청정을 하던 명종비 인순왕후는 즉위 이듬해 아직 미성년을 벗어나지 못한 선조에게 조정을 넘겨주었습니다. 선조는 즉위 초 매일 경연에 나가 토론하고, 밤늦도록 독서하는 등 학문에 열중하였습니다. 학자들을 존경하고 겸손하게 많은 것을 배우려 노력했던 것입니다. 성리학적 왕도 정치를 표방하며 훈구, 척신 세력을 물리치고 이황, 이이 등 많은 사림의 인재를 등용하였습니다.

그날, 명종 22년(1567) 6월 28일 축시(새벽 두 시 경)에 명종이 세상을 떠나자 도승지 이양원(李陽元), 동부승지 박소립(朴素立) 등이 인순왕후의 명을 받들고 사직동 덕흥군의 집으로 달려갔습니다. 그때 하성군은 어머니인 덕흥군 부인의 빈소를 지키고 있었습니다. 임금의 자리를 사양하던 하성군이 상주 차림으로 나오자 도승지 등은 하성군을 가마에 태웠습니다. 하성군을 태운 가마는 광화문을 통해 근정문 밖에 이르렀고 거기서 가마에서 내린 하성군은 걸어서 근정전 동쪽 뜰을 거쳐 경성전으로 들어갔습니다. 가마를 타고 광화문을 통과해 근정문까지 갔다는 말은 이미 하성군이 다음 임금으로서의 대우를 받았음을 의미하지요. 명종의 병세가 위독했을 때 인순왕후가 하성군을 사군(嗣君 : 후계자)으로 한다는 내용의 봉서를 대신들에게 내렸기 때문에 하성군의 입궐은 무리 없이 진행될 수 있었습니다.

강녕전을 중심으로 경성전과 대칭을 이루는 건물은 연생전입니다. 동쪽에 있어 봄과 여름에 사용했습니다.

■ 강녕전의 동쪽에 있는 연생전. 동쪽은 봄을 상징하는 방향이어서 연생전은 주로 봄과 여름에 사용되었다.

그날, 세종 26년(1444) 7월 10일, 연생전에 벼락이 떨어져 궁녀가 죽는 사고가 발생했습니다. 당시에는 천재지변이 있으면 국정을 반성하는 기회로 삼았기 때문에 조정에서 이에 대한 논의가 있었습니다. 세종은 "지금 하늘이 내전(內殿)에 벼락을 떨어뜨려 꾸짖는 뜻을 보이니 내가 매우 두렵다. 사면령을 내려 비상한 은혜를 베풀고자 하는데 어떻겠는가. 무릇 백성을 즐겁게 할 수 있는 일을 함께 의논하여 아뢰라"라고 분부했습니다.

그런데 의논을 마친 대신들은 "하늘의 천둥 · 벼락은 양기가 서로 부딪치는 것으로, 그 기운에 저촉되는 자는 죽는 것입니다. 나무와 돌과 새와 짐승에 이르기까지 또한 간혹 벼락을 맞아 죽는 일이 있는 것이온데, 어찌 사람의 일이 선하고 악한 것에 관계가 있겠습니까. 또 연생전은 정전이 아니옵고, 또 큰 벼락이 이른 것도 아니므로 재변이라고 말할 수는 없습니다. 백성을 즐겁게 할 일은 근간에 한재(旱災 : 심한 가뭄)로 인하여 남김없이 거행하였으므로 지금 다시 아뢸 것이 없습니다"라며 새로운 일 만들기를 거부했습니다.

그러나 세종은 "감히 하늘을 두려워하고 백성을 불쌍히 여겨 너그러움을 베풀지 않을 수 있겠는가. 각 해의 사면한 전례를 조사하여 아뢰라"라며 다시 한 번 분부하였습니다. 스스로 삼가고 백성을 너그럽게 다스리려는 세종의 면모를 엿볼 수 있는 사건이었습니다.

경성전과 연생전 뒤편으로 강녕전 부속 건물이 두 채 더 있습니다. 강녕전을 중심으로 왼쪽 건물이 응지당(鷹址堂)이고 오른쪽이 연길당(延吉堂)입니다. 원래 궁궐을 지을 때 '천자 6침, 제후 3침'의 원칙이 있었다고 합니다. 왕은 하나의 전각 구역 안에 세 채 이상의 건물을 지어서는 안된다는 원칙이지요. 그런데 흥선대원군은 이 원칙을 깨고 응지당과 연길당을 더 지었습니다. 청나라에서 벗어나 자주적 면모를 갖추려는 의지로 보입니다.

응지당과 연길당은 지붕에 잡상이 없는 소박한 건물입니다. '응지'는 복을 받는다는 뜻이고 '연길'은 복을 맞이한다는 뜻입니다. 임금은 이렇게 복이 가득한 이 건물들에서 대신들과 오붓한 대화를 나누었고 연회에 참석한 종친이 묵어가는 장소로 내주기도 했습니다.

■흠경각 앞에 있는 우물. 우물 아래 기단 모서리에 있는 작은 구멍은 지붕을 덮었던 우물집의 자취이다.

응지당 뒤쪽으로 가면 흠경각(欽敬閣)이 있습니다. '흠경'은 하늘을 공경한다는 뜻입니다. 이 건물은 장영실이 세종의 명으로 지은 것입니다. 흠경각은 기상을 관측하여 백성들에게 절후를 알려주는 일을 맡은 관청으로, 궐내각사에 속해야 합니다. 하지만 농경국가였던 조선에서는 임금의 처소 가까운 곳에 흠경각을 두었습니다. 임금이 친히 기후에 관심을 갖고 백성들의 삶을 잊지 않겠다는 다짐을 나타내기 위함입니다.

실록에는 흠경각에 대해 다음과 같이 기록되어 있습니다.

"…… 천추전 서쪽에 작은 집을 짓고 이름을 '흠경각'이라 하고, 종이를 붙여서 산 모양을 만들어 높이는 일곱 자 가량인데, 집 가운데 놓고 안에는 기륜(機輪 : 바퀴)을 만들어서 옥루수(玉漏水)를 이용하여

치게 하였다. 오색구름은 해를 둘러 나들고, 옥녀(玉女)는 때를 따라 방울을 흔들며, 사신 무사(司辰武士)는 스스로 서로 돌아보고, 4신과 12신은 돌고 향하고 일어나고 엎드린다. 산 사면에는 사철의 풍경을 진열하여 백성의 생활이 어려움을 생각하게 하였다. ……"

— 〈세종실록〉 1437년 4월 15일

흠경각 안에 두었다는 옥루기륜은 모형도 남아 있지 않습니다.

흠경각과 응지당, 경성전 사이에 우물이 있습니다. 이 우물의 물은 강녕전의 식수로, 임금의 세숫물로 사용되었고 옥루기륜의 동력원이었다고도 합니다. 우물은 복원한 것이지만 우물 아래 부분 기단은 원래부터 있던 것입니다. 기단 모서리에 작은 구멍이 있는데 이는 지붕을 덮었던 우물집의 자취입니다.

■ 교태전의 서온돌. 왕비는 평소 이곳에서 지냈고 임금과 합궁할 때는 맞은편에 있는 동온돌을 사용하였다.

강녕전 뒤쪽에 교태전 정문인 양의문(兩儀門)이 있습니다. '양의' 는 음과 양을 말합니다. 양의 기운을 가진 임금과 음의 기운을 가 진 왕비가 서로 조화를 이뤄 자손을 많이 낳기를 염원하는 의미가 담겨 있습니다. 양의문은 둔중한 다른 전각의 문과 달리 여섯 짝 으로 나뉘어 있습니다. 힘이 부족한 여자들이 쉽게 여닫을 수 있 도록 배려하여 만든 것입니다.

교태전(交泰殿)은 왕비의 편전 겸 침전입니다. 왕비가 사는 전각 은 궁궐의 중심에 있다하여 중궁전이라고 하고 그 전각의 주인인 왕비를 중전이라고도 하지요. '泰(태)'는 크다는 뜻도 있고, 주역에 서는 태화, 즉 조화, 어울림을 나타냅니다. 1917년 창덕궁 화재 후 다시 지을 때 경복궁의 교태전을 헐어다 창덕궁 대조전을 지었습 니다. 그래서 진짜 교태전을 보려면 창덕궁에 가야 합니다. 교태 전 지붕에는 용마루가 없는데 이는 모든 중궁전의 공통된 특징입 니다. 다른 궁궐의 중궁전과 달리 교태전에는 월대도 없습니다.

내부는 칸막이용 장지문으로 나뉘고 화려한 장식은 거의 없습 니다. 왕비는 평소 서온돌에서 지냈고 동온돌은 임금이 왔을 때 합궁하는 방으로 썼습니다. 임금과 왕비가 합궁하는 날은 관상감 이나 대신들의 의견에 따라 결정되었는데 합궁해서는 안되는 조건 도 많았습니다. 일단 뱀날, 호랑이날, 제삿날은 피했고 비, 천둥, 안개, 바람, 일식, 월식 등 일기가 곱지 않은 날도 피했습니다. 거 기에 임금의 마음이 언짢은 날도 기피했으니 합궁할 수 있는 길일 이 많지 않아 후계자 얻기가 쉽지 않았을 것 같습니다.

교태전은 원래 임금 이외의 남성은 들어올 수 없는 곳입니다.

외척이나 종실도 예외는 없었습니다. 하지만 신하를 교태전까지 불러들인 임금도 있었습니다.

그날, 세조 6년(1460) 3월 22일, 세조는 좌의정 신숙주(申叔舟)를 교태전으로 불렀습니다. 함길도 도절제사 양정(楊汀)으로부터 여진족이 국경을 넘어와 백성을 죽였다는 보고를 받은 후였습니다. 세조는 신숙주를 만나 그의 손을 끌고 남쪽 난간을 조용히 걸으면서 의논한 끝에 북방 정벌을 결정했습니다. 이어서 신숙주를 함길도 도체찰사로 삼고, 자신의 뜻을 받들 것을 하교하였습니다. 은밀하고 간곡한 이야기를 할 장소로 교태전이 제격이라고 여긴 모양입니다.

교태전을 싸고도는 건물들은 밝은 색조, 아기자기한 구조를 가져 경복궁에서 가장 화려하고 정교합니다. 교태전을 바라보고 섰을 때 왼쪽에는 함홍각(咸弘閣), 오른쪽에는 원길헌(元吉軒)이 있습니다. 고종은 동온돌에 딸린 원길헌에서 외국 공사를 접견하기도 했습니다.

원길헌 쪽 행각에 있는 만통문(萬通門)을 나서면 넓은 뜰이 나옵니다. 여기서 담을 따라 교태전 뒤쪽으로 가면 아미산(蛾眉山) 입구인 연휘문(延輝門)이 있습니다. 연휘문은 화강암으로 문기둥을 세우고 그 위에 황토색 벽돌을 반달처럼 쌓아 지붕을 덮은 아기자기하면서도 아름다운 문입니다. 문의 지붕은 궁궐의 정문처럼 우진각을 올렸습니다. 나름 호사를 부린 문입니다. 연휘문에서 모서리를 끼고 돌면 나오는 건순문(健順門)도 연휘문 못지않게 호화롭

■아미산의 굴뚝과 꽃담. 아미산은, 궁궐 밖으로 외출하기 어려웠던 왕비를 위해 최소한의 호사를
허용한 공간이다.

습니다. 궁궐 밖으로 나들이를 할 수 없는 왕비가 그 안에서나마 마음의 안정을 얻을 수 있도록 최소한의 호사를 허용한 것입니다.

아미산은 경회루 앞 연못을 팔 때 나온 흙으로 만든 인공산입니다. 일부러 산을 만들어놓은 이유는 백두산 정기를 이어받기 위해서이지요. 백두산에서 시작된 백두대간이 금강산 부근에서 한북정맥으로 갈라지는데 한북정맥이 북한산, 북악산을 거쳐 아미산에 이른다는 것입니다. 또 왕비의 처소가 외부의 시선에 노출되는 것을 막으려는 목적도 있습니다.

'아미'는 미인의 눈썹을 말합니다. 미인의 눈썹이 대칭을 이룬 누에나방의 더듬이와 같다는 데서 유래한 말이지요. 여기서의 미인은 왕비를 가리킵니다.

아미산에는 네 층의 단으로 된 꽃 계단, 즉 화계가 있습니다. 맨 아랫단에는 괴석이 있고 모란, 진달래, 해당화 등 화초가 있습니다. 두 번째 단에는 소나무, 세 번째 단에는 꽃과 십장생을 새긴 굴뚝이 있습니다. 아미산 굴뚝에는 구운 벽돌로 여러 가지 문양을 정교하게 짜 맞춰 넣었습니다. 몸체는 육모인데 이는 하늘과 땅, 동서남북을 가리키는 육합(六合), 즉 온 세상을 상징합니다. 거기에 벽사(辟邪 : 사악한 기운을 물리침)와 장수를 기원하며 구름, 봉황, 박쥐, 학, 모란, 국화, 매화, 해치, 불가사리, 나티 등을 새겨 넣었지요. 모란은 부귀, 국화는 은일, 매화는 맑고 청결함을 의미합니다. 구름과 학은 장생을, 봉황은 상서로움을, 박쥐는 복을, 해치와 불가사리는 벽사를 의미합니다.

또 아미산에는 신선 세계를 상징하는 연못이 세 개 있습니다.

돌함에 물을 담아놓고 연못이라 부르는 것이지요. 함월지(涵月池)는 달을 머금은 호수, 낙하담(落霞潭)은 노을이 지는 연못, 가장 아랫단에 있는 석지(石池)는 항아가 사는 월궁을 상징합니다. 석지 가장자리에는 두꺼비 네 마리가 조각되어 있는데, 두꺼비는 달의 정령으로 여겨졌다 합니다.

아미산에 있는 건순각(健順閣)은 왕비가 출산을 하는 곳입니다. '건순'은 강건과 유순을 합한 말입니다. 강건한 왕자, 유순한 공주가 태어나기를 바라는 마음을 담은 이름입니다. 왕비가 출산을 앞두면 두세 달 전에 내의원에 산실청이 설치되고 온 나라에 형 집행이 정지됩니다. 삼가는 마음을 갖기 위해서이지요. 아기가 태어나면 태(胎)는 백자 항아리에 넣고 7일이 지나면 태실에 안장했습니다. 원자가 태어난 경우에는 종묘에 알리고 신하들의 하례를 받으며 사면령을 내렸습니다.

아미산 건순각 맞은편에 있는 작은 문을 지나면 별 치장 없는 굴뚝이 있는 조금 소박한 화계가 보입니다. 함원전(含元殿) 뒤편의 화계입니다. 함원전은 흠경각과 나란히 서 있고 크기도 거의 같은 건물입니다. 함원전은 불교 행사가 많이 열렸던 곳입니다. 또 아버지 문종이 세상을 떠났을 때 사왕(嗣王)이 된 단종이 머물렀던 곳이기도 하지요.

그날, 문종 2년(1452) 5월 14일, 문종이 세상을 떠나자 의정부에서는 병조판서 등에게 내금위(內禁衛)를 거느리고 함원전 후문과 궁궐의 여러 문을 나누어 지키게 하였습니다. 임금이 없는 상황에서 그 자리를 노리는 무리의 침범을 막으려는 비상조치이지요. 궁궐의 수비를 철저히 하는 한편 의정부에서 세종의 후궁 혜빈 양씨로 하여금 세자(단종)를 받들어 함원전에 옮겨 거처하도록 했습니다.

이때 단종의 나이는 14세였습니다. 임금이 미성년이면 전 임금의 부인인 대비나 전전 임금의 부인인 대왕대비가 수렴청정을 해주었습니다. 대비나 대왕대비는 대개 어린 임금의 어머니나 할머니였지요. 그런데 단종에게는 수렴청정을 해줄 사람이 하나도 남아 있지 않았습니다. 단종을 길러준 혜빈 양씨는 후궁이었기에 수렴청정할 자격이 없었습니다. 단종의 비극은 여기서 시작된 것입니다. 결국 대신들이나 종친에게 의존할 수밖에 없었기 때문입니다.

함원전에서 나오면 향원지 쪽으로 흥복전(興福殿) 자리가 있습니다. '흥복'은 복을 일으킨다는 뜻입니다. 흥복전은 임금의 후궁들이 살던 빈궁(嬪宮)이었습니다. 이곳에 살던 후궁 중 선임자는, 궁궐 안에 살던 여성들인 내명부에게 적절한 소임을 주고 각 전(殿)에 배치하는 역할을 했습니다. 한때 고종이 외국 사신을 만나는 편전으로도 사용되었고 신정왕후 조대비가 세상을 떠난 곳이기도 합니다. 지금 흥복전 자리에서는 복원을 위한 발굴 조사가 진행 중입니다.

흥복전 터 앞에 풍기대가 있습니다. 풍기대는 해시계, 측우기와 함께 중요한 기상 관측 도구였습니다. 구름이 새겨진 돌기둥이 남아 있는데 그 위에 깃발을 꽂아 바람의 세기를 측정했다고 합니다.

향원지 바로 앞에 있는 함화당(咸和堂)과 집경당(集慶堂)은 흥복전의 부속 건물입니다. 함화당과 집경당은 쌍둥이와 같은 건물입니다. 팔작지붕을 얹은 열일곱 칸 집에 두 칸의 내루(안쪽에 있는 누각)를 붙인 구조입니다. 일제강점기에 건청궁을 헐고 그 자리에 총독부 미술관을 지었는데 함화당과 집경당만 철거를 면할 수 있었습니다. 이 두 건물이 미술관 관리사무소로 쓰였기 때문입니다.

모두가 화합한다는 뜻의 이름을 가진 함화당에서는 왕비와 세자가 머물기도 했답니다. 고종 34년(1897) 11월 22일에 고종이 작성한 명성황후의 지문(誌文 : 죽은 사람의 이름, 나고 죽은 날, 행적, 무덤의 위치 등을 적은 글)에 다음과 같은 내용이 실려 있습니다.

> "갑오년(1894)에 외국 군사가 대궐에 들어오므로 짐이 황후와 태자에게 건청궁으로 피신할 것을 권고하였는데 조금 있다가 도로 함화당에 돌아와 말하기를, '한 궁궐 안에서 가면 어디로 가겠습니까? 차라리 여기 있으면서 여러 사람의 심정을 안정시키겠습니다. 그리고 지금 칼자루를 잃어서 이미 역적의 머리를 베지 못할 바에야 우선 포용해서 그 흉악한 칼날을 늦추어 놓는 것이 낫습니다'라고 하였다."
>
> — 〈고종실록〉 1897년 11월 22일

집경당의 '집경'은 계속해서 공경한다는 뜻입니다. 벽돌로 곱게 만든 합각이 있는 것으로 보아 이 건물이 중요한 사람이 살던

■민가의 장독대에 해당하는 장고. 임금과 그 가족이 먹을 부식을 저장하던 곳이다.

건물임을 알 수 있습니다. 고종은 각국 외교관을 접견하는 장소
로 이곳을 활용하였습니다. 함화당과 집경당은 복도각으로 연결
되어 있습니다.

함화당의 서쪽 개울을 건너면 장고(醬庫)가 있습니다. 민가의 장
독대에 해당하는 곳이지요. 경사지에 계단을 마련하고 장독을 배
열하였습니다. 큰 독에는 간장류와 김치를 담았고 중간 크기의 항
아리에는 젓갈류를, 작은 단지에는 된장류를 담았습니다. 장고는
세 부분으로 분리되어 있는데 중앙에는 아름다운 전통 독들이 있
고, 오른쪽에는 지역별로, 왼쪽에는 용도별로 나누어 독들을 전
시하였습니다. 임금과 그 가족이 먹을 기초 부식을 보관하는 곳으
로, 정갈하고 깔끔하게 관리되던 곳입니다.

장고에서 서북쪽, 함화당과 반대 방향으로 가면 태원전(泰元殿)이 있습니다. 태원전은 국상이나 왕실의 제사에 관련된 건물들이 모인 곳입니다. 태원전의 정문은 건숙문(建肅門)입니다. '건숙'은 엄숙함을 세운다는 뜻입니다. 국상과 관련된 일을 하는 곳이니 무엇보다 엄숙함이 가장 중요했겠지요. 삼문 형식으로 된 건숙문은 국상 동안 태원전에 머물던 재궁(梓宮 : 왕실 가족의 시체를 넣는 관)과 혼백이 나가는 문입니다.

태원전으로 들어가려면 건숙문과 경안문(景安門)을 지나야 합니다. 경안문으로 들어가기 전 오른쪽에 공묵재(恭默齋)가 있습니다. 공묵재는 앞면 다섯 칸, 옆면 두 칸의 아담한 집으로, 신정왕후 국상 때 고종의 거려청(상제가 거처하도록 마련한 집)으로 이용된 건물입니다. 신정왕후는 고종의 양어머니였으므로 고종은 공묵재에 머물며 모친상을 치른 것입니다. 태원전은 명성황후의 빈전으로도 사용되었습니다. 1895년 을미사변 후 고종은 이곳 공묵재에서 러시아 공사, 프랑스 공사 등을 접견하기도 했습니다. 빈소를 지키기 위해 잠시 머무는 곳이 아니라 정치 행위까지 이뤄진 장소이지요. 이듬해 1896년 새해에는 궁내부 대신, 내각 총리대신, 각 부의 대신, 각국의 공사들의 신년 인사도 이곳에서 받았습니다.

고종은 명성황후의 장례를 제대로 마무리하지 못하고 러시아 공관으로 피신했습니다. 그래서 명성황후의 재궁은 1년 가까이 태원전에 머물다가 경운궁 덕홍전으로 옮겨졌습니다. 고종은 1897년 대한제국을 선포한 후 비로소 황후의 장례를 치를 수 있었습니다. 시신은 일본인들이 훼손하여 남아 있지 않았지만 청량리에 능을 마련하고 능호를 홍릉이라 하였습니다. 고종이 세상을 떠난 후 홍릉은 남양주시 금곡동으로 옮겨져 두 사람의 합장능이 되었습니다. 우리나라 최초의 황제였던 고종은 능호도 얻지 못하고 왕비의 능호인 홍릉을 그대로 사용하게 되었습니다.

경안문을 지나면 다섯 칸의 보랑이 있습니다. 보랑은 비가 와도 재궁이 젖지 않도록 만든 시설입니다. 이 보랑을 따라가면 태원전이 나옵니다. 앞면 다섯 칸, 옆면 네 칸의 태원전은 원래 태조와 원종(인조의 아버지)의 어진(御眞 : 임금의 초상화)을 모시기 위해 고종 때 세운 건물입니다. 반정으로 임금이 된 인조의 아버지 원종을 태조와 함께 모심으로써 정통성 시비를 잠재우려 한 것이지요. 그런데 신정왕후가 세상을 떠난 후 빈전으로 사용하기 시작하여 명성황후의 빈전으로까지 쓰이게 된 것입니다.

빈전(殯殿)은 상여가 나갈 때까지 임금이나 왕비의 재궁을 모시던 곳입니다. 또 혼전(魂殿)은 국장(國葬) 뒤 종묘에 모실 때까지 3년 동안 신위(神位, 신주)를 모시던 전각입니다. 국장 기간은 5개월이지요. 임금이 세상을 떠나면 5개월 동안 재궁을 빈전에 모셨다가 이 기간이 지나면 산릉에 매장합니다. 국장 후에도 혼전에 신주를 모시는 것으로 삼년상을 치르게 됩니다. 임금의 신주는 3년 동안 혼전에 봉안하지만 왕비가 먼저 세상을 떠나면 왕비의 신주는 임금의 삼년상이 끝날 때까지 혼전에서 기다려야 합니다. 종묘에는 임금을 중심으로 모시기 때문에 왕비 혼자 종묘에 들어갈 수 없어서입니다. 신주는 몸을 떠난 혼령이 떠돌지 않도록 의지할 수 있게 만든 나무패입니다.

태원전 오른쪽에 있는 건물은 영사재(永思齋)입니다. 오랫동안 생각한다는 뜻의 이름이지요. 이곳은 재실로서, 제사에 참여하는 사람들이 지내거나 소주방에서 만든 음식을 정돈하는 곳입니다. 온돌이 설치되어 빈소를 지키던 왕비나 후궁들이 머물던 별실로도 쓰였습니다. 앞뒤로 담장이 쳐져 건길문(建吉門)이나 대서문(戴瑞門)을 통해 출입해야 하지만 담 안쪽에서는 태원전과 연결되어 있습니다.

태원전을 바라보고 섰을 때 왼쪽 뒤편으로는 숙문당(肅聞堂)이 있습니다. 앞면 세 칸, 옆면 한 칸의 작은 건물로, 위패를 모시는 혼전입니다. 건물의 용도답게 이름도 엄숙하게 혼령의 말씀을 듣는다는 뜻을 가지고 있습니다.

태원전의 제례 공간들을 가운데 두고 양 옆으로는 동서(東西) 세답방이 있습니다. 세답방은 나인들이 빨래하는 곳입니다. 태원전 가까이에 있지만 제사와 관련된 시설은 아닙니다. 세답방은 일하는 나인들이 생활할 수 있도록 부엌, 마루, 방으로 구성되어 있습니다. 양쪽 세답방은 원래 크기가 다른 '입 구(口)'자를 남북으로 겹친 '날 일(日)'자 모양을 하고 있었습니다. 그런데 태원전 왼쪽 숙문당 앞에 있는 서쪽 세답방은 그 일부가 일제강점기에 총독부 관사가 되어 경복궁에서 벗어난 탓에 날 일자의 모습이 깨져버렸습니다.

태원전에서 나와 다시 장고 쪽으로 걸어오다 왼쪽을 보면 광임문(廣臨門)이 있습니다. 광임문은 북문인 신무문으로 나가는 문입니다. '광임'은 널리 내려다본다는 뜻으로, 하늘에서 내려다보듯

■ 경복궁의 북문인 신무문. 조선시대에는 친경 행사나 문무과 시험 등 특별한 일이 있을 때만 이 문을 열었다.

환하게 정치를 하라는 의미를 담고 있습니다. 광임문을 나서면 오른쪽에 신무문이 있습니다.

　신무문(神武門)은 경복궁의 북문으로, 사대문 중 유일하게 민간인이 다닐 수 있는 문이었습니다. 하지만 북쪽에서 음의 기운이 들어오지 못하도록 평소에는 굳게 닫아두다가 친경 행사나 문무과 시험 등 특별한 일이 있을 때만 열었다고 합니다. 신무문은 원래 북쪽을 나타내는 현무문이었지만 청나라 강희제의 본명이 현엽(玄燁)이어서 '검을 현(玄)'자를 피해 신무문이 되었습니다. '신무'는 무용이 뛰어나다는 뜻입니다. 앞면 세 칸, 옆면 두 칸의 우진각 지붕 집인 신무문은 다른 사대문과 마찬가지로 석축 위에 목조를 세운 문입니다. 신무문 홍예 천장에는 북쪽을 상징하는 현무도가 그려져 있습니다.

신무문 부근은 수도경비사령부 경비여단이 주둔했던 곳입니다. 또 문밖에는 청와대가 있습니다. 청와대 자리는 예전에 경복궁의 후원이 있던 곳입니다. 이런저런 이유로 2006년 이전까지 이 부근은 민간인이 다닐 수 없는 구역이었습니다. 그런데 지금은 광화문과 더불어 경복궁을 출입할 수 있는 두 문 중 하나가 되었습니다. 또 지금은 청와대와 칠궁을 묶어서 관광도 할 수 있습니다.

칠궁은 임금을 낳은 친어머니이지만 왕비에 오르지 못한 후궁 7인의 신위를 모신 곳입니다. 영조가 어머니 숙빈 최씨의 신주를 모신 사당 '육상궁'을 건립한 이후 다른 여섯 명의 신위도 옮겨와 합사하였습니다. 칠궁은, 육상궁과 추존왕 진종(영조의 첫째 아들)의 생모인 정빈 이씨의 연호궁, 추존왕 원종(인조의 아버지)의 생모 인빈 김씨의 저경궁, 숙종의 후궁이자 경종의 생모인 희빈 장씨의 대빈궁, 영조의 후궁이자 사도세자(장조)의 생모인 영빈 이씨의 선희궁, 정조의 후궁이자 순조의 생모 수빈 박씨의 경우궁, 고종의 후궁이자 영친왕의 생모인 귀비 엄씨의 덕안궁입니다.

영조의 후궁이던 정빈 이씨는 연잉군(훗날의 영조)의 아들 효장세자를 낳았고, 연잉군이 세제로 책봉되자 소훈에 올랐지만 곧 세상을 떠났습니다. 선조의 후궁이던 인빈 김씨는 승은을 입은 궁녀 출신으로 자식을 4남 5녀나 두었지만 낮은 신분 때문에 왕비가 되지 못했지요. 하지만 선조가 임진왜란 때 몽진을 가면서 중전 의인왕후가 아닌 인빈 김씨를 데리고 갈 정도로 그녀를 총애했다고 합니다. 고종의 후궁 순헌귀비 엄씨는 고종의 승은을 입은 후 명성황후에 의해 궁궐에서 쫓겨났습니다. 을미사변 후 다시 입궐하여 이후 고종과 함께 지내며 아들 은(垠 : 영친왕)을 낳았습니다. 고종에 이어 순종이 즉위하자 일본인들은 엄귀비의 아들 영친왕을 황태제(皇太弟)로 삼아 인질로 일본에 보냈습니다. 엄귀비는 친정 가족들에게 진명여학교, 양정의숙, 명신여학교(숙명여고의 전신)를 설립하게 하였고 학교 경영에 필요한 여러 가지 지원을 아끼지 않았습니다. 엄귀비는 1911년 고종보다 앞서 덕수궁에서 세상을 떠났습니다.

신무문을 보고 다시 광임문으로 들어와 왼쪽을 보면 집옥재(集玉齋)가 있습니다. 고종은 1876년 대 화재로 경복궁의 내전이 소실된 후 창덕궁에 옮겨 살았습니다. 12년 후인 1888년 경복궁으로 환어할 때 고종은 창덕궁에 있던 집옥재를 경복궁에 옮겨 짓게 했습니다. 집옥재는 고종이 건청궁에서 살 당시 서재 겸 외국 사신 접견소로 사용된 건물입니다. 건청궁이 내전이라면 집옥재는 편전이었던 셈이지요. '집옥'은 옥 같은 보배를 모은다는 뜻입니다. 옥은 책을 가리키지요. 집옥재는 4만 권 정도의 책을 소장한 왕립 도서관이기도 했습니다.

집옥재는 앞면 다섯 칸, 옆면 세 칸 집입니다. 건물 앞에는 서수 네 마리를 소맷돌로 하여 계단 세 개를 만들어놓았습니다. 가운데 어계에는 답도가 있는데 답도에는 용이 조각되어 있습니다. 크기는 작지만 왕이 아닌 황제를 상징하는 당당함을 지니고 있습니다.

집옥재는 경복궁의 다른 전각과 달리 최대한의 호사를 부린 건물이지요. 기둥을 받치고 있는 주춧돌은 불룩한 북 모양을 한 고복주추이고, 둥근 기둥에는 주련(柱聯 : 기둥이나 벽에 세로로 써 붙이는 글씨)이 걸려 있습니다. 사찰 등에서나 사용하는 화려한 비단단청(비단무늬처럼 기하학적 문양으로 꽉 채운 단청)을 하였고 내부에는 우물 천장을 만들었습니다. 천장에는 쌍룡과 봉황, 활짝 핀 황금색 모란, 붉은 모란 봉오리 등을 화려하게 그려놓았습니다.

집옥재는 전체적으로 중국풍이 많이 섞인 건물입니다. 현판은 송나라 때 명필이던 미불의 글씨를 집자(集子 : 글씨 주인의 작품집 등에서 필요한 글자를 찾아서 모음)하여 만든 것인데 가로로 배치한 다른 현판과 달리 중국풍으로 세로로 걸었습니다. 또 길이가 짧고 직선인 처마도 중국식으로, 유장한 곡선미가 돋보이는 우리 처마와는 다른 모습이지요. 호화스러운 분합문과 창살이나 벽돌로 쌓은 양쪽 옆 벽과 뒷면도 중국풍입니다. 복도각의 창문은 유리창인데 당시로는 최신식 자재를 사용한 것입니다. 내부는 마루방이지만 온돌이 깔렸을 것으로 추측할 수 있습니다. 뒤쪽에 아궁이가 있기 때문입니다.

집옥재를 바라보고 섰을 때 왼쪽에는 팔우정(八隅亭 : 팔각정), 오른쪽에는 협길당(協吉堂 : 함께 복을 모은다는 뜻)이 있는데 이 세 건물은 모두 복도로 연결되어 있습니다.

협길당은 집옥재보다 낮게 지어졌습니다. 그래서 복도 지붕의 높이가 다릅니다. 이국적인 느낌이 드는 집옥재와 팔우정과는 달리 협길당은 전통 양식의 건물입니다. 내부에 온돌을 설치하여 추울 때 사용했을 것으로 보입니다.

팔우정은 집옥재처럼 최대한 화려하게 치장한 건물입니다. 팔각 기단에 네모 주추를 놓고 팔각 돌기둥을 세워 정자가 공중에 떠 있는 느낌이 들게 지었습니다. 팔우정으로 통하는 복도각 안에 위층으로 올라가는 계단이 있습니다. 협길당 복도각 아래에는 아치형 통문이 있는데 팔우정 쪽 협문은 네모난 문입니다. 음양의 조화를 고려한 것으로 보입니다.

집옥재를 등지고 왼쪽을 보면 향원지(香遠池)가 보입니다. 세조 때 후원에 취로정을 짓고 앞에 연못을 팠다는 기록이 있는데 취로

■ 향원지의 인공 섬에 세워진 향원정. 1층에는 온돌방, 2층에는 마루방이 있어 사계절 사용할 수 있는 정자이다.

정이 향원정의 모태라 할 수 있습니다. 취로정은 원래 후원에 마련한 작은 논에서 곡식이 어떻게 자라는지 임금이 직접 둘러보며 백성들의 노고를 잊지 않으려고 만든 곳입니다. 지금의 연못과 정자는 건청궁을 만들 때 다시 조성한 것으로 농사와는 상관없는 공간이 되었습니다.

'향원'은 송나라 성리학자 주돈이가 쓴 '애련설' 중 연꽃은 멀수록 향기가 맑다는 구절에서 따온 말입니다. 연못은 천원지방의 개념을 도입한 방지원도(方池圓島 : 네모난 연못, 둥근 섬)입니다. 향원지에 걸린 다리 취향교(醉香橋)는 원래 건청궁 장안당 쪽에 놓였던 것입니다. 그런데 원래 다리는 6·25전쟁 때 불타 없어지고 다리를 다시 만들던 1953년에는 건청궁이 없었으므로 그냥 남쪽에 만든 것입니다. 연꽃 향기에 흠뻑 젖는다는 뜻의 이름을 가진 이 다리는, 조선 궁궐의 연못에 놓인 나무다리로는 가장 긴 다리입니다.

향원정(香遠亭)은 인공 섬에 세워진 정자입니다. 육각의 중층 정자로, 육각의 기단을 깔고 육모 돌기둥을 세웠으며 육각으로 바닥을 짜놓았습니다. 1,2층 모두 툇마루로 난간을 둘렀고 1층에는 온돌방, 2층에는 마루방을 만들었습니다. 정자의 방이 온돌인 경우는 드문데 덕분에 겨울에도 향원정에서 풍광을 즐길 수 있었지요.

향원지의 서북쪽, 집옥재 쪽 모퉁이에는 덮개를 덮은 샘물이 있습니다. 이곳은 열상진원(冽上眞源)으로, 이는 차고 맑은 물의 근원이라는 뜻입니다. 경복궁을 처음 지을 때부터 이곳에서 나오는 물로 경복궁의 식수를 해결했답니다. 샘물은 홈통을 따라 내려와 표주박 같은 돌확(지름 41cm, 깊이 15cm)에 잠깐 머물게 됩니다. 돌확에서 돌면서 속도가 늦춰진 물은 동쪽으로 방향을 바꿔 판석 밑으로 들어가 기역자로 꺾인 후 수면 아래서 연못물과 섞이지요. 이렇게 복잡한 구조로 만든 이유는 서쪽에서 들어와 동쪽으로 나가야 명당수라는 개념에 맞추기 위해서입니다. 또 수면 아래서 향원지 물과 섞이게 한 것은 연못의 파문을 막기 위한 것입니다. 이 물이 수면 위로 직접 떨어지면 연못에 사는 물고기들이 찬물과 파문에 놀랄 수 있으니 말입니다. 물고기까지 배려하는 선조들의 미덕을 배울 수 있는 유적입니다. 이 물은 여러 전각 밑을 지나 경회루에 까지 이른다고 합니다.

열상진원에서 건청궁 쪽으로 몇 걸음 옮기면 전기 발상지 비석이 있습니다. 궁궐에 전깃불을 설치하게 된 것은 궁정 경비를 맡고 있던 육군 참장 이학균의 건의 덕분이었습니다. 을미사변 이후

■차고 맑은 물의 근원이라는 뜻의 열상진원. 경복궁이 처음 지어졌을 때 여기서 나오는 물로 식수를 해결했다.

궁궐의 세태가 흉흉하므로 궁궐 안을 밝혀야 한다는 이유에서였습니다. 그래서 전기를 켜기 위한 모든 시설을 미국 공사에게 부탁하여 에디슨 전기 회사에 발주하였습니다. 에디슨 전기 회사에서는 장비와 함께 멕케이라는 기사를 파견했고 향원정 연못물을 끌어들여 석탄으로 발전기를 돌릴 수 있게 되었습니다.

그날, 고종 24년(1887) 3월 6일 저녁에 경복궁에서 점등식을 가졌습니다. 물을 끌어들여 발전을 했다하여 전깃불을 '물불'이라 부르기도 했지요. 또 잦은 고장으로 깜빡거리는 일이 많아 '건달불'이라고도 불렸답니다. 그런데 전깃불의 부작용도 있었습니다. 밤에도 불이 훤하니 궁녀들은 불면증을 호소하고 냉각수가 향원지에 흘러들어 물고기가 떼죽음을 한 것입니다. 애초 시설도 에디슨 회사에서 직접 보내온 최고급인데다 발전기를 돌리는 운영비도 많이 들어 '증어망국(蒸魚亡國 : 물고기가 삶아지고 나라가 망한다)'이라는 말이 돌기도 했습니다.

향원지 북쪽의 건물들이 건청궁(乾淸宮)입니다. 건청궁은 화려한 단청이나 요란한 잡상 등의 건물 장식이 없는 소박한 건물들로 이뤄져 있습니다. 마치 사대부의 집과 같은 모습이지요. 고종은 흥선대원군의 섭정에서 벗어난 시기부터 러시아 공사관으로 피해 가기 전까지 건청궁을 내전처럼 사용했습니다. 집옥재가 치조로 쓰였고 건청궁이 연조로 쓰인 것입니다.

사정전이나 강녕전 같은 번듯한 대전과 편전을 놔두고 왜 궁궐

깊숙한 곳에 궁을 하나 더 지었는지에 대해서는 여러 가지 이야기가 있습니다. 우선 사람들 사이에 가장 잘 알려진 이야기는 고종이 아버지 흥선대원군의 입김에서 완전히 벗어나기 위한 새로운 공간이 필요했다는 것입니다. 심지어는 아버지에게 알리지 않고 건청궁을 지었다는 얘기까지 있습니다. 하지만 궁궐을 짓는 일을 비밀로 할 수는 없었지요.

그날, 고종 10년(1873) 8월 19일 좌의정 강로(姜㳣)는 고종에게 건청궁 짓는 것에 대해 다음과 같이 이야기했습니다.

"재상 강진규(姜晉奎)의 상소문에 대한 비답을 보고서야 비로소 건청궁을 짓고 있으며 대내에서 그 경비를 대고 유사(有司)에 맡기지 않았다는 것을 알았습니다. 그리고 대로 합하(大老閤下 : 흥선대원군)의 말씀을 듣고 나서 어진(御眞)을 봉안하는 곳으로서 칸수가 매우 적고 그 규모도 화려하지 않을 뿐더러 또한 공한지의 좋은 자리이므로 대로 합하께서 조치를 취하신 일이라는 것을 알게 되었습니다. 신들은 모두 일이 돌아가는 것으로 보아 그렇게 하지 않을 수 없었다는 것을 알고 있습니다만, 멀리 지방에 있는 사람들은 그 내막을 모르고 틀림없이 10년간 토목공사를 하다가 또 이 공사를 벌리고 있으니 공사가 끝날 날이 없을 것이라고 생각할 것입니다. 그러나 이것은 집집마다 찾아다니며 이야기할 문제가 아닙니다. 전후하여 벌인 2, 3천 칸에 달하는 거대한 공사에 쓴 비용은 모두 백성들에게서 나왔습니다. 이때는 전날보다 곱절 더 절약을 하여야 할 시기이니, 바라건대

전하께서는 깊은 관심을 가지시어 모든 재물의 소비에 대해서 절약
하기에 더욱 힘쓰소서."

— 〈고종실록〉 1873년 8월 19일

건청궁 짓는 것이 대신들에게 알려진 것은 그로부터 석 달 전에
올려진 부호군 강진규의 상소 덕분입니다. 강진규는 "건청궁은 행
차할 때 임시로 거처하는 장소에 지나지 않는데, 그토록 웅장하고
화려하게 지어서 어디다 쓴다고 지나치게 경비를 허비하는 것입니
까? 게다가 창고가 화재를 입어 한창 수선하고 있는데 다시 이렇
게 정도에 지나친 큰 공사를 한다면 백성들은 거듭 시달림을 받게
되고 나라의 저축은 더욱 모자라게 될 것이니 밝고 검박한 성상의
덕에 손상을 주는 것이 작지 않을 것입니다. 삼가 바라건대, 절약
하는 일에 힘쓰시고, 늘려서 크게 하는 일은 하지 마시도록 하여
더욱 빛나는 덕을 수양하는 학문에 뜻을 두소서"라고 경계했고 고
종은 이에 충고를 기꺼이 받아들인다고 답했습니다.

이 기록으로 보면 건청궁은 흥선대원군이 시켜서 지은 것임을
알 수 있습니다. 또 당초에는 역대 임금의 어진을 모시기 위해 지
어졌다는 것도 알 수 있습니다. 집옥재에는 당시로서는 최고의 호
사를 부렸던 것에 비해 건청궁에는 단청조차도 하지 않았던 이유
는 이렇게 대신들이 수시로 절제를 강조했기 때문인 것으로 보입
니다. 실제로 1875년 9월 3일에는 수정전에 모셨던 어진과 책을
건청궁 관문당으로 옮겼습니다. 건청궁이 한동안은 정말 어진을
봉안하는 공간으로 쓰였던 것입니다.

그날, 고종 22년(1885) 1월 17일, 고종은 건청궁으로 거처를 옮겼습니다. 9년 전에 경복궁에 큰 화재가 나는 바람에 창덕궁으로 옮겨갔던 고종이 경복궁으로 돌아왔는데 내전으로 가지 않고 건청궁으로 들어간 것입니다. 그때까지 내전의 복구가 제대로 이뤄지지 않았기 때문이지요. 고종은 건청궁이 마음에 들었는지 1888년 내전이 복구된 후에도 건청궁에 머물렀습니다. 그 무렵 가까운 집옥재, 흥복전, 함화당 등을 정무 공간으로 활용했습니다. 그런데 다른 건물들처럼 ○○전이나 ○○각 등이 아닌, '궁'이라는 이름이 붙은 것은 건청궁이 작은 궁궐 역할을 하도록 예정되었다고 여겨지기도 합니다.

고종 때의 조선은 참으로 다사다난한 역사를 써냈습니다. 서구의 열강은 물밀듯 들어와 조용하던 조선의 땅을 뒤흔들었고 이웃 나라 일본과 중국, 러시아도 조선에 영향력을 행사하려 안달이었습니다. 제26대 임금인 고종은 12세 때 임금의 자리에 올라 68세에 세상을 떠나기까지 43년 7개월 동안 풍전등화의 위기에 놓인 조선의 종묘사직을 지키고 품위를 유지하고자 갖은 애를 썼습니다.

고종 때 일어난 사건들은 간단하게 간추릴 수 없을 정도로 많습니다. 그 중 가장 커다란 사건 네 가지가 고종이 건청궁에 돌아와 정무를 보던 시기에 일어났습니다. 그 사건들은 갑오농민운동, 갑오개혁, 청일전쟁, 을미사변을 말합니다.

갑오농민운동은 1894년에 일어났습니다. 동학혁명이라고도 불리는 이 농민 봉기의 직접적인 원인은 고부 군수 조병갑의 탐학입니다. 하지만 그것은 도화선에 불을 댕긴 일에 불과합니다. 폭탄을 깔고 앉은 듯한 위기는 그로부터 훨씬 이전부터 시작되고 있었습니다. 왕실은 급변하는 동북아시아 정세에 적절한 대응책을 찾지 못해 우왕좌왕했고, 부패한 관리들은 여전히 봉건적 미망에 헤매고 있었지요. 그들은 왕실의 관리가 소홀한 틈을 타서 백성들을 사정없이 수탈했던 것입니다.

갑오농민운동은 관군과 농민군 사이의 전면전이 되어버렸습니다. 농민군의 기세가 전국적으로 확산되자 왕실은 청나라에 원병을 청했습니다. 호시탐탐 조선에 발을 들일 기회만 엿보고 있던 청나라는 재빨리 파병을 했습니다. 앞서 1885년 갑신정변 이후 청나라와 일본은 톈진조약을 맺은 바 있습니다. 이 조약의 주요 내용은, 두 나라 중 한 나라가 조선에 파병하면 조선의 요청이 없어도 다른 나라도 파병한다는 것이었습니다. 자기들 멋대로 만든 조약을 빌미로 일본도 조선에 군대를 보냈습니다. 이렇게 외국 군대들이 조선에 들이닥치자 농민군과 정부는 전주에서 화의를 약속하는 조약을 맺었습니다.

농민 봉기가 진정되었는데도 두 나라 군대는 철수하지 않았습니다. 심지어 일본은 흥선대원군을 앞세워 친일 내각을 만들고 김홍집을 중심으로 개혁을 단행했습니다. 그 개혁을 맡은 기구가 군국기무처입니다. 이런 과정으로 갑오개혁이 실시되었습니다. 조선에서의 주도권을 쥐었다고 생각한 일본은 청나라를 몰아내기 위해 선전 포고를 했습니다. 두 달 만에 일본의 승리로 끝난 청일전쟁은 아편전쟁에 이어 청나라가 종이호랑이에 불과하다는 사실을

■ 건청궁은 역대 임금의 어진을 모시기 위해 지어진 건물이다. 게다가 백성을 위한 절제의 미덕을 살려 단청조차 하지 않고 소박하게 지어졌다.

전 세계에 다시 한 번 확인시켰습니다. 물론 조선에의 일본의 입김은 훨씬 더 세졌지요.

잠시 휴전을 했던 농민군은 일본을 몰아내기 위해 다시 일어났습니다. 하지만 죽창을 들고 일어난 농민군은 일본군의 신식 무기에 당할 수가 없었습니다. 결국 갑오농민운동은 실패로 끝나고 일본은 조선에 대해 본격적으로 내정 간섭을 하였습니다.

한편 청일전쟁의 전리품으로 청나라에게서 랴오둥반도를 빼앗았던 일본은 러시아와 독일, 프랑스의 요청에 못 이겨 랴오둥반도를 돌려주게 되었습니다. 이른바 삼국간섭이라는 사건입니다. 남의 도움을 받아야 한다면 끝까지 나를 지켜줄 수 있는, 힘이 가장

센 상대를 찾아야 하겠지요. 다른 나라를 의지할 수밖에 없던 조선 왕실은 러시아가 믿음직하게 보였을 것입니다. 몇 백 년 동안 큰 나라로 믿었던 중국을 무너뜨린 일본, 그 일본을 꼼짝 못하게 만든 나라이니까요. 조선 왕실은 친러 배일 정책을 실시하여 일본을 몰아내려 했습니다. 이에 위기감을 느낀 일본은 친러의 중심에 서 있는 명성황후를 살해할 계획을 세웠습니다. 그리하여 1895년 을미사변이 일어나게 된 것이지요.

건청궁의 정문은 향원지 쪽으로 나 있습니다. 그런데 다른 문들과 달리 문의 이름이 따로 없고 '乾淸宮'이라는 현판이 달려 있습니다. '건청'은 하늘이 맑다는 뜻입니다. 건청궁 문을 바라보고 섰을 때 오른쪽으로 인유문(麟遊門)이 보입니다. 인유문 밖에는 낮은 언덕이 있는데 그것이 녹산(鹿山)입니다. '인유'는 기린이라는 상서로운 동물이 논다는 뜻이지만 인유문 밖 녹산은 명성황후의 시신이 훼손되고 가매장되었던 곳입니다. 예전에는 이곳에 비극의 현장임을 알리는 '명성황후 순국 숭모비'가 있었지만 지금 이 비는 여주의 명성황후 전시관으로 옮겨졌습니다.

또 녹산에는 동궁 자선당의 기단석이 전시되어 있습니다. 그곳에 전시된 돌들은 일본인 건축가에 의해 해체되어 일본에 건너갔다 온 것들입니다. 일본에 지어졌던 건물은 간토[關東] 대지진 때 불타 없어지고 호텔 한 구석에 방치되어 있던 기단석만이 1995년에 돌아온 것이지요. 이 돌들은 화재 때 삭아버렸기 때문에 자선당 복원 작업에는 사용할 수 없었습니다.

건청궁 정문으로 들어서면 마당이 있고 두 개의 문이 보입니다.

■ 고종의 거처하던 건청궁의 장안당. 앞쪽의 누마루는 추수부용루인데 이 이름은 '가을 물 속의 연꽃'
이라는 뜻으로 고고한 시인을 비유한 말이다.

왼쪽에 있는 초양문(初陽門)으로 들어서면 장안당(長安堂)이 있습니다. '초양'은 '처음 만나는 양기'라는 뜻인데, 초양문은 남성인 임금이 사용하는 공간으로 들어가는 문이었으니 그곳부터 양기가 넘쳐나야 했겠지요. 초양문의 남쪽에는 행각이, 북쪽에는 세 칸짜리 아담한 집이 붙어 있는데 이 집에는 담장이 둘려 있습니다. 이 집의 정확한 용도는 알려지지 않았지만 임금의 개인 물건을 보관하는 장소였을 것이라는 추측도 있습니다.

장안당은 고종이 거처하던 곳으로, 사대부 집의 사랑채와도 같은 역할을 한 건물입니다. 건물의 왼편에 침방과 누마루가 남북으로 길게 붙어 있어 위에서 내려다보면 한글 모음자 'ㅏ'자처럼 보입니다. 앞쪽에 있는 누마루는 추수부용루(秋水芙蓉樓)입니다. '추수 부용'은 '가을 물 속의 연꽃'으로 고고한 시인을 비유한 말이지요. 뒤쪽의 침방 정화당(正化堂)의 내부는 '田' 자 모양으로 만들어졌습니다. 임금이 사는 곳으로, 지밀 궁녀들이 머물 공간이 있어야 했기 때문입니다.

다시 초양문으로 나오면 왼쪽에 함광문(含光門)이 보입니다. '함광'은 빛을 머금고 있다는 뜻으로 덕을 지니고 있음을 나타내는 말입니다. 함광문을 들어서 정면에 보이는 집이 곤녕합(坤寧閤)입니다. '곤녕'은 땅이 평안하는 뜻이지만 이 건물은 우리 역사상 최대의 비극인 을미사변이 일어난 장소입니다. 바로 명성황후가 일본 무사들에 의해 살해된 곳이지요.

그날, 고종 32년(1895) 8월 20일의 실록에는 사건의 전말을 이렇게 기록했습니다.

"묘시(卯時 : 새벽 5~7시)에 왕후가 곤녕합에서 붕서(崩逝 : 임금이나 왕비가 세상을 떠남)하였다. …… 날이 샐 무렵에 전 협판 이주회(李周會)가 일본 사람 오카모토 류노스케[岡本柳之助]와 함께 공덕리(孔德里)에 가서 대원군을 호위해 가지고 대궐로 들어오는데 훈련대 병사들이 대궐문으로 마구 달려들고 일본 병사도 따라 들어와 갑자기 변이 터졌다. 시위대 연대장 홍계훈(洪啓薰)은 광화문 밖에서 살해되고 궁내 대신 이경직(李耕稙)은 전각 뜰에서 해를 당했다. 난동은 점점 더 심상치 않게 되어 드디어 왕후가 거처하던 곳을 잃게 되었는데,

이날 이때 피살된 사실을 후에야 비로소 알았기 때문에 즉시 반포하지 못하였다."

— 〈고종실록〉 1895년 8월 20일

실제로 명성황후가 세상을 떠난 것을 공식적으로 반포한 것은 그해 10월 15일이었습니다. 고종은 "지난번 변란 때에 왕후의 소재를 알지 못하였으나 날이 점차 오래되니 그 날에 세상을 떠난 증거가 정확하였다. 개국(開國) 504년 8월 20일 묘시에 왕후가 곤녕합에서 승하하였음을 반포하라"라고 조령을 내렸습니다. 그러니 8월 20일자 실록 내용은 훗날 소급해서 적은 듯합니다. 그날 어떤 일이 일어났는지는 박선(朴銑), 윤석우(尹錫禹) 등의 판결 선고문을 통해 자세히 알 수 있습니다.

"…… 개국 504년 8월 20일 새벽에 일어난 사변 때에 피고 박선이 일본 사람과 함께 반란 무리 속에 섞여 광화문으로 돌입할 때 홍계훈이 문을 막고 역적이라고 소리치자 검으로 그의 팔을 치고는 곧바로 전각에 이르러 왕후의 처소에 달려들었다. 손으로 달비채를 휘어잡고 마루 끝까지 끌고 가서는 검으로 가슴을 찌른 후에 검은 빛깔의 천으로 말아서 석유를 붓고는 불태워버렸다. …… 피고 윤석우는 8월 20일 오전 네 시에 광화문과 건춘문을 순찰하던 중 녹산 아래에 이르자 시체 하나가 불타는 것을 보았다. 이때 하사 이만성(李萬成)에게 물었더니 나인의 시체를 태운다고 하였다. 그런데 그 이튿날인 21일에 궁중에서 떠도는 말을 들건대 그날 밤 변란 때 중궁 폐하가 옮겨

갈 겨를이 없었고 궁녀 중에도 피해당한 자가 없는 것으로 보아 녹산의 연기 나던 곳은 결국 구의산(九嶷山 : 전설에 따르면, 중국의 순[舜]임금이 남쪽을 방문하다가 죽어 이 산에 묻혔다고 함. 황후의 시신이 불탄 곳임을 말함)이라고 하였다. 그래서 그날 밤에 대대장 우범선(禹範善)과 이두황(李斗璜)에게 청하고 불타다 남은 시체에서 하체만 거두어서 오운각(五雲閣) 서쪽 봉우리 아래에 몰래 묻어버렸다고 하였다. …… 녹산 아래의 시체를 피고가 이미 충분히 알고 있었으니 더없이 중하고 존엄한 시체에 거리낌 없이 손을 대어 제멋대로 움직인 것은 스스로 크게 공경스럽지 못한 죄를 지은 것이다. …… ”

— 〈고종실록〉 1895년 11월 14일

　을미사변을 일으킨 주요 인물은 시바 시로[柴四朗], 스키나리 하카루[月成光], 구니모토 시게아키[國友重章], 야마다 레세이[山田烈聖] 등입니다. 일본은 을미사변이 깡패들이 일으킨 난동에 불과할 뿐 일본 정부와는 아무런 관련이 없다고 항변하였지요. 하지만 이들은 하버드 대학 졸업생에 한성신보 주필, 일본신문 특파원 등 지식인이었고 일본 정부의 지원과 사주를 받은 것이 여러 자료를 통해 증명되었습니다. 당시 일본은 국제적 비난을 피하지 못하고 관련자 48명을 구속하고 재판했습니다. 하지만 재판은 형식적이었고 그들은 모두 증거 불충분으로 석방되었습니다. 석방 후에도 일본 내에서 영웅 대접을 받았다고 합니다.
　명성황후를 시해하기 위한 폭도들의 작전명은 ‘여우 사냥’입니다. 남의 나라 왕비를 ‘여우’라고 칭한 것부터 심히 불쾌한 일입니

■곤녕합의 옥호루. 명성황후가 일본 무사에 의해 살해된 장소이다.

다. 물론 그게 문제가 아니었습니다. 그들은 정말 잔인하고 무도
하게 명성황후를 죽였지요. 새벽에 임금과 그 가족이 자고 있는
궁궐에 쳐들어와 왕비를 내놓으라며 이 방 저 방을 마구 뒤지고 다
녔답니다. 그 와중에 세자는 상투를 잡히고 폭도들의 칼등에 맞아
실신했고 임금은 미처 손을 써볼 겨를도 없이 눈앞에서 왕비가 살
해되는 것을 봐야만 했습니다. 궁녀의 옷으로 갈아입고 병풍 뒤에
숨은 명성황후를 폭도들은 장안당 뒤뜰로 끌어내어 가슴을 짓밟
고 칼로 마구 찔러댔답니다. 그리곤 홑이불로 시신을 싸서 녹산으
로 가서 석유를 붓고 불태웠습니다. 화장이 아니라 시신의 훼손이
었습니다. 타다 남은 시신은 그대로 두고 돌아갔답니다. 그 잔해
를 윤석우가 암매장한 것이지요.

왕비의 장례를 제대로 치를 경황도 없이 러시아 공사관으로 피신해야 했던 고종은 1897년 환궁하여 대한제국을 세운 후에야 명성황후의 지문에 넣을 행록(어떤 사람의 언행을 적은 글)을 손수 써 마음속에 쌓였던 슬픔을 표현할 수 있었습니다.

"······ 황후는 경복궁의 곤녕합에서 8월 20일 무자일(戊子日) 묘시에 세상을 떠났다. 나이는 45세이다. 이 날 새벽에 짐과 황후가 곤녕합 북쪽의 소헌(小軒)에 있을 때 흉악한 역적들이 대궐 안에 난입하여 소란을 피우니 황후가 개연히 짐에게 권하기를, '원컨대 종묘사직의 중대함을 잊지 말 것입니다'라고 하였는데 위급한 중에도 종묘사직을 돌보는 마음이 이와 같았다. 조금 후에 황후를 다시 볼 수 없었으니 오직 이 한 마디 말을 남기고 드디어 천고에 영원히 이별하게 되었다. 아! 슬프다.

이번 장례와 관련하여 의복을 비롯한 여러 가지 기물과 휘장 등속은 대내에서 마련하여 쓰고 탁지부의 재물을 번거롭게 하지 말아서 황후가 그 전에 나라의 계책을 생각하고 백성들의 부담을 줄이도록 한 지극한 뜻을 체득하게 하라.······"

— 〈고종실록〉 1897년 11월 22일

고종이 명성황후의 홍릉에 성묘 다니기 편하도록 청량리까지 전찻길을 만들게 했다는 이야기도 있습니다. 고종이 명성황후의 죽음을 얼마나 애틋하게 여겼는지 짐작하게 해주는 이야기지요. 지금도 서울 동대문구 청량리2동 근처에 가면 홍릉이라는 지명이

■ 자경전의 꽃담. 벽돌로 만든 무시무종의 무늬는 대비의 만수무강을 기원한다는 의미를 담고 있다.

있습니다. 하지만 그곳에는 홍릉이 없습니다. 예전의 홍릉 근처가 풍수지리상 불길하다고 하여 1919년 고종이 세상을 떠난 후 남양주시 금곡동으로 옮겨 합장릉으로 만들었기 때문입니다.

건청궁의 안채인 곤녕합은 ㄱ모양으로 생긴 건물입니다. 그 ㄱ 모양의 모서리 부분에는 정시합(正始閤)이라는 田자 모양의 침방이 있습니다. 누마루처럼 만들어진 정시합의 앞면에 옥호루(玉壺樓)라는 편액이 걸려 있습니다. '옥호'는 옥병 안의 얼음인 옥호빙(玉壺氷)에서 따온 말로 깨끗한 마음을 일컫습니다. 하지만 이 옥호루는 곤녕합 중에서도 명성황후가 붙잡힌 바로 그 비극의 장소입니다.

옥호루 편액 걸린 곳에서 모서리를 돌아보면 사시향루(四時香樓 : 사철 내내 향기가 나는 누각)라는 편액이 걸려 있습니다. 깨끗한 마음으로 언제나 향기로운 삶을 살고 싶었던 명성황후의 소망이 드러

■ 자경전 앞의 서수는 다른 침전
에서는 볼 수 없는 자경전만의
조형물이다.

나는 듯하여 안타까움이 더해집니다.

　사시향루 앞을 지나면 정면에 낮은 담이 보입니다. 그 담 안에
있는 건물은 곤녕합의 북쪽 행각입니다. 북행각은 건청궁에서 수
라간의 용도로 쓰였습니다. 곤녕합에 속한 건물이지만 음식 냄새
가 본채까지 미치지 않게 하기 위해 담을 두른 것입니다. 그 담에
굴뚝이 있고 그 위로 다섯 개의 연가가 설치되어 있습니다.

　곤녕합 북행각의 담을 따라가다 보면 왼쪽에 문이 보이고 오른
쪽에는 녹금당(綠琴堂 : 녹색의 거문고로, 숲이 내는 아름다운 소리라는 뜻)
이라는 건물이 보입니다. 녹금당이 연결된 ㅏ자 건물은 복수당(福
綏堂)입니다. 복을 받아 편안하다는 뜻의 이름을 가진 복수당은 훗

날 순종이 되는 세자 내외가 거처한 공간이었습니다.

녹금당 옆의 이름 없는 문을 나서면 넓은 공간이 나옵니다. 그곳은 장안당의 뒷마당입니다. 오른쪽으로 보이는 긴 ― 자 건물은 장안당의 북행각입니다. 겉모습은 창고 같지만 그 안에 방과 마루도 있는 주거 공간입니다.

장안당 뒤쪽에서 추수부용루 옆으로 나오면 오른쪽으로 필성문 (弼成門)이 보입니다. 장안당으로 들어갈 때 지나갔던 초양문과 거의 마주 보고 있는 문입니다. 도와서 이룬다는 뜻을 가진 이 문은 건청궁 안의 다른 문들과 달리 황토색 벽돌로 치장을 한 월문이지요. 누구의 도움을 받아 무엇을 이루려고 했는지 알 수 없지만 필성문이 다른 문에 비해 훨씬 공들여 지은 문임에는 틀림없습니다.

건청궁에서 나와 다시 교태전 아미산 쪽으로 걸어오면 아미산 입구 연휘문 맞은편에 꽃담이 보입니다. 그 꽃담 안이 자경전(慈慶殿)입니다. 자경전은 고종 때 신정왕후를 위해 재건한 전각입니다.

조대비로 더 잘 알려진 신정왕후 조씨는 순조의 장남 효명세자의 비입니다. 효명세자는 훗날 아들 헌종이 왕위에 오른 후 익종으로 추존되고 신정왕후는 왕대비에 봉해졌습니다. 헌종이 8세에 임금의 자리에 올랐지만 순조의 비인 순원왕후가 대왕대비로 생존해 있었기 때문에 신정왕후가 직접 수렴청정을 하지는 않았습니다. 이 기간은 순원왕후의 수렴청정이라기보다는 친정 가문인 안동 김씨에 의한 세도 정치의 시기였습니다. 헌종이 15세가 되고 친정(親政)이 시작되자 세도 정치의 중심이 풍양 조씨 집안으로 넘어가 안동 김씨들의 독단을 막는 듯 했습니다. 그러나 그것도 5~6년에 불과했고, 신정왕후의 아버지 조만영이 사망하자 조선은 다시 안동 김씨의 세상이 되었습니다.

순원왕후가 세상을 떠나고 대왕대비가 된 신정왕후에게 안동 김씨의 세도 정치를 끝낼 수 있는 절호의 기회가 찾아왔습니다. 철종이 후사가 없이 세상을 떠나자 후계자 결정권을 갖게 된 것입니다. 신정왕후는 안동 김씨 세도 아래 때가 오기를 기다리던 왕족 흥선군 이하응과 손을 잡았습니다. 흥선군의 둘째 아들 명복을 임금의 자리에 올리기로 하고 그를 자신의 양아들로 삼았습니다. 훗날 고종이 되는 명복을, 철종의 뒤를 잇는 것이 아니라 익종의 아들, 헌종의 아우로서 임금의 자리에 오르게 한 것입니다. 철종의 정통성을 인정하지 않음으로써 철종에 기대어 세도를 떨치던 안동 김씨 가문의 힘을 약화시키려 한 조치입니다.

신정왕후는 고종의 수렴청정을 해야 했지만 흥선대원군에게 섭정의 대권을 맡기고 자신은 정치 일선에서 물러났습니다. 남편 효명세자는 22세에 세상을 떠났지만 신정왕후는 83세가 되는 1890년까지 살았습니다. 안동 김씨의 세도 정치는 막을 내렸지만 신정왕후가 살았던 시절은 조선이 가장 많은 변란을 겪은 시기입니다. 몇 차례의 양요(洋擾 : 서양인들의 도발)가 있은 후 기어이 일본에 의해 나라의 문을 활짝 열어젖히게 되었고 임오군란과 갑신정변이 일어나기도 했습니다. 이런 혼돈의 시기를 살았던 신정왕후는 자신이 얼른 죽지 않는 것에 대해 한탄했다고 합니다.

'자경'은 자친(慈親 : 어머니)에게 경사가 생긴다는 뜻입니다. 전각의 이름에 효심을 담고 있지만 자경전은 고종의 효심으로 지어진 것이 아닙니다. 아들을 임금의 자리에 올려준 것에 대해 흥선대원군이 감사하는 마음으로 지은 것입니다. 5대 궁궐 가운데 남아 있는 대비전은 자경전 밖에 없습니다.

자경전은 꽃담으로 장식된 겉모습만 봐도 여자가 사는 집이라는 느낌이 들도록 지어졌습니다. 꽃담은 황토색 벽돌로 쌓고 흰 삼화토로 장식한 아름다운 담입니다. 담의 바탕이 되는 부분에 벽돌로 만든 무시무종(無始無終)의, 시작도 없고 끝도 없는 여러 가지 기하학적 문양은 대비의 만수무강을 축원한다는 의미를 지닙니다. 또 벽돌 가운데 흰 바탕을 만들고 거기에 매화, 천도, 모란, 국화, 석류, 대나무 등을 돋을새김 하였습니다. 눈 속에 피는 매화는 지조와 순결을 상징합니다. 천도복숭아는 신선이 먹는 과일로 불사약(不死藥)이지요. 모란은 부귀영화를, 국화는 높은 절개를 상징합니다. 껍질 안에 알맹이가 가득 찬 석류는 다산을, 사철 푸른 대나무는 영생을 상징합니다. 이 모든 문양이 대비의 덕을 찬양하고 무병장수를 기원하는 상징들입니다.

꽃담을 지나 남쪽으로 돌아가면 자경전으로 들어가는 만세문(萬歲門)이 보입니다. '만세' 역시 대비의 장수를 기원하는 뜻이지요. 만세문을 들어서서 바로 보이는 건물이 자경전입니다. 자경전은 ㄴ자에 ㅏ자를 붙여놓은 것 같은 구조입니다. 자경전은 앞면 열 칸, 옆면 네 칸의 건물입니다. 자경전이라는 편액 아래 세 칸은 분합문으로 개방이 가능하고 문을 열어놓으면 마치 사대부집의 대청마루와 같아 보입니다. 자경전의 합각에는 다른 침전과 달리 글자를 새기지 않고 무시무종의 기하학적 무늬를 새겨 넣었습니다. 자경전에는 계단 앞에 돌로 된 서수 한 마리가 받침대 위에 덩그러니 놓여 있습니다. 다른 침전에서는 볼 수 없는 자경전만의 조형물입니다.

자경전의 오른쪽에 앞으로 튀어나온 누각은 청연루(淸讌樓)입니다. '청연'은 조촐한 연회라는 뜻이지요. 청연루의 창문은 모두 열 수 있어서 신정왕후는 이곳에서 여름 한철을 시원하게 보낼 수 있었습니다. 자경전이 대비전으로 재건된 것은 고종 때의 일이지만 청연루는 세종 때부터 이미 이 자리에 있었습니다.

청연루는 제12대 임금인 인종이 세상을 떠난 곳입니다. 인종은 조선의 임금 중 가장 짧은 기간 재위했던 임금이지요. 31세의 한창 나이였지만 임금의 자리를 1년도 채 못 지키고 9개월 만에 세상을 떠났으니 말입니다.

인종은 중종과 첫 번째 계비 장경왕후의 적장자로 태어났습니다. 그런데 불행하게도 생모 장경왕후가 인종을 낳고 7일 만에 세상을 떠나는 바람에 계모인 문정왕후의 손에서 자랐습니다. 문정왕후에게 인종은, 자기 아들이 임금의 자리에 오르는 것을 막는 커다란 장애물로 여겨졌습니다. 그래서 몇 차례에 걸쳐 여러 방법으로 세자인 인종을 죽이려 했다고 합니다.

그런 분위기에서 일어난 사건 중 가장 극적인 것은 1543년 1월 7일 밤에 일어난 동궁의 화재였습니다. 세자였던 인종은 함께 있던 세자빈에게 화재를 피해 나가라면서 자신은 그대로 앉아 타죽겠다고 했답니다. 계모 문정왕후가 불은 지른 것이니 어머니의 뜻

■ 자경전의 청연루. 인종은 세상을 떠나기 전, 더위에 상한 몸을 치료하기 위해 이곳에 머물렀다.

대로 죽는 것이 효도라고 여긴 것이지요. 세자빈 역시 함께 죽겠다고 버티고 있을 때 밖에서 아버지 중종의 목소리가 들려왔답니다. 자신이 죽으면 어머니에게는 효도가 되지만 아버지에게는 불효와 불충을 동시에 저지르는 것이라 생각한 세자는 불길을 피해 밖으로 나왔다고 합니다.

그로부터 이틀 뒤 동궁의 화재 책임자를 찾아내 문책하느라 번잡한 상황에서 세자는 자신의 부덕으로 재난이 생겼고 스스로 근신하고 있다는 글을 손수 써서 시강원에 내렸습니다.

"내가 박덕한 자질로 외람되게 동궁에 올랐으니 하늘의 굽어살피심은 매우 밝은지라 진실로 재얼(災孼 : 자연 현상으로 생기는 재앙과 땅

위에서 일어나는 변고를 아울러 이르는 말)을 부르기에 마땅합니다. 조종
조부터 1백여 년 동안 전해 내려온 집을 하룻밤 사이에 모두 잿더미
로 만들었으니, 하늘이 이런 꾸지람을 내린 것은 실로 내 잘못에서
말미암은 것입니다. 위로는 성심(聖心 : 임금의 마음)을 놀라게 해드렸
고 아래로는 여러 관료에게 황황함을 끼치게 되었으니, 이와 같은 혹
독한 재변은 옛날에는 듣지 못했던 것입니다. 자신을 반성하고 가혹
한 자책을 조금도 용서 없이 하고 있으나 스스로의 조처를 어떻게 해
야 되는지 모르겠습니다. 여러 붕료(朋僚 : 벗과 동료)들은 빈사(賓師 :
존경할만한 학자)와 함께 자세하고 정확하게 가르쳐 주고 인도해 주기
바랍니다."

— 〈중종실록〉 1543년 1월 9일

이 불은, 누군가 쥐 여러 마리의 꼬리에 불을 붙여 동궁에 들
여보내서 지른 것이라고 합니다. 악의적인 방화가 분명한 것이지
요. 하지만 피해 당사자인 세자가 사건의 전말을 파헤치는 것을
원치 않아 이 사건의 진상은 제대로 규명되지 못하고 세월의 흐름
속으로 사라지고 말았습니다.

인종은 임금의 자리에 오른 후에도 문정왕후에게 최선을 다해
효도했습니다. 그러나 문정왕후는 인종에게 자신과 아들 경원대
군을 언제 죽일 거냐며 억지소리를 하며 인종을 괴롭혔습니다. 인
종은 그런 문정왕후를 원망하지 않고 오히려 어머니의 마음을 편
하게 해드리지 못하는 자신을 책망했다고 합니다.

계모에게 시달리던 인종은 자식 하나 남기지 못하고 일찍 세상

을 떠났습니다. 인종의 죽음에 문정왕후가 관련되어 있다는 설도 있습니다. 대비전에 문안 간 인종에게 문정왕후가 독이 든 떡을 내놓았다는 것이지요. 이 떡을 먹은 인종은 얼마 못 가 앓아누웠고 끝내 일어나지 못하고 세상을 떠났습니다. 사실인지는 확인할 수 없지만, 당시 모자 관계에 어떤 기류가 흐르고 있었는지 짐작할 수 있게 해주는 이야기임에는 틀림없습니다.

인종이 앓아누운 때는 음력 6월 말로 더위가 한창일 때였습니다. 의원들은, 인종이 더위에 몸이 상한 데다가 정신적으로도 몹시 힘들어 하여 병이 위급하니 조용한 곳으로 피어(避御 : 임금이 피난을 감)하여 조리하게 해야 한다고 청했습니다. 또 의원들도 안심하고 드나들 수 있게 해야 한다는 말에 인종의 비 인성왕후는 청연루로의 피어를 허락했습니다. 이 날은 인종이 세상을 떠나기 닷새 전이었지요. 청연루로 이어하기 위해 주변 사람들이 부축하려 하니 인종이 스스로 일어나며 차도를 보이는 듯했습니다.

그때 문정왕후는 창경궁에 있었는데, 경복궁 가까이에 사는 큰딸 의혜공주의 집에 나가 쉬었다가 문병을 가겠다고 준비시켰습니다. 그러자 대신들은 대비를 만류했습니다. 임금이 더위 증세로 우연히 위급해진 것인데, 한밤중에 대비가 거동하면 인심이 매우 놀랄 뿐 아니라 임금의 건강에 해가 될지도 모른다는 이유에서였지요. 그러자 문정왕후는 문병은 그만두고 공주의 집에만 다녀오겠다며 연(輦)과 교자(轎子)를 돈화문 밖에 대령하게 하였습니다.

인종은 세상을 떠나기 이틀 전 자신의 죽음을 예감하고, 이복동생인 경원대군에게 임금의 자리를 물려줄 것을 대신들에게 알

■ 자경전의 십장생 굴뚝. 대비의 무병장수와 왕실의 안녕을 기원하기 위한 수많은 상서로운 상징물
이 새겨져 있다.

리게 했습니다. 영의정 윤인경 등 밖에서 기다리던 대신들은 임금
의 상태를 확인한 연후에 명을 받들겠다고 하였지요. 윤인경 등이
청연루에 들어가 절하고 엎드리니 인종은 관대를 차리지 않고 대
신을 만나기가 미안하다 하여 침상에서 내려오려 했습니다. 하지
만 뼈만 남아 앙상해진 인종은 기력이 부족하여 일어나지 못했고
숨이 가빠서 쓰러지려 했습니다. 그때서야 윤인경 등은 전위 단자
(傳位單子)에 계자(啓字 : '啓' 자를 새긴 나무 도장. 임금의 재가를 받은 서류
에 찍었다)를 찍게 하였습니다.

그날, 인종 1년(1545) 7월 1일, 인종이 청연루에서 세상을 떠
났습니다. 사관은 그날에 대해 실록에 다음과 같이 기록했습니다.

"묘시에 상(上 : 임금, 즉 인종)이 청연루 아래 소침(小寢)에서 훙서(薨逝 : 임금이나 신분이 높은 사람의 죽음을 높여 이르는 말)하였다. 사신은 논한다. 상은 자질이 순미하여 침착하고 온후하며 학문은 순정하고 효우(孝友)는 타고난 것이었다. 동궁(東宮)에 있을 때부터 늘 종일 바로 앉아 언동은 때에 맞게 하였으니 사람들이 그 한계를 헤아릴 수 없었다. 즉위한 뒤로는 정사(政事)할 즈음에 처결하고 보답하는 데에 이치에 맞지 않은 것이 없었고, 때때로 어필로 소차(疏箚 : 상소문)에 비답(批答)하되 말과 뜻이 다 극진하므로 보는 사람이 누구나 탄복하였다. 외척(外戚)에게 사사로운 정을 두지 않고 시어(侍御 : 임금을 가까이에서 받드는 일을 맡아보던 벼슬)에게 가까이하지 않으므로 궁위(宮闈 : 궁궐)가 엄숙하였다. …… 병이 위독하던 밤에는 도성 사람들이 모여서 밤새도록 자지 않고 궐문에서 오는 사람이 있으면 문득 상의 증세가 어떠한가 물었으며, 승하하던 날에는 길에서 누구나 다 곡하여 울며 슬퍼하는 것이 마치 제 부모를 잃은 것과 같았다.

— 〈인종실록〉 1545년 7월 1일

청연루 옆에 붙은 건물은 협경당(協慶堂 : 함께 경사를 누린다는 뜻)입니다. 자경전의 부속 시설인 협경당은 궁녀들이 살던 곳입니다. 앞에는 담이 있지만 담 안쪽으로 쪽문을 통해 자경전 툇마루로 연결되어 있습니다. 협경당은 자경전과 같이 4단의 장대석 위에 지어졌고 건물의 모양도 자경전의 축소판인 듯 보입니다.

협경당을 끼고 오른쪽으로 돌면 자경전 뒷마당이 나옵니다. 뒷마당에 들어서 정면에 보이는 건물은 복안당(福安堂)입니다. 자경전 뒤편에 붙은 이 건물은, 현재 편액은 없지만 이름 그대로 편안하게 쉴 수 있는 조용하고 아담한 건물이지요. 신정왕후는 문 앞에 드러난 자경전보다 안쪽에 숨어 있고 온돌이 깔린 따뜻한 복안당에서 주로 지냈다고 합니다.

복안당 앞 담장에는 십장생 굴뚝이 붙어 있습니다. 이 굴뚝은 황토색 벽돌로 쌓아 만들었고 위에는 기와를 올렸습니다. 기와 위에 연가 열 개가 나란히 붙어 있어 그것이 굴뚝임을 알려줍니다. 상서로운 상징물들이 따로따로 새겨진 바깥의 꽃담과 달리 굴뚝에는 한 폭의 커다란 그림처럼 중앙에 십장생들이 한데 어울려 새겨져 있습니다. 흰색 삼화토로 바탕을 바른 위에 구름, 학, 소나무, 사슴, 불로초, 거북, 대나무 등 십장생은 물론 십장생에 들지 않는 국화, 연꽃, 석류, 포도도 새겼습니다. 연꽃, 석류, 포도는 다산의 상징으로 왕실의 번성함을 기원한 것입니다. 또 중앙의 십장생도 위쪽에는 나티와 학 두 마리를 만들어놓았습니다. 학은 영생을 상징하고 나티는 그 세계를 지켜주는 귀신입니다. 그림 아래쪽에는 두 마리의 불가사리가, 굴뚝 옆면에는 박쥐가 새겨져 있습니다. 불가사리는 불사(不死)의 동물로, 굴뚝으로 몰래 들어올지도 모르는 사악한 기운을 막아준다고 하지요. 또 편복(蝙蝠)이라는 한자어를 가진 박쥐는 그 음이 복(福)과 같아 불행을 막는 상서로운 동물로 여겨집니다. 이 많은 상징은 모두 대비의 무병장수와 왕실의 안녕을 기원하기 위해 마련되었습니다.

자경전 남문을 등지고 섰을 때 왼쪽을 보면 국립민속박물관이 보이고 그 울타리 안에 작은 건물이 한 채 보입니다. 이 건물 이름은 재수합(齋壽閤)입니다. 원래 박물관 자리는 만경전(萬慶殿)이라는 내전 건물이 있던 곳입니다. 만경전은 왕실의 잔치인 진찬례가 열리는 장소이기도 했고 고종이 외국 공사들을 만나는 장소로 사용되기도 했습니다. 재수합은 만경전의 부속 건물이었습니다. 왕실 가족이 사용했을 것이라 짐작합니다.

자경전 앞 쪽으로는 소주방(燒廚房)이 있습니다. 소주방은 수라상을 비롯해 왕실 잔칫상 등을 차리는 궁중의 요리원입니다. 음식을 만드는 주방인데 앞에 '소(燒)' 자를 붙인 이유는 불을 때서 익힌 음식을 만드는 곳이기 때문이지요. 세 동으로 나뉜 소주방 건물들 가운데 임금과 왕비의 침전 가장 가까운 곳에 있는 건물은 수라상을 차리던 내소주방입니다. 그 오른쪽으로는 궁궐의 잔칫상 등을 담당하는 외소주방이 붙어 있고, 외소주방 뒤쪽에 있는 건물은 수라 이외에 후식과 다과 등을 만드는 생물방(生物房)입니다.

중종 22년(1527)에는 소주방과 바로 앞 동궁을 중심으로 작서(灼鼠)의 변이 일어났습니다. '작서'란 불에 그슬린 쥐라는 뜻입니다. 그 해 2월 25일, 동궁의 북쪽 뜰 은행나무에 사지와 꼬리가 잘리고 주둥이, 귀, 눈을 불로 지진 쥐 한 마리가 걸려 있는 것이 발견되었습니다. 또 생나무 조각으로 만든 방서(榜書 : 방술하는 글)도 함께 발견되었습니다. 그런데 며칠 후인 3월 1일에 또 불에 그슬린 쥐가 강녕전 근처에서 발견되었습니다. 시녀들은 그 쥐를 소주방으로 가져와 구경하다가 사건이 심상치 않다고 여겨 중궁전에 알렸고 이로 인해 궁궐은 발칵 뒤집혔습니다. 사람들은, 누군가 13

세였던 세자를 저주하기 위해 쥐들을 가져다 놓은 것이라고 생각했기 때문입니다. 동궁의 쥐들이 걸려 있던 방향은 해방(亥方 : 12간지 중 돼지를 나타내는 방향, 북쪽)이었는데 세자(훗날의 인종)는 해생(亥生)이요, 2월 29일이 생일인 데다가 쥐는 돼지와 비슷하므로 이런 의심을 하게 되었다는 것입니다.

소주방 궁녀 향이(香伊)는 공초(죄인이 범죄 사실을 자세히 말하는 일)에서 쥐 소동의 상황을 다음과 같이 말했습니다.

"그날, 저는 점심 때 양전(兩殿 : 임금과 왕비)의 별수라(別水刺)를 대비전의 뜻에 따라 강녕전 서침실에다 진선(進膳 : 상을 차려내는 것)했습니다. 상을 물릴 때 경빈이 자기 방에서 나와 강녕전 대청 분합문 밖에 와서 잠시 앉아 있었습니다. 제가 다른 나인들과 같이 분합문을 닫고 퇴선(退膳 : 임금의 수라상에서 물려 낸 음식)을 먹기 시작할 때 경빈은 동침실로 갔습니다. …… 조금 있다가 임금께서 동침실로 옮겨가셨고 저는 서침실에 있었습니다. 중궁전에 세숫물을 올릴 때 동침실 근처에서 쥐를 잡았다는 말을 들었습니다. 조금 있다가 소주방에 전할 일이 있어 북쪽 난간으로 나가니, 시녀 금비, 사랑과 무수리 오비, 칠금이 앉아서 어떤 물건을 돌려가며 보고 있었습니다. 그래서 제가 무슨 물건이냐 물었더니, 금비가 '쥐다. 그런데 작은 쥐의 다리는 본디 이런가?' 하기에 제가 자세히 살펴보니 살아 있는 쥐였는데 발이 없고 꼬리도 끊겼으며 주둥이는 지져졌습니다. 그래서 '나도 못 보던 물건이다. 다른 사람들과 같이 보아야겠다' 하고, 대내로 들어가 시녀 안씨를 불러 함께 보았습니다. 안씨가 '이는 황당한 짓이다.

중궁전에 알려야 한다' 하여 즉시 안씨와 함께 중궁전에 가지고 갔습니다. 중궁께서 보신 뒤 '이는 황당한 짓이니 대비전에 알려야 한다' 하셨으므로, 즉시 저와 안씨와 함께 대비전에 알렸습니다."

— 〈중종실록〉 1527년 4월 3일

당시 사람들은 중종의 후궁인 경빈 박씨를 의심했습니다. 쥐가 발견될 무렵 현장인 강녕전 동쪽 침실 근처에 경빈이 있었기 때문입니다. 경빈은 연산군 때 궁녀로 선발되어 대궐에 들어왔습니다. 중종반정이 일어나자 반정 공신인 박원종은 자신의 먼 친척인 경빈이 궁녀로 들어와 있다는 사실을 알고 그녀를 양녀로 삼았습니다. 자신의 세력을 더욱 확고히 하기 위해서였지요. 중종은 후궁 중에서 경빈을 가장 총애하였습니다. 더구나 경빈은 중종에게 가장 먼저 아들(복성군)을 낳아준 사람이기도 합니다. 하지만 경빈은 왕비의 자리에까지 오르지는 못했습니다. 박원종이 양아버지였지만 그녀의 출신이 미천했기 때문이지요.

경빈에게는 세자를 저주할 동기도 충분히 있었습니다. 아들 복성군이 서자이지만 중종의 장자이므로 후계자의 자리를 노릴 만했기 때문입니다. 경빈은 극구 부인했지만 대비인 정현왕후는 그녀를 범인으로 지목하며 다음과 같이 전교하였습니다.

"동궁에 있었던 요괴로운 짓과 경복궁 침실에 쥐를 버린 일을 듣고 내가 매우 경악을 금치 못했다. 그래서 즉시 추문하려고 했으나 즉시 추문하지 않은 것은 조정에서 죄인을 가려낼 것으로 여겼기 때문이었다. 그런데 여러 날 추국했어도 가려내지 못했다고 하니 내 마음이 매우 편치 못해서 말하는 것이다. 3월 1일 경복궁 침실에 버려져 있던 쥐에 대해서는 별로 의심이 가는 사람이 없었다. 그러나 경빈이 오랫동안 혼자 앉아 있었고 그의 계집종 범덕은 뜰 밑을 두 번이나 왕래하였다. 계집종이 왕래한 일에 대해서 경빈이 스스로 변명하기 위해 '나의 계집종이 두 번이나 뜰 밑을 왕래했지만 어찌 그가 쥐를 여기에다 버렸겠는가?' 했고, 계집종이 왕래한 일은 바로 경빈이 스스로 한 말이었다. 쥐를 보았을 때도 경빈 혼자 있었으니 다른 사람이 여기에다 버렸다면 경빈이 의당 보았어야 했다. 그 쥐가 꾸물거릴 때 임금께서 나와서 보고 '이 쥐를 집어다 버리라' 하자, 시녀가 즉시 치마로 싸서 내다 버렸다. 그때 경빈이 갑자기 '그 쥐는 상서롭지 못하다'라고 했다. 달리는 의심할 만한 사람이 없고 상황은 이와 같다. 지금 경빈이 '사람들이 모두 나를 의심한다' 하면서 욕지거리를 하고 있다. 지난 3월 28일 신시에 경빈의 딸 혜순 옹주의 계집종들이 인형을 만들어 놓고 참형에 처하는 형상을 하면서 '쥐 지진 일을 발설한 사람은 이렇게 죽이겠다' 하고, 온갖 욕설을 했는가 하면 저주하느라고 매우 떠들썩했다고 한다. ……"

— 〈중종실록〉 1527년 4월 14일

범인은 쉽게 잡히지 않고 용의자로 지목된 경빈의 시녀들과 사위인 홍려(洪礪)의 종들이 심문 중 매를 맞아 죽었습니다. 그 중 형벌에 못 이겨 거짓 자백한 사람도 있었습니다. 심한 고문을 당한 홍려도 방서의 글씨가 자신의 것이라고 자백했고 결국 매를 맞아

죽었습니다. 범인은 확실하게 가려지지 않았지만 경빈과 그의 아들 복성군은 폐서인이 되어 쫓겨났습니다. 그런데 그 뒤로도 세자에 대한 저주 사건은 끊이지 않았습니다. 세자의 모습을 만들어서 나무패를 걸고 거기에 망측스런 글을 쓴 사건도 벌어졌습니다.

그런데 중종 27년(1532) 이종익(李宗翼)이라는 사람이 작서의 변의 진범이 김안로(金安老)의 아들 희(禧)라는 내용의 상소를 올렸습니다. 김안로는 아들이 중종의 맏사위(김희는 인종의 누이인 효혜공주의 남편)임을 계기로 권력을 휘두르려 했는데 뜻대로 되지 않아 세력을 만회하려고 이런 짓을 벌였다는 것입니다. 이종익은 그 근거로 방서의 글씨가 김희의 필적이라는 점을 들었습니다.

물론 경빈이 범인이라는 사실은 끝내 확인되지 않았습니다. 하지만 조정에서는 경빈의 목숨을 보전할 수 없다는 의견이 지배적이었습니다. 경빈이 모의에 가담하지는 않았다 하더라도 경빈을 위해 이런 일이 벌어졌기 때문이라는 것이지요. 결국 경빈과 복성군은 1533년에 사약을 받았고 경빈 소생의 두 옹주는 폐서인이 되었습니다. 이들 외에도 좌의정 심정(沈貞) 등 조정의 여러 신료가 이 사건에 연루되어 죽임을 당하거나 쫓겨났습니다.

소주방에서 궁궐 앞쪽으로 걸어 나오면 사정전 옆에 쌍둥이 같은 두 채의 건물이 있습니다. 이곳이 세자가 살던 동궁입니다. 세자는 이제 막 떠오르는 태양입니다. 그런 이유로 세자가 머무는 곳을 궁궐의 동쪽에 두고 동궁이라 불렀습니다. 아예 세자를 동궁이라고 부르기도 했지요. 동궁 안에는 규모는 작지만 외조, 치조, 연조의 기능을 하는 기관들이 모두 모여 있었다고 합니다. 동궁이라는 작은 세계에서 임금의 실습을 해보라는 의미였습니다. 재산 관리도 동궁은 독자적으로 이뤄졌다고 합니다.

현재 남아 있는 두 건물 중 사정전 쪽에 있는 건물이 자선당이고 그 옆은 비현각입니다.

자선당(資善堂)은 세자 내외가 거처하는 내당이었고 비현각(丕顯閣)은 세자가 스승들과 더불어 공부도 하고 정무도 보는 장소였습니다.

자선당에서 가장 많은 사건을 겪은 사람은 제5대 임금 문종입니다. 자선당은 세종 9년(1427)에 지어졌습니다. 착한 품성을 기른다

■ 자선당 내부. 단종이 태어나고 문종비 현덕왕후가 세상을 떠난 곳이기도 하다.

는 뜻의 이름을 가진 이 건물은 당시 세자였던 문종을 위해 지어졌지요. 조선 건국 이래 단 한 번도 적장자 계승을 이루지 못했던 터라 세종은 적장자인 세자의 후계자 교육에 남다른 열의를 보였습니다. 세종은 수시로 동궁에 찾아가 자선당에서 정무를 보았습니다. 세자에게 실무 견학을 시켰던 셈이지요. 또 대신들과 함께 가타구(打毬)라는 하키와 비슷한 운동을 하기도 했습니다.

세종 25년(1443)에는 아예 세자에게 대리청정을 명했습니다. 자신의 건강이 좋지 않다는 이유에서였지요. 임금이 대리청정을 명하면 세자는 물론 신하들도 모두 만류하는 것이 예의였습니다. 대리청정을 너무 쉽게 받아들이면 충성심에 의심을 받을 수도 있기 때문입니다.

집현전 부제학 최만리 등도 대리청정과 세자가 남면(南面 : 남쪽을 바라보는 것)하여 조회를 받는 것이 부당하다고 상소를 올렸습니다. 임금은 남면을 하여 정사를 돌보는 것이 원칙입니다. 그래서 궁궐의 주요 전각들이 남향으로 지어졌지요. 그런데 세자가 남면을 하면 세자를 임금과 같은 격으로 모시는 일이므로 부당하다는 것입니다. 또 대신들을 '신(臣)'이라 칭하도록 했는데 이도 받아들일 수 없다고 하였습니다. 왜 대단찮은 병으로 정권을 두 개로 만드는 단서를 여느냐는 것이었지요. 세종이 젊은 시절부터 소갈증(당뇨병)을 앓았다는 것은 유명한 이야기입니다. 그러나 1443년은 훈민정음이 창제된 해로 세종이 아직 많은 일은 왕성하게 하던 때입니다. 또 세종이 세상을 떠난 것이 1450년이니 당시의 세종의 병은 최만리의 말처럼 대단찮아 보였을 수도 있습니다. 그러나 세종은 대리청정의 뜻을 굽히지 않았습니다.

최만리의 상소가 올라온 다음날, 세종은 세자가 동궁 정문에서 남면하도록 교지를 고쳐 내렸습니다. 자선당이, 세종이 남면하여 정무를 보던 곳이라 세자가 똑같이 하게 해서는 안된다는 대신들의 의견을 일부 수용한 것입니다. 그래서 세자는 동궁 정문에서 남면하여 앉되, 대신들은 뜰 아래에서 재배(再拜)하고 세자는 답배하지 말라고 명했습니다. 이로써 재위 기간(2년 3개월)보다 훨씬 길었던 문종의 세자 대리청정(8년)이 시작되었습니다.

또 내당으로 쓰이던 자선당은 단종이 태어나고 문종비 현덕왕후가 세상을 떠난 곳이기도 합니다.

그날, 세종 23년(1441) 7월 23일, 세자빈 권씨가 자선당에서 원손을 낳았다는 도승지의 보고를 들은 세종은 크게 기뻐하며 사면령을 발표했습니다. 그리고 그 취지를 밝히는 교지를 내렸습니다.

"예전부터 제왕이 후계 정하는 것을 중하게 여기지 아니한 이가 없었다. 〈시경(詩經)〉의 '종사'에서 여러 아들을 노래하였고 다남(多男)을 축복하였으니, 대개 종묘사직의 대본(大本)이요, 국가의 경복이 됨으로서이다. 내가 부덕한 몸으로 외람되게 대통을 계승하여, 조상의 뜻과 사업을 잇는 것을 감히 잊을 수 있으랴. 생각하건대, 세자의 연령이 이미 30이 거의 되었는데, 아직도 적사(嫡嗣 : 적자인 후계자)를 얻지 못하여 내 마음에 근심되더니, 이제 세자빈이 7월 23일에 적손을 낳았다. 이것은 조종(祖宗)께 덕을 쌓고 인을 쌓으심이 깊으셨고, 또 하늘의 보우하심이 두터우심이다. 신(神)과 사람이 다 같이 기뻐할 바이요, 신하와 백성들이 모두 기뻐할 것이다. 이에 7월 23일 새벽 이전에 대역을 모반한 것, 자손이 조부모·부모를 모살하였거나 때리고 욕한 것, 처첩이 남편을 모살한 것, 노비가 상전을 모살한 것, 독약이나 저주로 살인한 것, 강도를 범한 것 외에는 다 용서하여 죄를 없애 버리니, 감히 전의 일을 가지고 서로 고(告)하고 말하는 자는 그 죄로써 죄줄 것이다. ……"

— 〈세종실록〉 1441년 7월 23일

단종은 이렇게 커다란 축복과 기쁨 속에 태어났습니다. 앞으로 일어날 비극을 누가 꿈에라도 상상했겠습니까? 하지만 단종의 비극은 곧바로 시작되었습니다. 대사면령이 내려진 다음날 어머니인 세자빈 권씨가 세상을 떠난 것입니다.

그날, 세종 23년(1441) 7월 24일자 실록에는 다음과 같이 기록되어 있습니다.

> "왕세자빈 권씨가 졸(卒)하였다. 빈은 아름다운 덕이 있어 양궁(兩宮)의 총애가 두터웠다. 병이 위독하게 되매, 임금(세종)이 친히 가서 문병하기를 잠시 동안에 두세 번에 이르렀더니, 죽게 되매 양궁이 매우 슬퍼하여 수라를 폐하였고, 궁중의 시중드는 이들이 눈물을 흘리며 울지 않는 이 없었다. ……"
>
> — 〈세종실록〉 1441년 7월 24일

8세의 어린 나이에 세자로 책봉되어 29년 동안 세자에 머물러 있던 문종은 아내 복이 어지간히도 없는 사람이었습니다. 떠들썩한 간택과 국혼의 절차를 통해 맞아들인 두 명의 세자빈은 다 폐위되었습니다. 첫 번째 세자빈 김씨는 세자의 사랑을 얻기 위해 비방을 썼던 것이 발각되었습니다. 그래서 국모의 자격이 없다고 폐출되었지요. 두 번째 세자빈 봉씨 역시 세자의 무심함을 견디다 못해 동성애에 빠진 것이 화근이 되어 쫓겨났습니다.

거듭되는 간택으로 여러 사람에게 폐 끼치기 싫었던 문종은 승휘(承徽 : 세자궁에 딸린 종사품의 내명부)였던 권씨를 세자빈으로 삼을 것을 아버지 세종에게 청했습니다. 권씨는 그때 이미 문종의 첫 딸 경혜옹주를 출산한 후였습니다. 모처럼 말썽 없는 현숙한 아내를 얻었지만 문종의 부부 생활은 오래가지 못했습니다. 세자빈이 된 권씨가 단종을 낳고 산후병으로 세상을 떠났기 때문입니다. 문종은 이후로 다시는 왕비를 얻지 않고 후궁 두 명을 두었을 뿐입니다.

세자빈 권씨는 문종이 즉위하면서 현덕왕후로 추존되었습니다. 문종이 세상을 떠난 후 동구릉의 현릉에 합장되었지만 능이 파헤쳐지고 종묘에서 신주가 철거되는 수난을 겪었습니다. 조카 단종을 쫓아낸 세조는 그 일에 양심의 가책을 느꼈는지 형수인 현덕왕후 꿈을 자주 꿨답니다. 꿈에 나타난 현덕왕후가 시동생 세조에게 아들의 복수를 하겠다고 저주를 퍼부었는데 그 무렵 세조의 맏아들인 의경세자가 세상을 떠난 것입니다. 분노가 머리끝까지 치민 세조는 현덕왕후 능을 파헤쳐 물가에 흩어버리라고 명령했습니다. 세조가 평생 피부병에 시달린 것도 현덕왕후가 꿈에서 침을 뱉었기 때문이라는 이야기도 전합니다.

현덕왕후가 현릉과 종묘에 다시 모셔지게 된 것은 중종 때(1513년)의 일입니다. 종묘에서 문종의 신위가 홀로 제사를 받는 것이 민망하다는 이유에서였습니다. 문종은 죽은 후에도 60여 년 동안 홀아비 신세를 면치 못하고 있었던 것입니다.

동궁을 제대로 활용한 또 다른 임금은 제12대 중종입니다. 동궁 중에서도 비현각은 중종이 세자에게 강학을 베풀던 장소였습니다. '비현'은 덕을 크게 밝힌다는 뜻으로, 원래 이 건물은 사정전 행각에 있던 온돌방 책고였답니다. 그런데 중종이 이 건물을 동궁으로 옮기고 세자의 교육 장소로 사용한 것입니다. 중종은 시

■동궁의 비현각은 임금이 세자에게 직접 강학을 베풀고 야간에 대신들을 만나는 장소로도 사용되었다.

강원 관원을 시켜 세자가 한 말과 스승들이 세자의 교육은 시강원에서 맡았는데 스승 중 으뜸은 사(영의정)·부(좌의정)였고 경사(經史)와 도의(道義)를 가르치던 스승은 빈객이라 불렀습니다. 한 말을 다 써서 아뢰게 하였습니다. 그렇게 하면 세자가 감히 그르고 치우친 말을 하지 못하고 아랫사람은 간사하고 아첨하는 말을 아뢰지 못할 것이라는 이유에서였습니다.

　세자가 내전에 들어가 있고 중종이 비현각에서 거처하는 날도 많았습니다. 비현각은 임금이 야간에 대신들과 만나는 장소로 쓰이게 된 것입니다.

그날, 중종 28년(1533) 11월 16일, 임금은 다음과 같이 전교하였습니다.

> "근래 3년 동안 상중(喪中)에 있느라 오랫동안 비현각에서 야대를 못하였다. 옛사람들도 야대가 주강과 석강에 비하여 더 좋다고 하였는데 오늘은 야대를 하려고 하니 그리 알라."
>
> — 〈중종실록〉 1533년 11월 16일

또 야대는 편한 차림으로 하자는 전교를 내리기도 했습니다.

> "창덕궁에는 야대청이 있었기 때문에 옛날에는 자주 야대를 하였으나 이 궁궐(경복궁)에는 장소가 없으므로 으레 비현각에서 하게 되는데, 장소가 너무도 비좁다. 평상시 내가 보는 문적과 출납하는 문서가 모두 여기에 있으므로 만일 소대를 하려면 부득이 이런 물건들은 치운 뒤에야 할 수 있다. 그리고 여름철에는 빽빽이 앉으면 찌는 듯이 덥다. 그래서 소대는 하고 싶으나 자주 하지 못한다. 평상시 경연은 사정전에서 으레 교의에 앉아서 하고 야대의 경우는 편복으로 임하고 있다. 이후로는 사정전에서 교의를 치우고 편하게 앉을 것이며, 입시하는 신하들도 앞에 가까이 와서 야대를 하게 할 것이니, 정원은 알아 두라."
>
> — 〈중종실록〉 1542년 11월 1일

중종은 세자의 교육에 열과 성을 쏟았지만 임금의 자리에 오른

세자(인종)는 그 자리를 1년도 못 채우고 세상을 떠나고 말았습니다. 부왕이 공들인 보람도 제대로 못 펼친 채 말입니다. 인종의 비극적 삶 못지않게 비현각도 비극적 운명을 겪어야 했지요. 이 건물은 1914년 동궁 일대가 철거되면서 일본인에게 팔려갔답니다. 그 후 일본인의 별장으로 혹은 개인집으로, 사무실로 사용되었다는 설만 있을 뿐 그 행방은 알 수 없습니다.

자선당도 마찬가지입니다. 동궁 철거 작업에 참여한 일본인 건축가 오쿠라 가치히로[大倉喜八郎]가 자선당을 해체하여 일본으로 가져갔답니다. 바다 건너 일본으로 간 자선당은 오쿠라의 호텔 마당에 마구잡이로 조립되었습니다. 오쿠라는 이 건물에 '조선관'이라는 현판을 붙이고 약탈해간 우리의 문화재들을 전시하는 공간으로 사용했습니다. 조선관은 간토 대지진 때 불타 없어지고 그 기단석만 남았습니다. 호텔 한 구석에 방치되어 있던 기단석 288개를 되찾아온 것은 1995년의 일이지요. 하지만 이 기단석들은 자선당 복원 작업에는 사용할 수 없었습니다. 화재 때 돌이 삭아버렸기 때문입니다. 원래의 기단석들은 건청궁 옆 녹산에 전시되어 있습니다.

동궁에는 문이 여러 개 있습니다. 비현각 쪽 행각에 있는 서문 중 하나는 이극문(貳極門)입니다. 임금이 북극성이고 세자는 북극성 다음 가는 존재이므로 '이극'이라는 이름을 붙였습니다. 또 하나의 서문은 구현문(求賢門)입니다. '구현'은 어진 신하를 구한다는 뜻이지요. 자선당 쪽 동문은 삼비문(三備門)인데 '삼비'는 세자가 갖춰야 할 세 가지 덕목으로서 학문, 자질, 치도(治道 : 다스리는 도

■ 일본에 팔려갔다가 다시 돌아온 자선당 기단석. 간토 대지진 때의 화재로 돌이 삭았기 때문에 복원 작업에 사용할 수 없었다.

리나 방법)를 말합니다. 자선당 정문은 중광문(重光門)으로 '중광'은 빛나는 덕을 거듭 밝힌다는 뜻입니다. 비현각 정문은 이모문(貽謨門)인데 '이모'는 선대 임금이 자손에게 내리는 교훈을 말합니다.

동궁에서 나오면 왼쪽에 건춘문(建春門)이 보입니다. 왕족이나 종친, 또는 동궁의 궐내각사에 근무하는 관리들이 드나들던 문입니다. 건춘문은 동문이지만 경복궁 동쪽 담의 중간에 세우지 않고 남쪽으로 1/3 정도 치우친 지점에 세웠습니다. 주로 사람들이 드나드는 영역인 외조와 치조는 남쪽에 위치해 있었기 때문입니다. 이는 서쪽의 영추문도 마찬가지입니다.

건춘문은 사다리꼴의 석축 위에 단층 누각이 서 있는 모습입니다. 석축 중앙에는 홍예문을 냈는데 천장에는 동쪽을 나타내는 청

■ 경복궁의 동문인 건춘문. 홍예
문 천장에는 동쪽을 나타내는
청룡이 그려져 있다.

룡의 그림이 그려져 있습니다.

그날, 세조 2년(1456) 6월 28일, 건춘문에 벼락이 떨어지자 세
조는 근신하여 다음과 같은 전교를 내렸습니다.

"내가 작은 몸으로 커다란 왕업을 이어 받아, 밤낮으로 조심하고
두려워하여 감히 편안할 겨를이 없으며, 하늘의 중한 부탁을 받들 수
없을까 두려워하고 있다. 근자에 벼락이 건춘문에 떨어져 견책하는
뜻을 보여 주었으나, 아무리 그 허물을 생각하여도 그 이유를 알 수
없다. 정치에 결함이 있어서 덕행이 아래에까지 미치지 못하고, 언로

(言路)를 넓히지 아니하여 아래로 향하는 정이 위로 통하지 못하며, 형옥(刑獄)이 알맞지 못하고 요역(徭役)이 고르지 못하여 백성들이 원망과 탄식을 하여 어찌 화기(和氣)를 손상하기에 이른 것이 아니겠는가? 근자에 역적의 도당을 죽이고 귀양 보낼 적에도 모두 너그러운 법전을 따랐으며, 공사(供辭 : 죄인이 자신의 범죄 사실을 진술하는 말)에 관련되었더라도 다 내버려 두고 불문에 부쳤으나 잡아 가둔 자가 하나만이 아니었으니, 또한 횡액으로 옥에 갇힌 사람은 없었는가? 너희 정부와 육조 당상관들은 지엽적인 말만 숭상하지 말고, 나의 미치지 못하는 것을 보필하라."

— 〈세조실록〉 1456년 6월 28일

창덕궁 · 임금들이 사랑했던 아늑한 궁궐

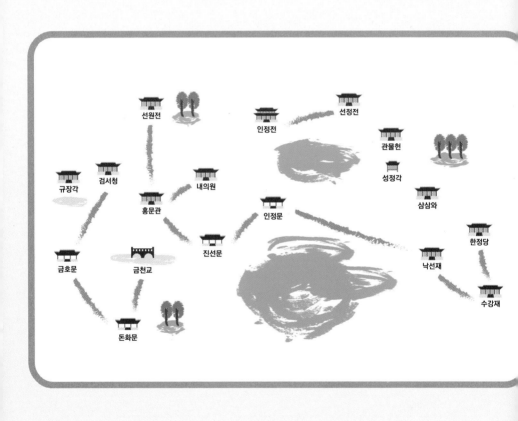

선원전

인정전 　선정전

관물헌

성정각

규장각　검서청　내의원

삼삼와

홍문관　인정문

한정당

진선문

낙선재

금호문　금천교

수강재

돈화문

창덕궁

임금들이 사랑했던 아늑한 궁궐

창덕궁(昌德宮)은 조선에서 두 번째로 지어진 궁궐로, 태종 5년 (1405) 10월에 준공되었습니다. 조선이 건국되고 법궁으로 지어진 경복궁은 불과 10년도 채 안되어 불길한 기운이 도는 궁궐로, 기피의 대상이 되었습니다. 왕자의 난을 겪고 정치에 뜻을 잃은 태조가 상왕으로 물러나고 그 뒤를 이은 정종은 한양을 버리고 개경으로 환도했습니다. 정종의 뒤를 이은 태종은 다시 한양으로 천도했고 그때 지은 별궁이 창덕궁입니다.

창덕궁은 별궁이었지만 조선의 국왕들에게 가장 사랑받는 궁궐이었습니다. 경복궁은 즉위식 같은 국가의 주요 행사를 치를 때나 외국 사신 접대하고 과거 시험을 치를 때, 혹은 전염병이 돌아 창덕궁에서 벗어나야 할 때만 사용되었습니다. 그 외의 경우 국왕들

■ 돈화문은 다섯 칸짜리 웅장한 문이지만 황제가 아니면 다섯 칸을 사용할 수 없었기에 양끝의 문
은 벽으로 막혀 있다.

은 거의 창덕궁에서 생활했습니다.

　국왕들이 경복궁보다 창덕궁을 더 선호한 데는 여러 가지 이유
가 있습니다. 앞서 말한 왕자의 난 때문에 경복궁에 사는 것이 꺼
림칙했던 것도 큰 이유 중 하나입니다. 또 다른 이유는 창덕궁은
숲과 산자락에 가려져 평지에 지어진 경복궁에 비해 사생활 노출
을 피할 수 있다는 점입니다. 남북을 중심축으로 질서정연하게 지
어진 경복궁과는 달리 창덕궁은 자연을 거스르지 않고 지형 생긴
대로 지어진 자연 친화적 궁궐입니다. 그래서 창덕궁은 궁궐이라
는 위압감보다는 편안한 아름다움을 선사해주는 공간으로, 많은
사람의 사랑을 받을 수 있었습니다.

창덕궁의 정문은 돈화문(敦化門)입니다. '돈화'는 《중용(中庸)》의 '대덕돈화(大德敦化)'에서 따온 말로, 교화를 도탑게 한다는 뜻입니다. 돈화문은 다섯 칸짜리 이층집으로 두 단의 월대 위에 서 있습니다. 궁궐의 대문들 중 돈화문만 다섯 칸입니다. 하지만 좌우의 한 칸씩은 벽으로 막혀 있습니다. 그 이유는 황제가 아니면 다섯 칸짜리 문을 사용할 수 없었기 때문입니다. 궁궐의 정문을 웅장하게 지으면서도 중국의 시선을 의식한 것입니다. 돈화문은 임금의 출입이나 국가의 큰 행사가 있을 때만 사용되는 문이었습니다. 평소에는 문에 종과 쇠북을 달아 백성들에게 시간을 알리는 데 사용했고 문 앞 광장은 임금이 백성들과 만나 대화를 나누는 장소가 되기도 했습니다.

그날, 영조 4년(1728) 3월 25일에 돈화문에서는 이인좌의 난에 대한 헌괵례(獻馘禮 : 싸움에서 승리한 장수가 임금에게 적장의 머리를 바치는 예식)가 치러졌습니다. 이인좌의 난은 그로부터 열흘 전 3월 15일에 일어난 소론 중심의 반란이었습니다.

제21대 임금 영조의 어머니 숙빈 최씨는 궁녀들의 하녀인 무수리였습니다. 영조는 어머니가 천한 신분이었다는 이유로 즉위 전부터 소론의 배척을 받았습니다. 하지만 어머니의 신분보다는, 정권을 유지하려는 소론과 정권을 빼앗으려는 노론의 당쟁이 영조를 더 많이 괴롭혔습니다. 소론과 노론의 줄서기는 숙종이 살아있을 때부터 시작되었습니다. 소론은 세자로 책봉된 윤(훗날의 경종)을 지지했고 노론은 연잉군(훗날의 영조)을 지지했습니다.

세자는 숙종의 적장자였지만 몸이 약하고 어머니 희빈 장씨가 중죄를 짓고 처형되었다는 약점을 가지고 있었습니다. 특히 후사를 기대할 수 없다는 것은 왕조 시대에는 치명적인 약점이었습니다. 경종은 즉위 후 노론의 건의를 받아들여 연잉군을 세제로 책봉했습니다. 노론은 내친 김에 세제 대리청정까지 주장하였습니다. 자신들의 세력을 더욱 굳건히 다지기 위해서였지요. 경종은 일단 비망기를 내려 세제 대리청정을 명했습니다.

임금이 대리청정을 명하는 데는 자신은 더 이상 정사를 돌보기에 벅차다는 뜻이 담겨 있습니다. 이런 경우 세제 자신은 물론 대신들도 그 망극한 명령을 거두어주기를 청해야 했습니다. 심지어 경종은 즉위 1년밖에 안되고 34세의 젊은 나이였지요. 경종도 노론의 주장에 밀려 명령을 내렸지만 대신들이 말리기를 기대했던 것 같습니다. 그런데 노론은 경종의 확고한 의지가 담겼다고 판단하고 세제의 대리청정을 청하는 의식을 진행했습니다.

예상치 못한 노론의 태도에 당황한 경종은 소론의 대신 조태구를 불러 사태를 수습할 것을 명했습니다. 아직 시기상조라는 조태구의 주장에 노론도 다시 대리청정 명령을 거둬줄 것을 청했습니다. 갈피를 못 잡고 오락가락하던 태도 때문에 노론은 임금과 백성들에게 신뢰를 잃었습니다. 소론은 이때를 놓치지 않고 대리청정에 앞장섰던 노론 4대신(김창집(金昌集)·이이명(李頤命)·이건명(李健命)·조태채(趙泰采))을 탄핵하여 귀양 보냈습니다. 이 사건이 신축옥사(申丑獄事)입니다.

또 이듬해인 임인년에는 남인 목호룡(睦虎龍)을 매수하여 노론이 경종의 시해를 도모했다는 고변을 하게 했습니다. 이 사건으로 4대신을 포함한 60여 명의 노론이 처형당했고 170여 명이 유배되거나 관직에서 쫓겨났습니다. 이 사건이 임인옥사(壬寅獄事)입니다. 신축, 임인년에 일어난 두 옥사를 신임사화(申壬史禍)라고도 합니다.

임인옥사의 보고서에는 연잉군도 역모에 가담했다는 내용이 기록되어 있답니다. 자신은 모르는 일이라 하더라도 역적들에게 왕으로 추대된 왕자는 목숨을 부지할 수 없었던 것이 당시의 상식이었습니다. 하지만 연잉군은 삼종(三宗 : 효종, 현종, 숙종)의 혈맥을 이은 유일한 왕자였기 때문에 간신히 목숨을 건질 수 있었습니다. 하지만 소론에 의해 처소에 감금되고 여전히 생명의 위협을 느낀 연잉군은 담을 넘어 대비전으로 달려갔습니다. 숙종의 계비 인원왕후는 왕실의 최고 어른으로서 소론의 공격을 무마하고 연잉군을 보호해주었습니다.

당쟁의 소용돌이 속에서 목숨의 위협까지 느끼며 어렵사리 왕위에 오른 영조는 누구보다도 당쟁의 폐해를 뼈저리게 실감하고 있었습니다. 영조는 즉위하자마자 탕평책을 펼쳐 붕당에 상관없이 인재를 고루 등용하겠다는 의지를 밝혔습니다. 하지만 세제를 핍박하여 역도의 무리 속에 이름을 올리게 한 과거사까지 없던 일로 하고 지나갈 수는 없었지요. 영조는 신임사화를 일으킨 소론 대신들을 처벌하고 그 자리에 노론을 등용했습니다. 또 이미 죽은 노론 4대신을 복관시키고 시호도 내려 명예를 회복해주었습니다.

이런 과정에서 입지가 불안해진 소론 강경파는 극한 선택을 했습니다. 왕을 바꿔보겠다며 본격적인 역모를 실행한 것입니다. 정권에서 소외된 남인 급진 세력과 손잡은 소론 강경파는 소현세자의 증손자인 밀풍군 이탄을 새 왕으로 추대했습니다. 이들이 백성들에게 제시한 명분은 경종이 영조에게 독살되었고 영조는 숙종의 친아들이 아니라는 것이었지요. 이인좌를 대원수로 삼은 반란군은 경종의 복수를 내세워 역모가 정당함을 강조했습니다. 그래서 진영 안에 경종의 위패를 설치하고 아침저녁으로 참배하는 모습을 보여주기도 했습니다.

이인좌의 난은 영조의 품에 안긴 소론 온건파에 의해 평정되었습니다. 불과 열흘만이었습니다. 이후 소론의 입지는 약화되었고 영조는 탕평책의 명분을 얻어 왕권을 강화하는 계기로 삼았습니다.

그날, 돈화문 2층 문루에 나온 영조는 선전관이 박종원(朴宗元) 등 역도들의 참수한 머리를 바치자 "깃대에 매달라"라고 명했습니다. 또 서울에 사는 노인들을 불러 위로하며 반란의 원인이 당쟁에 있음을 강조하기도 했습니다. 백성들이 실수로 반란에 가담했더라도 모두 용서할 것이며 형제나 친족의 죄는 묻지 않겠다 하여 백성들의 불안을 해소해준 것입니다.

돈화문에 들어서면 왼쪽으로 금호문(金虎門)이 보입니다. 돈화문은 왕이 출입하거나 특별한 행사가 있을 때 사용한 문이고 신하들은 평소 금호문으로 드나들었습니다. 금호문 말고도 창덕궁에는 서문이 하나 더 있습니다. 후원에서 나오는 길목인 북서쪽에

■ 창덕궁의 서문 금호문. 평소 신하들이 드나들던 문이다. 호랑이 호(虎)자나 가을 추(秋)자는 서쪽을 상징하는 글자이다.

있는 경추문(景秋門)입니다. 지금도 출입이 안 되지만 조선 시대에도 평소에는 닫혀 있다가 군사를 동원할 때만 사용했습니다. '호랑이 호(虎)'자나 '가을 추(秋)'자는 다 서쪽을 뜻하는 글자입니다.

창덕궁의 동쪽은 창경궁으로 이어지므로 창덕궁 동문을 찾는 것은 별 의미가 없어 보입니다. 창덕궁 담장을 끼고 창경궁으로 가는 길에 선인문(宣仁門)이 있습니다. 이름에 동쪽을 나타내는 '어질 인(仁)'자를 쓴 것으로 보아 동문처럼 보이지요. 하지만 선인문의 본래 이름은 서린문(瑞麟門)이었고 동궁의 정문으로, 조정의 신하들이 출입하는 문이었을 뿐 궁궐의 동문으로 세워진 것은 아닙니다. 창덕궁과 창경궁을 동궐이라는 하나의 궁궐로 봤을 때, 동궐의 동문은 홍화문(弘化門)이라 할 수 있습니다. 그런데 홍화문은 창경궁의 정문이라 할 뿐 창덕궁의 동문으로 부르는 사람은 없습니다. 돈화문을 바라보고 오른쪽에는 단봉문(丹鳳門)이 있는데 이 문은 왕족과 친인척, 상궁들의 출입문이었습니다.

돈화문에 들어서서 오른쪽을 보면 돈화문보다 궁궐 앞쪽으로 더 돌출된 건물이 몇 채 보입니다. 단봉문으로 들어가게 되어 있는 이곳에 상의원(尙衣院)이 있습니다. 상의원은 임금의 옷과 금은보화로 된 장식품을 공급하던 관청입니다. 상의원에는 기녀 출신 침선비(針線婢) 20여 명을 두고 바느질을 하게 하였지요. 임금의 의복과 재산을 관리하는 관청인 만큼 상의원 관원에게는 작은 실수도 용납되지 않았습니다.

그날, 태종 13년(1413) 1월 22일, 상의원 사어(司御) 최림(崔霖)을 벌주자는 대신들의 제안이 있었습니다. 최림은 중국에 가서 궁중에서 쓸 비단을 사왔는데 잘 고르지 못하고 비싼 값을 주었으니 벌해야 한다는 것이었습니다. 이에 태종은 처벌하도록 명을 내렸습니다.

그날, 성종 10년(1479) 9월 24일에는 왕실 기물을 훔친 상의원 능라장(綾羅匠 : 비단을 짜는 직공)을 처벌하라 명하기도 했습니다. 능라장 윤생(尹生)이 물건 들고나는 때를 틈타서, 실을 상자에 넣어 간직하지 않고 몰래 훔쳤으니 죽여야 한다는 대신들의 제안이 있었습니다. 이에 성종은 "어장물(御藏物 : 임금이 쓰는 물건)을 훔친 죄는 죽여 마땅하나 출고(出庫)하여 도로 넣을 때에 숨겨 두었다가 넣지 아니한 것은 문을 열고 훔친 것과는 차이가 있다. 또 보통 사람

의 마음은 이욕(利慾)이 항상 앞서므로 재물을 보면 가지고 싶은 것은 족히 괴이할 것이 없다"라고 하였습니다. 하지만 어고(御庫)의 재물을 훔친 자는 비록 작은 물건이라도 용서할 수 없다는 좌의정 윤필상(尹弼商)의 주장으로 성종은 곤장 1백 대를 때려 3천 리 밖에 유배를 보내라는 결정을 내렸습니다.

상의원에서 진선문 쪽으로 바로 붙어 있는 건물은 내병조(內兵曹)입니다. 내병조는 궁궐 안에 있는 병조라는 뜻으로, 임금을 호위하는 일을 맡은 관청이었는데 지금은 창덕궁 관리사무소가 자리 잡고 있습니다. 내병조에는 20명의 건장한 근장군사(近仗軍士)가 소속되어 있었는데 이들은 궁궐 문을 출입하는 사람들을 감시했고, 임금이 거둥할 때는 임금 가까이에서 경호를 맡았습니다.

내병조에서는 친국(親鞠 : 임금이 직접 죄인을 심문하는 것)이 벌어지기도 했습니다. 임금은 중범죄자들만 직접 심문하였지요. 조선 시대에는 대역죄나 삼강오륜을 어긴 강상죄(綱常罪) 등이 중범죄에 속했습니다.

내병조는 제8대 임금인 예종 때 일어난 남이(南怡)의 역모 사건이 시작된 곳이기도 합니다. 태종의 외손자였던 남이는 27세에 병조판서에까지 올랐습니다. 용맹하고 여진족을 물리치는 데도 많은 공을 세운 덕분이지요. 하지만 그를 총애하던 세조가 세상을 떠나고 예종이 임금의 자리에 오르자 남이는 겸사복장(兼司僕將)으로 좌천되었습니다. 겸사복장은 종이품(從二品)의 무관직으로 국왕의 호위를 담당한 겸사복의 우두머리였습니다. 하지만 정이품의 병조판서 자리에서 밀려난 남이는 불만이 많았겠지요. 그런 분위기를 이용하여 유자광(柳子光)이 남이를 무고하였습니다.

그날, 예종 즉위년(1468) 10월 24일, 병조 참지(兵曹參知) 유자광은 임금에게 급히 고할 일이 있다고 승정원에 찾아왔습니다. 이 말을 듣고 예종이 유자광을 부르니 그는 다음과 같은 엄청난 말을 했습니다.

"지난번에 신이 내병조에 입직할 때 남이도 겸사복장으로 입직하였는데, 남이가 어두움을 타서 신에게 와서 말하기를, '세조께서 우리를 대접하는 것이 아들과 다름이 없었는데 이제 나라에 큰 상사(喪事 : 초상)가 있어 인심이 위태롭고 의심스러우니, 아마도 간신이 난리를 일으키면 우리는 개죽음할 것이다. 마땅히 너와 더불어 충성을 다해 세조의 은혜를 갚아야 할 것이다' 하였습니다. …… 오늘 저녁에 남이가 신의 집에 달려와서 말하기를, '혜성이 이제까지 없어지지 아니하는데, 너도 보았느냐?' 하기에 신이 《강목(綱目)》을 가져와서 혜성이 나타난 곳을 헤쳐 보이니, 그 주(註)에 이르기를, '광망이 희면 장군이 반역하고 두 해에 큰 병란이 있다'라고 하였는데, 남이가 탄식하기를, '이것 역시 반드시 응함이 있을 것이다' 하고, 조금 오랜 뒤에 또 말하기를, '내가 거사하고자 하는데, 반드시 경복궁이라야 가하다' 하였습니다. 신이 말하기를, '이 같은 큰일을 우리가 어찌 능히 홀로 하겠는가? 네가 또 어떤 사람과 더불어 모의하였느냐? 또한 주상이 반드시 창덕궁에 오래 머물 것이다' 하니, 남이가 말하기를, '내가 장차 경복궁으로 옮기게 할 것이다' 하기에 신이 말하기를, '어떻게 하겠는가?' 하니, 남이가, '이는 어렵지 않다' 하고, 인하여 말하기를, '이런 말을 내가 홀로 너와 더불어 말하였으니, 네가 비록 고할지라도 내가 숨기면 네가 반드시 죽을 것이고, 내가 비록 고할지라도 네가 숨기면 내가 죽을 것이므로, 이 같은 말은 세 사람이 모여도 말할 수 없다. 또 세조가 민간의 장정을 다 뽑아서 군사를 삼았으므로 백성의 원망이 지극히 깊으니 기회를 잃을 수 없다. 나는 호걸이다' 하였습니다."

— 〈예종실록〉 1468년 10월 24일

예종은 아저씨뻘인 남이를 별로 좋아하지 않았습니다. 아버지 세조가 병약한 예종보다 건강하고 씩씩한 남이를 더 총애했기 때문입니다. 예종은 남이를 잡아다 국문했습니다. 원하는 답변이 나오지 않자 유자광과 남이를 대질하게 했습니다. 남이는 그제야 유자광의 농간에 빠진 것을 알고 머리를 땅에 부딪치며 자신의 억울함을 호소했습니다. 하지만 어차피 남이를 잡고자 만들어진 사건이니 진실을 밝히기는 어려웠지요. 남이는 자포자기의 심정으로 자신이 역모를 꾀했다고 털어놓았습니다. 혼자만 당하기 억울했던 남이는 그 자리에 있던 영의정 강순(康純)을 같은 당류로 지목했습니다. 국문을 하던 강순은 국청 뜰에 끌려 내려와 심문을 받았고 매를 견디지 못한 그도 역모를 시인했습니다. 결국 두 사람을 중심으로 수많은 무고한 사람이 죽거나 유배가게 되었습니다.

이 사건을 터뜨린 유자광은 연산군 때 조선의 4대 사화 중 하나인 무오사화(戊午士禍)를 일으킨 장본인이기도 합니다. 훗날 사림(士林)에 의해 유자광은 무고한 선비를 수없이 죽게 한 대표적인 간신으로 지목되었습니다. 그런 유자광이 일으킨 사건이니 사실 여부와 상관없이 남이도 죄 없이 죽었을 것이라고 사람들은 믿었습니다.

내병조 옆으로 금천(禁川)이라는 시내[川]가 보이고 그 위에 금천교가 놓여 있습니다. 금천은 우선 궁궐터의 '배산임수(背山臨水 : 뒤에 산이 있고 앞에 물이 있는 풍수지리상 명당)' 지형을 완성해줍니다. 또 금천은 궁궐의 안과 밖을 구분하고 상서롭지 않은 기운이 궁궐로 들어오지 못하도록 막는 기능도 가지고 있습니다. 그래서 금천을 넘는 다리 금천교에는 나쁜 기운을 물리치는 동물들이 조각

■궁궐에 있는 다리 중 가장 오래된 창덕궁 금천교. 교각에는 도깨비 얼굴이 조각되어 있고 그 앞에
는 해태와 거북의 석상이 놓여 있다.

되어 있습니다. 그 중 대표적인 동물은 산예(山猊)라는 상상의 동
물입니다. 금천교의 네 귀퉁이를 지키고 있는 산예는 어떤 동물이
라도 다 도망치게 한다는 무서운 동물입니다. 하지만 창덕궁 금
천교의 산예는 무섭기는커녕 귀엽기까지 합니다. 금천교의 교각
에는 나쁜 기운을 쫓는 도깨비 얼굴이 조각되어 있습니다. 그 앞
으로 해태(남쪽)와 거북(북쪽)이 자리 잡고 있습니다. 금천교는 태
종 11년(1411)에 지어진 것으로 궁궐에 있는 다리 중 가장 오래된
다리입니다.

금천교 왼쪽에는 창덕궁이 세계문화유산임을 알리는 비석이 서
있고 다리 건너편에는 창덕궁의 치조로 들어가는 진선문(進善門)이

■ 창덕궁은 5대 궁궐 중 유일하게 세계문화유산에 등재되었다.

보입니다. 치조를 둘러보는 것은 뒤로 미루고 우선 왼쪽에 있는 궐내각사 방향으로 발길을 돌려보겠습니다. 그렇게 하는 이유는 치조의 큰 건물 보는 데 정신이 팔려 외조 공간인 궐내각사는 잊고 지나는 경우가 많기 때문입니다.

　세계문화유산 기념비 왼쪽으로 가면 내각(內閣)이라는 커다란 현판이 걸린 문이 나옵니다. 이 문을 들어서면 규장각(奎章閣)과 검서청(檢書廳)으로 가는 갈림길이 있습니다. 우선 규장각으로 가보겠습니다.

　내각은 규장각의 별칭입니다. 규장각은 원래 정조에 의해 후원에 세워졌습니다. 규장각은 이문원(摛文院)이라고도 불렸는데 글이 널리 퍼진다는 뜻의 이름이지요. 규장각에서는 학사들이 근무했는데 학문 연구와 그를 통한 개혁을 꿈꿨던 정조는 특히 이 기관에 대한 애정과 관심을 나타냈습니다. 정조는 규장각의 시설에도 각별히 신경을 썼고 자주 이곳에 들러 학사들과 학문에 대해 토론을 펼쳤습니다.

규장각 관원(각신 : 閣臣)들은 다음과 같은 근무 수칙을 지켜야 했습니다.

"손님이 찾아오더라도 일어나지 말라. 각신들은 모자를 쓰고 의자에 앉아 근무하라. 높은 벼슬을 가진 사람이나 홍문관이나 예문관 우두머리인 문형(文衡)이라도 규장각의 전임자가 아니면 들어오지 말라. 각신들은 공적인 일이 아니면 근무 중에 자리를 떠나지 말라."

이 수칙은 각신들의 행동을 규제하는 것보다 그들이 임금과 가까운 신하로서 자긍심과 품위를 유지하도록 독려하는 내용으로 보입니다.

또 규장각에는 어필(御筆 : 임금의 글씨), 어제(御製 : 임금이 지은 글), 어진, 인장(印章 : 임금의 도장), 선원보첩(璿源譜牒 : 왕실의 족보) 등 임금을 기리는 물건들을 보관하였으니 왕실에서는 중요한 장소였습니다. 그런데 후원 깊은 곳에 있어서 임금의 행차도 번거로웠고 신하들도 다니기에 불편했던 모양입니다.

그날, 정조 5년(1781년) 3월 10일, 규장각을 지금의 자리로 옮겼습니다. 이전에 후원에 있던 규장각을 영숙문(永肅門 : 창덕궁의 북문이며 후원의 서문) 밖 국별장청으로 옮긴 적이 있었습니다. 그런데 그곳도 지세(地勢)가 한쪽으로 기울어져 있고 건물이 좁아서 마땅치 않았습니다. 비용 때문에 확장하여 짓는 것도 문제가 되었는

■규장각. 정조는 규장각의 시설에 각별히 신경을 썼고 이곳에 자주 들러 학사들과 토론을 펼쳤다.

데 마침 도총부가 창덕궁과 창경궁에 나뉘어 있어 이를 창경궁 도
총부로 합하고 남은 자리에 규장각을 옮기게 된 것이지요. 정조
는 이전을 허락하고 손수 쓴 '이문지원(摛文之院)'이라는 편액을 내
려주었습니다.

다시 아까의 갈림길로 돌아와 오른쪽 검서청으로 가보겠습니
다. 검서청은 책을 관리하는 검서관들이 근무하던 곳입니다. 정
조 이전까지 서얼 출신은 관직에 나갈 수 없었는데 정조는 이 관
습을 깨고 서얼들을 등용했습니다. 그 중 실학자로 잘 알려진 이
덕무(李德懋), 유득공(柳得恭), 박제가(朴齊家) 등은 검서관으로 일했
습니다. 이 건물도 《북학의》를 쓴 박제가가 감독하여 지은 건물
입니다.

검서청은 소유재라고도 불립니다. 검서관들이 사용하기 전에는 임금이 선원전에 나와 제사 지내기 전에 머무르며 몸과 마음을 깨끗이 하는 장소였습니다. 그런 용도로 정조가 하룻밤을 묵은 후 소유재라고 불리게 되었습니다. 훗날 아버지 순조 대신 대리청정을 하던 효명세자는 춘향(春享 : 봄에 드리는 제사) 전날 순조와 함께 이곳에서 하룻밤을 지냈다고 하지요. 정조를 본받고 싶어했던 효명세자는 이런 사소한 것까지 정조를 따르려 했던 것 같습니다.

검서청 왼쪽의 문을 나가면 운한문(雲漢門)이 보입니다. 운한문은 봉모당(奉謨堂)의 정문인데 닫혀 있어 들어갈 수 없습니다. 하지만 운한문과 금천 사이로 난 길로 가면 왼쪽 담장 너머로 봉모당을 볼 수 있습니다. '봉모'는 모훈(謨訓 : 국왕과 신하가 함께 국사를 논의하여 적은 글 또는 국왕이 백성을 가르치고 교화하기 위하여 지은 글)의 자료를 받들어 간직한다는 뜻입니다. 봉모당은 역대 임금의 글씨나 그림, 고명(顧命 : 임금의 유언), 왕가의 족보 등을 모셨던 곳입니다. 규장각에는 정조의 물건들만 보관했고 역대 임금의 유품은 모두 이곳에 옮겼던 것이지요. 정조는 세자와 함께 매년 봄 가을 좋은 날을 택해 이곳을 참배하였습니다.

봉모당을 앞에서 제대로 보려면 후원 출구 쪽 향나무가 있는 곳으로 돌아가야 합니다. 봉모당 앞마당에는 천연기념물 194호로 지정된 향나무가 서 있습니다. 선원전에서 제사를 지낼 때 이 향나무 가지를 깎아서 향을 피우기도 했답니다.

봉모당 뒤편에는 여러 채의 책고(冊庫)가 있습니다. 이곳은 책을 보관하는 장소들로 검서관이 관리하는 곳입니다. 책고에서 다리

■ 봉모당 앞에는 천연기념물 194호로 지정된 향나무가 서 있다. 선원전 제사를 지낼 때 이 향나무 가지를 깎아 향을 피우기도 했다.

를 건너기 전 왼쪽으로 멀리 커다란 건물이 한 채 보입니다. 규모는 꽤 큰데 단청이 안된 소박한 모습입니다. 이 건물은 의풍각(儀豐閣)입니다. 의풍각은 제사용 그릇과 도구 등을 보관하는 창고로 지금은 공개되지 않는 건물입니다.

금천의 다리를 건너면 이름은 없지만 규모가 큰 문이 있습니다. 이 문은 궐내각사에 들른 임금이 선원전으로 가기 편하도록 만든 문입니다. 이 문을 지나면 선원전이 보입니다. 선원전 앞쪽으로는 행각이 있는데 그 중 2층으로 솟은 누각은 억석루(憶昔樓)입니다. 억석루는 선원전 행각에 연결되어 있기는 하지만 선원전 마당과는 담으로 분리된 것으로 보아 선원전에 속한 건물은 아닌 듯합니다. '억석'은 지난날을 기억한다는 뜻으로 영조가 중국 신농(神農)씨에 제사지낼 것을 내의원에 명하면서 지어준 이름입니다. 이때 편액도 영조가 직접 써주었다고 하지요. 신농씨는 농업과 의료, 건강을 주관하는 신입니다. 억석루 안쪽에 내의원이 있어서 그와 관련된 이름을 지은 것 같습니다. 아래층은 규장각으로 가는 통로로 사용되고 내부 계단을 통해 올라가는 2층 누각에는 역대 임금의 어필(御筆)을 보관했다고 합니다.

억석루 앞문을 지나면 선원전(璿源殿) 마당으로 들어서게 됩니다. 선원전은 역대 임금의 어진을 모시고 제사를 지내는 곳입니다. '선(璿)'은 아름다운 옥을 뜻하는 글자이고 '선원'은 왕실의 족보를 뜻하는 말입니다. 숙종 때부터 선원전이라는 이름으로 어진 봉안 장소로 사용되었습니다.

그날, 숙종 39년(1713) 4월 11일, 숙종은 이이명 등 여러 신하를 만나고 자신의 초상화를 그리는 데 의견을 구했습니다. 숙종이 익선관·곤룡포 차림으로 나와서 먼저 예전에 초벌로 그렸던 초상화 두 벌을 어좌에 걸었습니다. 여러 신하는 이 초벌 초상화를 보고 나름의 의견을 화공에게 말해주었지요. 신하 중 한 사람이 숙종에게, 바라보기에 편하도록 의자에서 내려가 평상에 앉아달라고 청하니 숙종이 그대로 따랐습니다. 두 벌의 초상화가 다 그려진 후 숙종은 한 벌은 대궐 내 선원전에 봉안하고 한 벌은 강화 장녕전(長寧殿)에 봉안하라고 분부했습니다.

■역대 임금의 어진 등 기념물을 보관하고 초하루와 보름, 탄신일 등에 임금이 직접 나와 제사 지내던 선원전.

그런데 선원전은 단순히 '보관'만 하는 곳이 아닌, 제사를 지내는 신성한 장소였습니다. 매월 초하루와 보름에 임금이 직접 향을 피우고 참배하는 분향 배례를 했고 탄신일에는 차를 올리는 다례를 행했습니다. 임금이나 왕비가 세상을 떠나면 그 육신을 재궁에 담으며 영혼을 담을 신주도 만듭니다. 재궁은 빈전에 모셨다가 5개월 후에 산릉에 매장하고 신주는 혼전에 모셨다가 3년 상을 지낸 후 종묘로 옮깁니다. 산릉은 육신에 대해, 종묘는 영혼에 대해, 선원전은 인격에 대해 제사를 지내는 곳이지요. 모든 의식의 간소화를 주장했던 숙종은 선원전 의례도 검소하고 간단하게 할 것을 지침으로 남기기도 했습니다.

선원전을 바라보고 섰을 때 왼쪽에 있는 건물은 진설청(陳設廳)

■선원전 부근의 만수문. 이 일대의 문에는 모두 편안하고 복을 많이 받으라는 뜻의 이름이 붙어
 있다.

이고 오른쪽의 작은 건물은 내찰당(內察堂)입니다. 진설청은 제사
음식을 준비하고 제사상을 차리는 곳이었습니다. 내찰당은 내재
실이라고도 하는데 '재실(齋室)'은 제사를 준비하려 지은 집을 말
합니다.

　내찰당 옆을 지나 보춘문(報春門)을 나서면 양지당(養志堂)이 있습
니다. 양지당은 임금이 제사 전날에 몸과 마음을 깨끗이 하기 위
해 하루 머무는 어재실이었습니다. 그렇다고 해서 임금이 아무 일
도 안 하고 조용히 목욕재계만 하고 있는 곳은 아니었습니다. 임
금은 그곳에 대신들을 불러 나랏일에 대해 의논하고 심지어 죄인
을 귀양 보내는 명령을 내리기도 했습니다. 양지당에서 인정전으
로 바로 나갈 수도 있는데 이때 지나는 문은 만안문(萬安門)입니다.

이 근처의 문들은 모두가 편안하고 복을 받으라는 뜻의 이름을 가지고 있습니다.

양지당 앞문인 만복문(萬福門)을 나서서 오른쪽에 있는 건물은 영의사(永依舍)입니다. 영의사도 임금이 선원전 제사를 준비하는 재실입니다. 현판은 붙어 있지 않지만 이 이름은 영조가 지어서 내려준 것입니다. 영조는 1763년 6월 9일에 어필로 '永依舍(영원히 이 재사(齋舍)에 의지하리라'라는 뜻)'라는 세 글자를 써서 내리고 이 편액을 선원전 재실에 걸도록 승지에게 분부하였습니다.

만복문 왼쪽에는 출입금지 구역이 있습니다. 그 좁은 골목 안에 예문관(藝文官)이 있습니다. 예문관은 임금의 말이나 글을 대필하는 기관입니다. 예문관의 전신은 집현전이었는데 세조 때 집현전이 없어지면서 임금의 자문 기관인 홍문관과 나뉘어 두 관청이 된 것입니다. 별도의 건물도 없고 옹색하게 현판만 붙어 있는 행각 형태의 건물에 있었지만 예문관은 임금과 아주 가까이 있어야 하는 중요한 기관입니다. 임금 주변에서 일어나는 모든 일을 살살이 기록하는 사관도 예문관 관원이었지요. 예문관 자리는 내의원 쪽에서 보면 행각 뒤 구석에 있는 것처럼 보이지만 근처에 있는 숭범문(崇範門)을 지나면 바로 인정전으로 들어갈 수 있는 궁궐의 중심부입니다.

예문관 앞을 지나 오른쪽으로 큰 건물을 끼고 돌면 약방(藥房)이라는 현판을 볼 수 있습니다. 내의원이라고도 불리었던 약방은 임금과 그 가족의 건강을 책임지는 의료 기관이었습니다. 이 약방에

■ 내의원이라고도 불렸던 약방. 이곳에서 어의와 의녀들이 생활하며 임금과 그 가족의 건강을 보살폈다.

서 어의와 의녀 수십 명이 생활하며 의료 활동을 했습니다. 약방의 주요 인력은 의료진이었지만 그 우두머리는 의관이 아닌 문신이 맡았습니다. 지금으로 치면 국립병원의 원장을 의사가 아닌 일반 관리가 맡는 셈이지요. 그 이유는, 의관은 신분이 낮은 중인이어서 올라갈 수 있는 품계에 한계가 있었기 때문입니다.

약방 앞의 문을 지나면 금천교가 있는 곳으로 나오게 됩니다. 곧바로 진선문으로 들어가지 말고 오른쪽 궐내각사 쪽으로 난 또 다른 문으로 들어가면 옥당(玉堂)이 있습니다. 옥당은 홍문관의 다른 이름입니다. 홍문관은 대궐 안의 서적을 관장하고 임금의 명령서인 교지(敎旨)를 작성하던 곳입니다. 관리들의 잘못을 감찰하던 사헌부, 임금에게 잘못된 일을 고치도록 간하던 사간원과 함께 삼사(三司)라고 불리던 홍문관은 우수한 성적으로 과거에 급제

한 사람만이 갈 수 있는 관청이었습니다. 엘리트를 골라 뽑는 관청이므로 이곳 출신 중에 정승이 된 사람도 많았습니다. 아예 정승으로 가는 필수 과정으로 여겨지기도 하여 선비들이 선망했던 관청입니다.

옥당 오른쪽에는 등영루(登瀛樓)라는 다락집이 있습니다. '瀛'자는 전설 속의 산을 나타내고 이 누각의 이름은 그 산에 오른다는 뜻입니다. 훗날 누상고(樓上庫 : 누각 위에 있는 창고)라고도 불린 이곳은 책을 보관하는 장소였습니다. 옥당 앞에는 ㄱ자 모양의 낮은 담장이 서 있습니다. 길게 이어진 것도, 높이 서 있는 것도 아닌 이 담장은 심리적인 공간 분할을 위해 세워진 것입니다. 방 안에 병풍을 쳐서 분위기를 더 아늑하게 만들었던 것과 비슷한 이치이지요.

옥당과 약방은 담장 하나를 사이에 두고 붙어 있습니다. 정조는

■옥당은 홍문관의 다른 이름으로, 대궐 안의 서적을 관장하고 임금의 교지를 작성하던 관청이다.

옥당과 약방을 나란히 둔 이유를 옥당 관원들이 약방의 예절을 본받게 하기 위함이라고 설명했습니다. 약방은 임금의 건강을 점검하기 위해 아침저녁으로 정성껏 문안을 올렸을 것입니다. 그 정성을 옥당 관원들에게 요구했던 것이지요.

이제 진선문(進善門)을 지나 드디어 치조로 들어갑니다. 진선문을 들어서면 넓은 마당과 만나게 됩니다. 정면에는 연조로 들어가는 숙장문(肅章門)이 있고 왼쪽에는 인정전으로 통하는 인정문(仁政門)이 있습니다. 이 마당은 진선문, 숙장문, 인정문 세 문을 사이에 두고 긴 행각으로 둘러싸여 있지요. 이 행각들은 지금은 지붕 밑에 기둥만 있는 형태로 개방되어 있지만 예전에는 벽과 문이 있는 관청 공간이었습니다.

진선문으로 들어가 왼쪽에 붙은 행각에는 '정청(政廳)'이라는 현판이 붙어 있습니다. '정청'은 정무를 보는 관청이란 뜻이며 이조나 병조의 전관(銓官 : 인재를 뽑는 일을 맡아보던 관원)이 일하던 곳입니다. 문관의 인사는 이조에서, 무관의 인사는 병조에서 맡았습니다. 주요 관직은 문관이 차지하였으므로 이조 전관의 어깨는 늘 무거울 수밖에 없었습니다.

전관의 '전(銓)'자에는 저울질한다는 뜻이 담겨 있습니다. 저울대가 수평을 유지하듯이 인사를 할 때 한쪽으로 기울지 말라는 의미겠지요. 이조 전랑(吏曹銓郎)이라고도 불렸던 이조의 정랑(정5품)과 좌랑(정6품)은 관원을 추천하고 뽑는 권한을 가진 직책이었습니다. 이 자리들은 세력을 키우려는 사람들에게는 달걀의 노른자위

와도 같은 벼슬이었습니다. 심지어 이조의 권한이 무거워지는 것을 염려하여 삼사(사헌부, 사간원, 홍문관) 관원의 선발은 이조판서에게 권한을 주지 않고 정랑과 좌랑에게만 맡겼습니다. 그러니 이조 전랑 자리는 정말 중요한 자리였지요. 삼사 관원 가운데서 특별히 명망 높은 사람이 전랑에 선발되었고, 그가 후임 전랑을 추천할 수도 있었으며 정승에 이르는 필수 과정으로 여겨지기도 했습니다.

그날, 선조 7년(1574) 7월 8일, 김효원(金孝元)이 이조 좌랑에 임명되었습니다. 이 일로부터 조선 후기 사회를 혼란에 몰아넣은 당파가 시작되었습니다. 처음 시작은 김효원과 심의겸(沈義謙) 사이의 갈등으로 비롯되었습니다.

사건의 발단은 아직 김효원이 과거에 급제하기 전의 일로 거슬러 올라갑니다. 명종비 인순왕후의 동생이었던 심의겸은 공적인 일로 당시 영의정이던 윤원형의 집에 간 적이 있었습니다. 책방에 이부자리가 많이 있는 것을 보고 누가 자는 곳이냐고 물었는데 그 중 하나는 김효원의 침구였다고 했습니다. 급제하지는 못했지만 이미 김효원의 이름을 알고 있던 심의겸은 속으로 추하다고 여겼습니다. 윤원형은 명종의 모후 문정왕후의 동생으로, 당시 권세를 마음껏 누리던 사람이었기 때문이지요. 얼마 후 김효원이 장원 급제했을 때 심의겸이 마침 공적인 자리에 있었는데 곁의 사람에게 '김효원이 윤 정승 집에서 글 배우던 사람이다'라고 하였답니다. 그 말이 선비들 사이에 퍼져서 김효원은 2~3년간 좋은 자리에 오르지 못했습니다. 그 후 김효원은 몸단속을 철저히 하고 벼

■ 진선문을 지나면 창덕궁의 치조와 연조가 펼쳐진다.

■인정문 맞은편에 자리한 호위청. 호위청은 인조반정 후 집권한 반정 세력이 국왕의 호위 목적으로 창설한 부대이다.

슬살이를 충실히 해서 끝내 요직에 등용되었습니다. 심의겸도 자신이 함부로 말한 것을 후회하였고 김효원의 등용을 배척하거나 저지하지 않았습니다.

　이조 전랑이 된 김효원은 일을 정직하게 하고 그간 소외되었던 선비를 많이 발탁하여 후배 선비들의 칭송을 얻었습니다. 명성과 위세가 갑자기 커진 김효원은, 심의겸의 동생 심충겸(沈忠謙)이 전랑에 추천되자 이를 저지하였습니다. 외척을 요직에 진출시키는 것은 마땅치 않다는 이유에서였지요. 이에 "심충겸은 하자가 없어서 전랑을 못할 사람이 아닌데 김효원이 틈을 타서 원수를 갚는 것은 그르다"라고 비난하는 사람들과, "김효원은 앞일을 징계하여 뒷일을 삼가는 것으로 국가를 위함에서 나온 것이지 다른 뜻이 있는 것은 아니다"라고 말하는 사람으로 패가 나뉘게 되었습니다. 이때 김효원의 집은 도성 동쪽 건천동에, 심의겸의 집은 도성 서쪽 정동에 있었기 때문에 사람들은 이 두 세력을 동인과 서인으로 나누어 부르기 시작했습니다. 이후 동인과 서인은 나랏일에서 사사건건 대립하게 되었습니다.

진선문을 등지고 섰을 때 오른쪽은 내병조의 뒷부분입니다. 내병조를 지나면 호위청(扈衛廳)과 상서원(尙瑞院) 현판이 보입니다. 호위청은 인조반정 후 집권한 반정 세력들이 국왕 호위를 명목으로 창설한 부대입니다. 하지만 반정 후에도 자신들의 군사적 세력 기반을 유지하기 위해 없애지 않고 그대로 두었습니다. 처음 호위청에는 대장 둘과 당상 둘이 있었는데, 김류 · 이귀가 두 대장이었고 김자점 · 구인후가 두 당상이었습니다. 우두머리 네 명 중 누가 죽으면 그 권한을 아들에게 물려주기도 했고 다른 셋 중 한 사람에게 넘겨주기도 했습니다.

그날, 인조 9년(1631) 7월 5일에는, 호위청을 혁파하자는 대신들의 제안이 있었습니다. 국가의 곡식을 허비하는 두 가지 폐단이 있는데 그 중 하나가 호위청 군사에게 나가는 비용이라는 것이었습니다. 호위청을 임시로 설치한 지가 이미 오래 되었으니 혁파해야 마땅하다는 의견에 인조는 "호위군관은 위급할 때의 의지해야 하니, 아직 혁파하지 말라"라고 답했습니다. 그 후에도 호위청은 혁파되지 않고 계속 남아 있었습니다.

상서원은 임금의 명령을 상징하는 각종 물건들을 관리하던 관청입니다. 옥새를 비롯하여 절월(節鉞 : 임금을 상징하는 도끼), 병부(兵符 : 군대를 동원하는 표지로 쓰던 나무패), 순패(巡牌 : 궁궐이나 도성 안팎을 순찰할 때 차고 다니던 패), 마패(馬牌) 등이 그것들입니다. 반정 등으로 임금이 바뀌면 상서원에는 긴장감이 돌게 됩니다. 옥새가 누구 손에 쥐어지느냐에 따라 세상이 완전히 달라질 수 있고 옛 주인과 새 주인의 물건을 무엇보다도 명확하게 구분하여 관리해야 했기 때문입니다.

그날, 중종 1년(1506) 9월 2일에는 중종반정이 일어났습니다. 반정 세력은 그날로 연산군이 쓰던 헌천홍도(憲天弘道 : 연산군의 존호)의 금인(金印 : 금 도장) 및 상서원에 간직된 여러 화압(花押 : 문서의 자기 이름이나 직함 밑에 도장 대신 붓으로 직접 글자를 쓰던 모양)과 승명패(承命牌 : 임금의 명령을 받드는 패)를 모두 철폐하자고 중종에게 청했습니다. 또 연산군이 기르던 사나운 짐승은 없애버리고 날짐승은 놓아 보내며 매와 개는 무사(武士)들에게 나누어주라고 대신들이 청하자 새로 임금으로 추대된 중종은 모두 '그리하라'라고 전교하였습니다.

진선문과 숙장문, 인정문과 행각들이 이루는 이곳 마당은 얼핏 직사각형으로 보이지만 사실은 숙장문 쪽이 진선문 쪽에 비해 훨씬 좁아진 사다리꼴이지요. 창덕궁 건립을 총감독한 박자청(朴子靑)이 이렇게 만든 이유는 인정문 맞은편을 종묘에 이르는 산이 가로막고 있었기 때문으로 보입니다. 지형을 훼손하지 않고 궁궐을

■ 인정문 앞 마당. 원래는 직사각형의 반듯한 공간이어야 했지만 오른쪽에 보이는 산을 훼손하지 않
으려 사다리꼴로 만들었다.

짓다보니 이런 궁여지책이 나온 것 같습니다. 하지만 마당이 반
듯하지 못하다는 것을 안 태종은 박자청에게 벌을 주었습니다.

그날, 세종 1년(1419) 4월 12일, 박자청은 의금부에 하옥되었
습니다. 처음 상왕(태종)이 박자청에게 인정문 밖에 행랑을 건립하
라는 명령을 내리고 아무쪼록 단정하게 지으라고 했는데, 박자청
이 뜰의 넓고 좁은 것도 요량하지 않고 성 짓기를 시작했다는 것입
니다. 이 일을 알게 되었을 때 이미 기둥을 세우고 상량(上樑 : 지붕
을 올리는 일)까지 하였으니, 인정전에서 굽어보면 경사가 져서 바
르지 못하므로, 상왕이 화를 내며 곧 헐어버리게 하고 박자청 등

■ 인정문의 용마루에는 대한제국의 문장인 오얏꽃이 새겨져 있다. 일본은 이 오얏꽃을 일개 왕가의 문장으로 보아 사용을 허가하였다.

을 하옥시킨 것입니다. 사흘 후 15일에는 박자청을 파면하고 17일에는 그에게 곤장 80대를 때려 수원으로 귀양 보냈습니다.

이제 인정문으로 가보겠습니다. 인정문도 경복궁의 근정문과 마찬가지로 새 왕의 즉위식이 열리는 공간이었습니다. 대개의 경우 선왕이 세상을 뜬 지 5~6일 만에 즉위식이 열리는데 상중에 열리는 행사이니 만큼 간소하게 치러져야 했지요. 인정문에서 즉위한 임금은 연산군, 효종, 현종, 숙종, 영조, 순조, 철종, 고종입니다. 임금의 즉위 장소는 마음 내키는 대로 정하는 것이 아닙니다. 선왕이 세상을 떠난 궁궐에 마련된 빈전 앞에서 옥새를 받은 후 그 궁궐의 정전 정문에서 즉위하는 것이 원칙입니다.

그날, 현종 즉위년(1659) 5월 9일, 세자였던 현종이 인정문에서 즉위식을 가졌습니다. 부왕을 여읜 상태에서 열리는 즉위식의 분위기는 대략 다음과 같습니다.

"…… 사왕(현종)이 평천관(平天冠)을 쓰고 검정 곤룡포를 입고 규(圭 : 임금을 상징하는 옥으로 만든 패)를 받들고 여차(廬次 : 상주가 머무는 숙소)에서 나오자, 통례(通禮 : 예절을 진행하는 정삼품의 벼슬)가 사왕을 인도하여 걸어서 서쪽 계단으로부터 이어 동쪽 뜰을 향하여 갔고, 승지와 사관이 사왕 뒤를 따라 왔다. …… 통례가 사왕에게 4배(拜)를 올리도록 청하고 절이 끝나자 통례가 사왕을 인도하여 동쪽 뜰로부터 올라갔으며, 승지 · 사관은 모두 뜰 위 동쪽 한 편에 서 있었다. 사왕이 들어와서 영좌 앞으로 나아가 북쪽을 향하여 꿇어앉자 도승지 조형이 앞으로 나아가서 규를 받았고, 영의정 정태화는 영좌 동쪽에 이르러 상 위의 대보(大寶 : 옥새)를 받들어 사왕에게 올리니 사왕이 그것을 받아 내시에게 주었다. …… 사왕이 인정문의 어좌에 이르러 동쪽을 향하여 한참 서 있었는데, 도승지가 어좌로 오를 것을 청하였으나 응하지 않았고, 김수항이 나아가 청하였으나 사왕이 역시 따르지 않았다. …… 영의정 정태화가 종종걸음으로 나와 두세 번 어좌로 오를 것을 청하자, 사왕이 그제서야 비로소 어좌에 올라 남쪽을 향하여 섰다. 정태화가 다시 앉을 것을 청하니, 사왕이 이르기를, '이미 자리에 올랐으면 앉은 것이나 다름이 없지 않은가'하고 이어 흐느끼기 시작했고 좌우도 모두 울며 차마 쳐다보지 못하였다. 정태화가 의식대로 할 것을 군이 청하자, 사왕이 비로소 앉아서 백관의 하례를 받고 예를 마쳤다. 임금이 인정문 동쪽 협문으로 걸어서 들어가 인정전 동쪽 뜰로 올라 전 밖의 동편 거느림채를 돌아 인화문(仁和門)을 거쳐 들어갔는데, 통곡하는 소리가 밖에까지 들렸다.

— 〈현종실록〉 1659년 5월 9일

삼문 형식으로 되어 있는 인정문의 용마루에는 다섯 개의 꽃잎을 가진 오얏꽃이 세 송이 새겨져 있습니다. 이 오얏꽃은 1907년 순종이 창덕궁으로 이어할 무렵에 새겨 넣은 것입니다. 국권을 빼앗긴 조선 황실의 위상은 일본 천황의 하부 단위인 왕가로 격하되었습니다. 일본은 자기네 나라 봉작제에 의거하여 고종을 덕수궁 이태왕으로, 순종을 창덕궁 이왕으로 불렀지요. 일본은 더 이상 오얏꽃을 대한제국 황실의 문양으로 보지 않았습니다. 단지 일개 왕가의 문장으로만 여겨서 인정문과 인정전 용마루에 새기는 것을 허락했습니다.

인정문을 들어서면 인정전(仁政殿) 마당이 나옵니다. 인정전은 창덕궁의 정전으로, 중요한 국가의 행사를 치르는 곳입니다. '인정'은 어진 정치를 뜻하는 말이지만 인정전은 임금이 정치를 논하는 곳은 아니었습니다. 인정문 앞에서 즉위식을 한 임금은 인정전에 올라 신하들의 축하 인사를 받았습니다. 이곳에서 잔치를 열기도 하고 외교 사절을 접대하기도 했으며 과거 시험을 치르기도 했습니다.

■창덕궁의 정전인 인정전. 즉위식 하례, 외교 사절 접대 등 중요한 국가 행사를 치를 때만 사용하던 건물이다

그날, 연산군 9년(1503) 9월 11일에는 인정전에서 양로연이 열렸습니다. 그런데 그 자리에서 예조 판서 이세좌(李世佐)가 연산군에게 술잔을 바쳤는데 잔을 돌려받을 때 술을 반이 넘게 엎질러 임금의 옷까지 적시게 되었습니다. 연산군은 이세좌를 괘씸하게 여기고 국문을 하라고 명하였습니다.

이세좌는 무오사화를 일으킨 훈구파 이극돈의 조카였습니다. 이세좌도 무오사화 때 사림파인 김종직(金宗直)과 그 제자들을 극형에 처해야 한다고 주장했던 사람이지요. 그런데 인정전 양로연 사건으로 연산군의 분노를 사서 귀양을 가게 되었고, 이 사건은 다음 해 일어난 갑자사화(甲子士禍)의 요인 중 하나가 되었습니다.

1504년에 일어난 갑자사화는 제10대 임금 연산군이 생모인 폐비 윤씨의 죽음과 관련된 사람들을 응징한 사건으로 알려져 있습니다. 그로부터 6년 전, 1498년에 일어난 무오사화로, 연산군은 사사건건 간섭을 일삼던 사림 세력을 거의 제거할 수 있었습니다. 잔소리할 선비들도 없어진 데다 외적의 침입도 없는 태평성대라고 생각했던 연산군은 사치와 향락에 빠지기 시작했지요. 이 때문에 국가의 재정이 바닥나게 되자 연산군은 재정 확보를 위해서 공신들에게 상으로 주었던 토지를 몰수하려 했습니다. 훈구파 공신들은 이에 반발했고 임금을 무시하는 태도를 보이기도 했습니다. 위의 양로연 사건이 바로 그런 경우였습니다.

연산군이 훈구 세력을 벼르고 있을 무렵 결정적인 계기를 제공한 사람이 있었습니다. 바로 임사홍(任士洪)입니다. 연산군은 임사홍의 주선으로 외할머니 신씨와 만났습니다. 신씨는 폐비 윤씨의 피 묻은 한삼을 연산군에게 보여주며 연산군의 어머니가 얼마나 비참하고 원통하게 죽었는지 다 말해주었지요. 이에 격분한 연산군은 어머니뻘인 성종의 후궁 두 사람을 대궐 뜰에 묶어놓고 마구 때려 죽음에 이르게 했습니다. 후궁들의 소생인 이복동생들도 귀양 보냈다가 사사했고 두 후궁의 시신은 찢어 젓을 담가 산과 들에 흩어버렸다고 합니다.

이런 일을 말리러 나온 할머니 인수대비를 연산군은 머리로 들이받았고 결국 그 충격으로 인수대비도 세상을 떠났습니다. 연산군의 복수는 여기서 끝나지 않았습니다. 1년여의 긴 시간 동안 갑자사화가 진행되면서 조정에 남아 있던 훈구 세력까지, 연산군에

■ 관리들의 위계 질서가 너무 문란해졌다고 생각한 정조는 이를 바로 잡고자 정전 앞에 품계석을 세우게 했다.

게 성가신 존재는 모두 제거되었습니다.

이로써 연산군은 무엇이든 자기 하고 싶은 대로 다 할 수 있게 되었지요. 임금과 대신들이 함께 공부하는 경연을 없애고 임금에게 간언을 하는 사간원, 홍문관 등을 없애버렸습니다. 국립대학이었던 성균관은 연회장으로, 원각사는 기생들의 집합소로, 불교 선종의 본산인 흥천사는 마구간으로 만들어버렸습니다.

이때 윤씨의 폐위와 사약을 내리는 결정에 참여했던 대신들 중에 찬성했던 사람은 물론이고 가만히 입 다물고 있었던 사람들까지 모두 처형했습니다. 이세좌는 폐비 윤씨의 폐위를 말리지 않았고 형방승지로서 윤씨에게 사약을 전하였다 하여 자살의 명을 받고 스스로 목매어 자결하였습니다.

인정전 마당에는 다른 궁궐의 정전과 마찬가지로 품계석이 서 있습니다.

그날, 정조 1년(1777) 9월 6일, 정조의 명으로 인정전 마당에 품계석이 세워졌습니다. 조하(朝賀 : 경축일에 신하가 조정에 나아가 임금에게 하례하는 일) 때의 반차(班次 : 품계와 신분의 구별)가 너무 문란해졌다고 생각한 정조는, 품계에 따라 돌을 세워 반열(班列)의 줄을 정하도록 명한 것입니다. 이는 단지 조하 때의 질서를 잡으려는 의도에 그치지 않았습니다. 정조는 관리들의 위계질서를 바로잡고 이로써 나라의 기틀을 제대로 세워보려 했던 것입니다. 다른 궁궐의 품계석도 이때 이후에 세워졌다고 합니다.

인정전은 창덕궁의 중심 전각이자 조선의 위상을 드러내는 전각이므로 2층으로 높게 지어졌습니다. 앞면 다섯 칸, 옆면 네 칸으로 경복궁 근정전보다는 조금 작은 규모입니다. 전각 앞쪽의 2단의 월대도 근정전과는 달리 난간이 설치되어 있지 않습니다. 그래서 근정전보다는 웅장한 맛이 떨어집니다. 월대에 마련된 계단에는 봉황이 새겨진 답도가 있습니다.

태종 5년(1405)에 건립된 이후 몇 차례의 화재로 인한 소실과 중건을 되풀이했던 인정전은 1907년 순종이 덕수궁에서 옮겨오면서 지금의 모습을 갖췄습니다. 그때 용마루에 오얏꽃 문양이 새겨졌고 벽돌이 깔려 있던 내부 바닥도 마루로 바뀌었습니다. 안에 있는 창문에 유리가 끼어져 있고 천장에는 전기를 사용하는 유리 샹

■ 인정전 내부. 1907년 화재 후 다시 지어진 인정전 내부에서는 유리 창문, 전기를 사용하는 샹들리에 등 현대식 설비를 볼 수 있다.

들리에가 달려 있는데 그것도 1907년의 기술에 의한 것이지요. 내부 정면에는 용상이 있고 그 뒤에 나무로 된 곡병이 둘려있으며 그 뒤로 왕을 상징하는 일월오봉병이 둘러쳐져 있습니다. 바깥에서 보면 2층이지만 안은 위아래 층이 구분되지 않은 통층이라 천장이 매우 높습니다. 화려한 무늬가 그려진 천장 중앙에는 봉황 두 마리가 목각으로 새겨져 있습니다.

인정전에서 치른 조선 왕조의 마지막 공식 행사는 한일합방 조약을 선포한 것입니다. 이미 1905년 을사늑약으로 외교권을 빼앗기고 일본의 내정 간섭을 허락한 조선은 1910년 8월 29일 '일본국 황제'에게 한국의 통치권을 끝내 양도하고 말았습니다.

그날, 순종 3년(1910) 8월 29일, 순종 황제는 다음과 같은 마

지막 교지를 내렸습니다. 이는 〈순종실록〉의 마지막이며 〈조선왕
조실록〉의 마지막 기사가 되었습니다.

"짐이 부덕으로 어렵고도 막중한 업을 이어받아 임금이 된 이후 오
늘에 이르도록 법령들과 나라의 질서를 새롭게 하고자 여러 차례 힘
썼지만, 원래 허약한 것이 쌓여서 고질이 되고 피폐가 극도에 이르러
만회할 시책을 행할 가망이 없고 뒷감당할 대책이 망연하다. 이를 맡
아서 해결에서 더욱 멀어지면 끝내는 저절로 수습할 수 없는 데 이를
것이니 차라리 대임(大任)을 남에게 맡겨서 완전하게 할 방법을 찾고
혁신의 효과를 얻게 함만 못하다. 그러므로 짐이 이에 결연히 스스로
반성하고 확연히 결단을 내려 이에 한국의 통치권을 종전부터 친근
하게 믿고 의지하던 이웃 나라 대일본 황제 폐하에게 양여하여 밖으
로 동양의 평화를 공고히 하고 안으로 온 나라의 민생을 보전하게 하
니 그대들 대소 신민들은 나라의 정세와 세상 돌아가는 상황을 깊이
살펴서 번거롭게 소란을 일으키지 말고 각각 그 직업에 안주하여 일
본 제국의 문명한 새 정치에 복종하여 행복을 함께 받으라. 짐의 오
늘의 이 조치는 그대들 민중을 잊음이 아니라 참으로 그대들 민중을
구원하려고 하는 지극한 뜻에서 나온 것이니 그대들 신민들은 짐의
이 뜻을 능히 헤아리라."

— 〈순종실록〉 1910년 8월 29일

인정전을 바라볼 때 왼쪽 행각에는 향실(香室)이 있습니다. 향
실에서는 궁중 제사에서 쓰는 축문과 향을 관리했습니다. 충의

(忠義)라고 불리던 향실의 책임자는 공신의 자손이나 왕족 중에 선발했습니다.

향실 맞은편에 있는 광범문(光範門)은 인정전의 동문입니다. 광범문을 나서면 오른쪽으로는 숙장문이, 왼쪽으로는 선정문(宣政門)이 보입니다. 선정문은 선정전(宣政殿)으로 들어가는 문입니다. 선정문에서부터 복도각으로 이어진 건물이 바로 선정전입니다. 정치를 베푼다는 뜻의 '선정'에서 알 수 있듯이 선정전은 임금이 대신들과 정치를 논하던 편전입니다.

경복궁의 편전이나 대전, 중궁전 등 주요 전각들은 모두 정전인 근정전 뒤에 한 줄로 이어져 있습니다. 그런데 창덕궁의 주요 전각들은 완만한 대각선을 그리듯 옆으로 나가며 조금씩 뒤로 물러나 있습니다. 본래의 지형을 훼손하지 않고 지었기 때문에 이뤄진

■ 창덕궁의 편전인 선정전에는 궁궐에서는 유일하게 청기와가 올려 있다.

배치입니다. 다만 선정전이 궐내에서 중요한 전각임을 표시하기 위해 지붕에 청기와를 올렸습니다. 청기와는 당시로는 대단히 비싼 자재였지요. 연산군은 인정전까지 청기와로 덮으려 했지만 반정으로 밀려나는 바람에 이를 실현하지 못했습니다.

선정전 내부에는 어좌가 있고 그 뒤에는 작은 규모의 일월오봉병이 둘러쳐져 있습니다. 인정전보다는 훨씬 좁지만 마루가 깔려 있어 대신들이 앉아서 정무를 볼 수 있었습니다.

제13대 임금인 명종 때 문정왕후는 이곳 선정전에서 수렴청정을 했습니다. 인종에 이어 12세에 임금의 자리에 오른 명종은 9년 동안 어머니의 수렴청정을 받아야 했습니다. 이때 실권은 문정왕후의 동생 윤원형이 쥐고 있었습니다. 명종은 문정왕후의 횡포에 시달려야 했고 백성들은 윤원형 일파의 부정부패에 신음해야 했습니다.

당시 사람들은 인종의 외숙인 윤임과 그 주변 인물들을 대윤으로, 윤원형 일파를 소윤이라 불렀습니다. 그런데 윤원형은 조카 명종이 즉위하자마자 대윤 일파를 대대적으로 숙청했습니다. 조선 4대 사화 중 하나인 을사사화(乙巳士禍, 1545년)가 일어난 것입니다. 나라는 혼란한데 임금의 권위는 땅에 떨어지고 신하들은 자신들의 욕심을 채우기에 바빴습니다. 민심이 어수선해진데다 흉년까지 겹쳐 도적 떼가 백성들을 괴롭히게 되었습니다. 이때 조선 3대 도적 중 하나인 임꺽정이 나타났는데 백성들이 관군보다 임꺽정의 편을 들 정도로 정부에 대한 신뢰가 떨어져 있었습니다.

그날, 명종 8년(1553) 7월 12일, 문정왕후가 수렴청정에서 물러났습니다. 문정왕후는 선정전에 나아가 발을 내리고 대신과 만났습니다. 그 자리에서 수렴청정을 거둔다는 발표를 한 것이지요. 명종과 대신들이 수차례에 걸쳐 만류하자 문정왕후는, 정희왕후(貞憙王后 : 세조비)는 8년 만에 물러났는데, 자신은 9년이나 되었으니 너무 늦은 것이라며, "지금 주상이 나이가 장성하고 학문이 성취되어 모든 기무를 맡을 수 있으니, 내가 주상에게 정치를 돌려주고 물러나 천수(天壽)를 마침이 순리이다"라고 논의를 끝냈습니다.

선정문으로 다시 나와 왼쪽을 보면 희정당(熙政堂)이 보입니다. 화평하고 즐거운 정치라는 뜻에 맞게 희정당은 임금이 정무를 보던 공간입니다. 그런데 선정전과 달리 '당'이라는 이름이 붙은 것으로 보아 희정당은 선정전보다는 조금 더 편안하게 일을 보던 곳이라 짐작됩니다. 선정문 바깥쪽에서 보이는, 일반적으로 희정당이라 불리는 건물은 희정당 앞 행각입니다. 그 행각을 지나면 마당이 나오는데 그 마당 안에 있는 건물이 희정당입니다.

지금의 희정당은 1917년 대화재 이후 경복궁의 강녕전을 옮겨지은 것입니다. 강녕전에는 용마루가 없었는데 희정당에는 용마루를 만들어 얹었습니다. 앞쪽 행각 정문은 서양식 현관처럼 만들어졌는데 그것도 이 무렵 왕실의 자동차가 접근할 수 있도록 변형한 것입니다.

희정당은 세자궁으로 이용되기도 했습니다. 숙종도 세자 때 희

■ 희정당 앞 행각 정문은 왕실의 자동차가 접근할 수 있도록 서양식 현관처럼 조성되었다.

정당에 살았고 순조의 아들 효명세자도 희정당과 인연이 깊은 인
물입니다.

그날, 순조 12년(1812) 7월 6일, 효명세자는 희정당에서 살게
되었습니다. 순조 27년(1827) 2월 9일에 그는 역시 희정당에서 대
리청정의 명을 받았으며 3년 뒤에는 22세의 젊은 나이로 이곳에
서 세상을 떠났습니다.

그날, 철종이 즉위식을 가진 1849년 6월 9일에는 대왕대비였
던 순원왕후(순조비)가 이곳 희정당에서 대신들을 만나 철종의 학
업을 증진시키는 문제에 대해 의논하였습니다. 순원왕후는, "백

성을 사랑하고 부지런히 배우며 근검절약할 것과 군신들을 예우하고 대신을 공경할 것 등 여러 조목으로 먼저 잘 가르치고 타이르며 여러 대신을 불러 방청케 하는 것이니, 주상께서 후일 일거일동이라도 이 훈계에 어긋난 바 있으면 대신들은 모름지기 오늘 내가 한 말로 꾸짖고 비난함이 옳을 것이오"라고 대신들에게 당부했습니다.

제25대 임금 철종은 사도세자와 숙빈 임씨 사이에 태어난 세 아들 중 한 명인 은언군의 손자입니다. 정조가 세손이 된 후, 그가 임금의 자리에 오르는 것을 막으려던 세력은 사도세자의 서자 세 명 중 한 사람을 새 후계자로 추대하려 했지요. 그러나 이 일이 발각되어 막내 은전군은 자결하고 제주도에 유배되었던 은신군은 병으로 죽었습니다. 강화도로 유배되었던 은언군에게도 아들이 셋 있었는데 큰아들 상계군도 모반죄로 몰려 자살하였습니다. 은언군 부부와 며느리까지 사사되고 손자 원경은 또 다른 역모에 연루되어 사사되었습니다. 원경의 동생 원범이 바로 강화도령 철종입니다.

주변 사람들이 짓지도 않은 죄에 연루되어 죽어가는 것을 본 원범은 공부에 뜻을 두지 않고 강화도에서 농사를 지으며 숨어 살았습니다. 그러다 헌종이 세상을 떠난 이틀 후 그 뒤를 이으라는 순원왕후의 교지를 받았습니다. 창덕궁으로 불려온 원범은 덕완군으로 봉해지고 그 다음날 희정당에서 관례를 치른 후 인정문에서 즉위하였습니다. 그때 그의 나이 19세였지만 학문을 연마한 적이 없다는 이유로 순원왕후가 2년 동안 수렴청정을 했습니다.

철종이 21세 되던 1851년 순원왕후는 자신의 집안인 안동 김씨의 규수를 왕비로 들였습니다. 14년 6개월 동안 임금의 자리에 있으면서 철종이 한 일은 별로 없지만 안동 김씨 집안의 사위로서 그 집안이 세도 정치를 펼칠 수 있는 터전은 확실하게 마련해준 셈입니다. 선정전과 희정당 사이에 있는 문으로 들어서면 희정당 뒤편으로 들어갈 수 있습니다. 뒤편에서 희정당 내부를 들여다 볼 수 있습니다. 희정당 내부에는 빨간 카펫이 깔려 있고 순종 때 쓰던 탁자와 의자 등 서양식 가구들이 놓여 있습니다.

희정당 뒤쪽에는 대조전으로 들어가는 선평문(宣平門)이 있습니다. '선평'은 화평을 세상에 펼친다는 뜻입니다. 왕비에게 가장 중요한 일은 궁궐 안의 평화를 도모하는 것이었겠지요. 선평문에는 두 짝의 무거운 대문이 아닌 접이문이 달려 있습니다. 여자들이 사는 공간이라 열고 닫기 편하게 배려하여 가볍게 만든 것입니다.

선평문으로 들어서면 대조전(大造殿)이 있습니다. 대조전은 임금과 왕비의 침전이며 왕비가 정치를 하는 곳입니다. 대조전의 '대조'는 큰 것을 만든다는 뜻인데 그 '큰 것'은 임금의 자리를 이어갈 왕자를 말하는 것입니다. 임금은 여러 후궁을 둘 수 있었고 그 소생도 많았지만 가장 중요한 자식은 왕비가 낳은 적자였습니다. 적장자가 임금의 자리를 계승하면 여러 가지 잡음에 의한 에너지 낭비를 줄일 수 있었지요. 그러니 대조전은 왕실에서 가장 중요한 건물이 아닐 수 없었습니다.

대조전에서는 적자만이 태어날 수 있었습니다. 후궁은 자신의

■ 대조전의 정문 선평문. 두 짝
의 육중한 대문 대신, 여자들
이 열고 닫기 편하도록 접이문
이 달려 있다.

처소에서 출산했기 때문입니다. 익종으로 추존된 효명세자가 대
조전에서 탄생했고 성종, 인조, 효종, 철종, 순종은 이곳에서 세
상을 떠났습니다.

　원래의 대조전은 1917년 화재 때 소실되었고 1920년 대조전을
복구할 때 경복궁의 중궁전인 교태전을 헐어다 지금의 대조전을
지었습니다. 그런데 교태전에는 월대가 없었으므로 대조전 앞 월
대는 원래부터 있던 시설입니다. 대조전도 다른 궁궐의 중궁전과
마찬가지로 지붕에 용마루가 없습니다.

　대조전 내부에는 대청마루를 중심으로 양옆으로 온돌방이 있습
니다. 들어가는 방향에서 볼 때 왼쪽 방은 서온돌로서 왕비의 침

■ 창덕궁의 중궁전인 대조전. 조선의 마지막 황후인 순정효황후가 사용하던 서양식 침대와 자개로
장식된 가구가 놓여 있다.

실이, 오른쪽 방은 동온돌로서 임금과 합방할 때 쓰는 침실이었습니다. 쪽널마루가 깔린 대청에는 자개로 장식된 의자가 놓여 있고 왕비의 침실에는 용이 조각된 서양식 침대가 있습니다. 이 침대는 마지막 황후인 순정효황후(순종비)가 사용했던 것입니다.

대조전 앞에 서서 봤을 때 왼쪽에 날개처럼 붙은 익각은 융경헌(隆慶軒 : 경사가 풍성해진다는 뜻)이고 오른쪽 익각은 흥복헌(興福軒)입니다. '흥복'은 복을 일으킨다는 뜻이지만 이곳에서는 비극적 사건이 일어났습니다. 여기가 순종의 주재로 마지막 어전회의가 열린 곳이지요. 1905년 을사늑약이 맺어지고 이의 부당함을 다른 나라에 호소하려던 고종은 1907년 강제 퇴위를 당했습니다. 새 황제로 즉위한 순종은 덕수궁에서 창덕궁으로 옮겨지고 순정효황후의 처소인 대조전에 갇혀 살았습니다.

그날, 순종 3년(1910) 8월 22일, 일본에 의해 미리 만들어진 '한일합병조약'을 최종 승인하고 이를 실행토록 내각에 위임하는 어전회의가 흥복헌에서 열렸습니다. 이 회의는 내각의 총리대신 이완용, 내부대신 박제순, 농상공부대신 조중응, 법무대신 이제곤 등의 국무대신 외에 황족 대표자 및 문무 원로의 대표자들이 참석한 가운데 일사천리로 진행되었지요.

한일합병조약의 주요 내용은 "제1조 한국 황제 폐하는 한국 전부에 관한 일체 통치권을 완전히 또 영구히 일본 황제 폐하에게 양여한다. 제2조 일본국 황제 폐하는 전조에 게재한 양여를 수락하고 또 완전히 한국을 일본 제국에 병합하는 것을 승낙한다"라는 것

■ 대조전의 익각인 흥복헌. 이곳에서 한일합병조약을 승인하는 조선의 마지막 어전회의가 열렸다. 마지막 황제 순종이 세상을 떠난 곳이기도 하다.

이었습니다. 순종은 총리대신 이완용(李完用)을 전권위원으로 임명하고 기타 구체적인 내용에 대해서는 일본 통감 데라우치 마사타케[寺內正毅]와 상의해서 결정하도록 하였습니다.

　한 시간여에 걸친 어전회의를 병풍 뒤에 숨어서 지켜본 순정효황후는 이완용에게 옥새를 내주지 않으려고 치마폭에 감췄답니다. 하지만 결국 황후는 삼촌인 윤덕영(尹德榮)에게 옥새를 빼앗기고 말았지요. 옥새를 받아들고 흥복헌을 나온 이완용은 남산 밑 예장동에 위치한 조선통감 관저로 달려가 데라우치와 함께 '한일합병조약'에 서명 날인하였습니다. 이 조약은 8월 29일 선포되었고 대한제국은 그로써 막을 내리게 되었습니다.

　마지막 황제 순종은 1926년 4월 25일 이곳 흥복헌에서 세상을 떠났습니다.

흥복헌과 마주한 대조전의 행각은 양심합(養心閤)입니다. 양심합을 가장 즐겨 사용한 임금은 현종입니다. 제18대 임금 현종은 이곳에서 경연도 열고 아플 때는 침을 맞기도 했으며 그 앞에서 친국을 행하기도 했습니다.

그날, 현종 15년(1674) 8월 18일에 현종이 양심합에서 세상을 떠났습니다. 현종은 효종과 인선왕후의 적자로 태어났습니다. 현종은 조선의 임금 중 유일하게 외국에서 태어난 임금입니다. 효종이 봉림대군 시절 청나라에 볼모로 끌려가 선양에서 현종을 낳았기 때문입니다. 현종 때는 외적의 침략도 없었고 사회도 안정된 상태라 비교적 평화로운 시절이었습니다. 그런데 너무 평화로웠기 때문이었을까요? 현종은 재위 15년 동안 예송 논쟁이라는, 얼핏 보면 무의미해 보이는 문제에 내내 시달려야 했습니다.

예송 논쟁은 현종이 즉위하자마자 시작되었습니다. 효종의 장례를 치르면서 인조의 계비인 자의대비(장렬왕후)의 상복 입는 기간이 문제로 떠올랐기 때문입니다. 효종은 자의대비에게는 차남입니다. 하지만 임금이었으므로 여느 차남과는 다른 존재였지요. 송시열 등 서인들은 효종이 차남이므로 당연히 1년 동안 상복을 입는 기년상이어야 한다고 주장했습니다. 그러나 남인들은 효종이 왕위를 계승했기 때문에 장남이나 다름없으므로 자의대비가 3년상을 입어야 한다고 주장했습니다. 문제가 정쟁으로 발전되자 현종은 기년상으로 확정하며 더 이상 거론하지 말라고 엄명을 내렸습니다. 이것이 제1차 예송 논쟁입니다.

그런데 효종비 인선왕후가 세상을 떠나면서 제2차 예송 논쟁이 시작되었습니다. 서인들은 인선왕후가 자의대비의 둘째며느리임을 강조하며 9개월 동안 상복을 입는 대공설을 주장하였습니다. 남인들은 인선왕후가 왕비였기 때문에 1년상을 지켜야 한다는 기년설을 내세웠습니다. 현종은 이번에는 남인의 손을 들어주었습니다. 1차 논쟁 때는 현종의 왕권이 아직 미약한 때라 당시 막강한 세력을 발휘하던 송시열의 말을 들어주었습니다. 하지만 2차 논쟁 때는 자신의 아버지가 차남임을 강조하여 정통성에 흠집을 내는 서인들을 용서할 수 없었지요. 송시열은 유배되었고 서인들은 실각했습니다. 제2차 예송 논쟁이 일어난 것이 현종이 세상을 떠난 1674년이었으니까 정말 현종의 재위는 예송 논쟁으로 시작해 예송 논쟁으로 끝난 셈입니다.

이곳 양심합은 순조의 어머니 수빈 박씨의 거처였으며 순조의 비 순원왕후와 정조의 후궁이었으며 홍국영의 동생이었던 원빈 홍씨가 세상을 떠난 장소이기도 합니다.

다시 선평문을 나와 희정당과 대조전을 잇는 복도각 아래를 지나 왼쪽으로 가면 여춘문(麗春門)이 있습니다. 아름다운 봄이라는 뜻의 이름을 가진 이 문을 지나면 정면에 후원으로 통하는 아름다운 화계가 있습니다. 화계 위 굳게 닫힌 아치형의 천장문(天章門) 너머에는 가정당(嘉靖堂)이 있습니다. '가정'은 아름답고 편하다는 뜻입니다. 가정당은 원래 덕수궁에 있던 건물로, 1904년 덕수궁 대화재 때 소실되지 않고 온전하게 남은 몇 안 되는 건물 중 하나였습니다. 그런데 일제강점기에 이곳으로 옮겨져 일본 사람들의

■ 대조전 뒷마당으로 들어가는 여춘문(왼쪽)과 그 안에 있는 청향각의 굴뚝(오른쪽).

파티 장소로 사용되었다고 합니다.

화계 앞에서 왼쪽으로 돌아서면 청향각(淸香閣)이 있고 그 앞에 벽돌로 쌓은 화려한 굴뚝이 서 있습니다. 굴뚝에는 토끼 문양도 있는데, 토끼가 사는 달과 같은 신선의 세계에서 걱정 없이 살고 싶은 소망을 표현한 것입니다. '청향'은 맑고 향기롭다는 뜻입니다.

굴뚝 맞은편 누각 모양의 건물은 함원전(含元殿)입니다. 근원을 포함하고 있다는 뜻의 이름을 가진 함원전은 원래 경복궁 교태전의 부속 건물이었는데 1917년 창덕궁 재건 때 경복궁에서 뜯어다 창덕궁 대조전 옆에 덧대어 지은 것입니다. 함원전에는 누마루가 설치되어 모양은 오히려 경복궁 교태전 뒤에 있는 건순각과 같아 보입니다. 함원전 누마루 앞쪽으로 화계가 펼쳐져 있습니다. 경복궁

아미산만큼 공을 들이지는 않았지만 대조전에서 벗어날 수 없었던 왕비의 답답함을 덜어주고자 하는 배려가 담겨 있는 공간입니다.

함원전을 지나면 경훈각(景薰閣) 뒤쪽으로 통합니다. '경훈'은 경치가 훈훈하다는 뜻입니다. 경훈각은 원래 2층 건물로 아래층은 경훈각, 2층 누각은 징광루(澄光樓)라고 불렸습니다. 그런데 1917년 화재 후 경복궁 자경전 북쪽에 있던 만경전(萬慶殿)을 헐어다가 단층으로 지어놓았습니다. 그래서 이름만 경훈각일 뿐이지 원래의 모습은 전혀 찾아볼 수 없습니다.

경훈각은 선조가 명나라 신종에게 받은 망의(蟒衣 : 관복)와 명나라 마지막 황제인 의종의 어필을 보관했던 곳입니다. 명나라가 망한 후에도 명나라에 대한 미련을 버리지 못했던 조선의 입장에서 보면 이곳 경훈각은 경건하게 지켜져야 하는 공간이었습니다.

그날, 숙종 30년(1704) 3월 19일, 의종의 제사가 거행되었습니다. 이미 망해버린 남의 나라 황제의 제사였지만 당시에는 형식적인 행사가 아니었던 듯합니다. 제사를 다 지낸 숙종이 오열을 참지 못하니 주변에 있던 대신들도 감격하여 슬퍼하지 않는 사람이 없었다는 기록이 있으니 말입니다.

경훈각 뒤편 모서리 부분에는 작은 여닫이문이 있는데

■ 경훈각 뒤편 모서리에 있는 이 문 안에 임금이나 왕비의 변기 매화틀이 있었다. 의관들은 매화틀의 용변 상태로 임금이나 왕비의 건강을 살폈다.

■ 창덕궁의 수라간은 1920년대까지 사용된 서양식 부엌이다.

이 문 안에는 이동식 변기인 매화틀이 있었습니다. 임금이나 왕비가 용변을 본 매화틀은 바퀴 달린 작은 수레에 담아 끌어냈는데 담당 궁녀나 내의원 의관이 그 용변을 보고 임금이나 왕비의 건강을 살폈지요.

경훈각에서 복도각을 지나오면 1920년대까지 사용된 수라간이 있습니다. 수라간은 서양식 부엌으로 꾸며져 있습니다. 수라간 옆을 지나 왼쪽에 경극문(慶極門)이 있습니다. '경극'은 경사로움이 지극하다는 뜻입니다. 경극문을 지나 바로 오른쪽 건물 안에 화덕 같은 것이 설치되어 있습니다. 그곳은 소주방으로, 수라간에서 만든 음식을 내가기 전에 다시 덥히는 곳입니다. 화덕에 숯불을 피우고 음식을 덥혔던 것이지요.

소주방을 지나면 다시 대조전 앞뜰입니다. 선평문으로 나와 마주 보이는 복도각 밑에서 오른쪽으로 가면 희정당 옆을 지나게 됩

■ 세자의 교육을 위한 장소인 성정각 일대. 이곳에는 이름에 '어질 현(賢)' 자가 들어간 문이 유난히 많다.

니다. 희정당 앞마당으로 들어갈 수는 없지만 높지 않은 울타리 너머로 희정당 앞면과 현판을 볼 수 있습니다.

희정당 옆을 지나쳐 문을 나서서 왼쪽에 있는 담을 끼고 돌면 영현문(迎賢門)이 있습니다. 여기서부터 동궁 일원이 펼쳐집니다. 영현문에 들어서서 정면에 보이는 건물은 성정각(誠正閣)입니다. '성정'은 올바른 것을 공경한다는 뜻으로, 성정각은 세자의 교육을 위한 장소였습니다. 성정각에는 영현문을 비롯하여 인현문(引賢門)과 자시문(資始門), 대현문(待賢門)과 친현문(親賢門) 등 여러 문이 있습니다. 문 이름에 유난히 '어질 현(賢) 자를 많이 쓴 데는 동궁에

■ 성정각의 보춘정. 보춘정의 옆면에는 희우루라는 현판이 붙어 있다.

머무는 세자가 어진 신하를 만나기 바라는 뜻이 담겨 있습니다.

그날, 순조 13년(1813) 4월 3일에는 효명세자가 성정각에서 사부와 빈객에 대한 상견례를 행하였습니다. 순조는 "서연(書筵 : 왕세자에게 글을 강론하던 곳)의 처소는 내일부터 관물헌(觀物軒)으로 정하고, 책자는 〈천자문(千字文)〉으로 정하라"라고 명하였습니다. 효명세자가 1809년생이니 이때 세자는 5세였습니다. 이제 막 공부를 시작할 나이였으니 선생님들을 처음 만나 인사하고 《천자문》으로 교재를 삼는 것이 당연했겠지요.

지금 성정각에는 전각 이름이 걸려 있지 않습니다. 오히려 성정각 행각에 '보호성궁(保護聖躬 : 임금의 옥체를 보호함) 조화어약(調和御藥 : 임금의 약을 조절함)'이라는 현판이 걸려 있습니다. 마당에 있는, 약재를 다루던 돌절구와 함께 1920년 이후 이곳이 내의원으로 사용되었던 흔적입니다.

성정각 오른쪽에는 누각이 있는데 이 누각은 현판을 두 개 달고 있습니다. 성정각 쪽에는 보춘정(報春亭), 옆면으로 돌아보면 희우루(喜雨樓)라고 쓰여 있습니다. '보춘'은 봄을 알린다는 뜻이고 '희우'는 가뭄 끝에 오는 반가운 비라는 뜻입니다. 두 이름 모두 당시가 농경 사회였음을 잘 드러내고 있습니다. 봄은 바야흐로 혹독한 추위가 물러가고 농사를 지을 수 있는 계절입니다. 그러니 봄소식은 반가운 소식이겠지요. 또 비가 적절하게 와줘야 농사를 지을 수 있으니 비를 기다리는 것은 임금이나 농사꾼이나 다를 바가 없었습니다.

누각 뒤편에 있는 건물은 관물헌(觀物軒)입니다. 지금 집희(緝熙)라는 현판이 걸려 있습니다. '관물'은 사물을 관찰한다는 뜻이고, '집희'는 계승하여 밝힌다는 뜻입니다. 선대 왕의 덕을 계승하여 밝은 정치를 베풀고자하는 염원이 담겨 있습니다. 이 현판은 '甲子元年(갑자 원년)'에 쓴 어필로, 1864년 13세였던 고종이 쓴 것으로 추측됩니다. 관물헌은 순종이 태어난 곳이기도 합니다.

그날, 고종 11년(1874) 2월 8일 묘시에 명성황후로부터 아들을 얻은 고종은 다음과 같이 전교하였습니다.

"하늘이 종묘사직을 도와 원자가 태어났으니, 이것은 사실 우리나라의 더없는 경사이다. 자전(慈殿 : 신정왕후)의 기쁨이 비길 데 없을 것이니, 이레째 되는 날에 대왕대비전에 직접 치사(致詞 : 축하의 말), 전문(箋文 : 신하가 기념일에 맞추어 축하하는 목적으로 올리는 글)을 올리겠다. 그리고 이어 전(殿)에 나아가 진하(陳賀 : 신하들의 축하)를 받겠다. 온 나라가 함께 기뻐하는 때에 뜻을 표시하는 조치가 없어서는 안 될 것이니 죄가 가벼운 죄수는 우선 풀어 주라. ……"

— 〈고종실록〉 1874년 2월 8일

관물헌은 고종에게 비할 데 없는 기쁨을 안겨준 장소이면서 또한 변란을 겪게 한 장소이기도 합니다. 이곳은 갑신정변 후 3일 동안 고종이 개화파와 함께 있던 곳이기 때문입니다.

그날, 고종 21년(1884) 10월 17일 밤, 우정국에서 낙성식 연회가 있었습니다. 연회가 끝나갈 무렵에 담장 밖에서 불길이 일어나는 것이 보여서 연회에 참가했던 민영익(閔泳翊)이 불을 끄려고 밖으로 나갔다가 괴한들의 칼을 맞고 대청으로 돌아와서 쓰러졌습니다. 자리에 있던 사람들이 놀라서 흩어지자 김옥균(金玉均)·박영효(朴泳孝)·서광범(徐光範)·서재필(徐載弼) 등 개화파가 궐내 침전에 가서 임금에게 사대당과 청국군이 변을 일으켰다고 속이고 경우궁(景祐宮 : 정조의 후궁이었던 수빈 박씨의 사당)으로 피할 것을 청했습니다. 경우궁은 규모가 작아 수비하기 쉬울 것이라고 생각했기 때문이지요.

개화파는 청나라에 의존한 수구 세력을 없애고 개화 정권을 수립하려고 했습니다. 고종은 그 다음 날 창덕궁으로 돌아왔는데 그때 들어간 처소가 관물헌이었습니다. 고종은 개화파와 함께 관물헌에서 국정 혁신을 논의하여 14개조의 혁신 정강을 만들었습니다.

그런데 명성황후 측에서 청나라의 위안스카이에게 도와달라는 편지를 보냈고 혁신 정강을 공표하기도 전에 청나라와 조선의 연합군이 창덕궁을 공격하였습니다. 개화파를 도와주기로 약속한 일본 군대는 물러나버리고 고종도 명성황후가 있는 북묘(北廟)로 가버렸습니다. 이로써 개화파의 집권은 3일 만에 끝났습니다.

관물헌을 보고 섰을 때 오른쪽에 있는 문으로 나서면 후원 입구와 창경궁으로 통하는 함양문(涵養門)이 보입니다. 문을 나와 맞은편에 보이는 건물들은 왼쪽부터 칠분서(七分序), 삼삼와(三三窩), 승화루(承華樓)입니다. 이 건물들은 지금은 사라진 중희당(重熙堂)의 부속 건물이었습니다. 후원과 창경궁으로 통하는 길목에 있던 중희당은 정조가 후궁인 의빈 성씨로부터 얻은 첫 아들 문효세자(文孝世子)를 위해 지은 전각이었습니다.

그날, 정조 8년(1784) 8월 2일, 정조는 중희당에서 문효세자의 책봉 예식을 거행하였습니다. 문효세자는 당시 3세였습니다. 부왕의 기대와 사랑을 한 몸에 받았던 문효세자는 안타깝게도 다섯 살의 어린 나이로 세상을 떠나고 말았습니다. 정조는 4년 후, 수빈 박씨에게서 다시 아들을 얻었습니다. 그런데 훗날 순조가 되는 이 아들을 위해서는 중희당을 활용하지 못했습니다. 순조는 11

■ 사라진 중희당의 부속 건물인 칠분서와 삼삼와. 칠분서는 중희당의 복도각이고 삼삼와는 육각 지
  붕의 정자이다

■낙선재 일대. 이곳에는 낙선재와 석복헌, 수강재, 그리고 그에 딸린 정자들이 모여 있다.

세에 창경궁 집복헌에서 세자로 책봉되었고 그로부터 두 달 후 세상을 떠난 정조에 이어 임금의 자리에 올랐습니다. 그래서 순조는 중희당에서 세자 교육을 받을 여유가 없었던 것입니다.

중희당이 다시 역사에 나타난 것은 순조의 아들 효명세자가 대리청정을 하면서부터였습니다. 중희당을 세자의 대리청정 장소로 삼았지만 3년 만에 효명세자도 세상을 떠났습니다. 이후 중희당은 임금들의 편전으로 사용되기도 했습니다. 1863년 12월 8일 신정왕후가 중희당에서 고종을 철종의 후계자로 발표했고 고종은 이곳에서 관례와 혼례를 치렀습니다.

칠분서는 중희당에서 이어진 복도각이었고 삼삼와는 육각 지붕의 정자입니다. 삼삼와를 이구와(貳口窩)라고도 부르는데 이는 출입구가 두 개인 집이라는 뜻입니다. 정자가 양쪽 복도각으로 뚫려 있기 때문에 붙은 이름이지요. 삼삼와에 이어진 복도 끝에는 승화

루가 있습니다. '승화'는 아름다운 것을 받든다는 뜻입니다. 2층 누각인 승화루는 소주합루(小宙合樓)라고도 불렸습니다. 이곳을 소주합루라고 불렀던 것을 보면 승화루도 후원의 주합루와 마찬가지로 임금과 관련된 책과 서화를 보관하고 세자가 공부하던 장소라고 추측할 수 있지요.

승화루를 지나쳐 오른쪽 길로 내려서면 낙선재(樂善齋)가 있습니다. 낙선재는 건물 하나의 이름이지만 그 옆의 석복헌, 수강재, 그리고 그에 딸린 부속 건물들을 통틀어 낙선재라고 부릅니다. 선함을 즐기는 집 낙선재는 헌종이 경빈 김씨를 위해 지은 집입니다.

제24대 임금 헌종은 순조의 손자이자 후에 익종으로 추존된 효명세자와 신정왕후의 장남입니다. 헌종은 4세에 아버지 효명세자를 여의고, 그 해 세손에 책봉되었다가 순조가 세상을 떠나자 임금의 자리에 올랐습니다. 이때 헌종의 나이 8세였습니다. 할머니 순원왕후의 수렴청정을 받던 헌종은 15세부터 친정을 하였습니다. 그러자 이번에는 어머니 신정왕후의 입김이 세어졌습니다. 할머니와 자신의 아내 효현왕후의 안동 김씨 가문과 어머니의 풍양 조씨 가문의 세도 정치에 헌종은 숨도 제대로 쉴 수 없었습니다. 권력 다툼에 빠진 두 가문은 민생은 안중에도 두지 않았기에 사회는 혼란에 빠졌습니다.

헌종이 재위한 15년 동안 9년에 걸쳐 수재가 일어났고 국가 재정의 기반인 삼정이 문란해져 백성들의 고통은 이루 말할 수 없이 커졌습니다. 삼정이란 전정, 군정, 환곡을 말하는데 당시 백성들이 내야 할 세금이라 할 수 있습니다. 탐관오리들이 제멋대로 문서를 조작하거나 말도 안 되는 원칙을 내세워 백성들을 착취하면서 삼정이 문란해진 것입니다. 하지만 헌종은 세도 정치에 휩쓸려 큰 소리 한번을 못 내보고 1849년 23세에 세상을 떠났습니다.

헌종은, 효현왕후가 16세의 나이로 갑자기 세상을 떠나자 이듬해 익풍부원군 홍재룡의 딸을 계비로 맞이하였습니다. 이 왕비가 효정왕후입니다. 그런데 헌종은 계비 간택에 직접 참여했다가 후보자로 나온 한 아가씨(훗날의 경빈 김씨)를 마음에 두게 되었지요. 그러나 결정권자인 할머니 순원왕후는 다른 사람을 최종 간택하였습니다. 3년 후, 헌종은 효정왕후가 아이를 낳지 못한다는 이유로 경빈 김씨를 후궁으로 맞아들였습니다. 헌종이 경빈 김씨를 얼마나 총애했는지 간택 후궁은 종2품 숙의로 책봉하는 관례를 무시하고 경빈 김씨를 바로 정1품 빈에 책봉하고, 그녀와 함께 지낼 별궁 낙선재를 지은 것입니다.

■ 낙선재(위)와 석복헌(아래). 영조의 검소함을 본받으려 했던 헌종은 낙선재를 새로 지으면서 화려한 단청을 하지 않았다.

낙선재의 정문은 장락문(長樂門)입니다. 즐거움이 오래 가기 바라는 마음을 담은 이름입니다. 커다란 현판 글씨는 흥선대원군의 친필입니다. 낙선재에는 단청을 하지 않았습니다. 헌종은 영조의 검소함을 칭송하면서 자신도 그와 같은 삶을 살고자 노력했습니다. 그래서 새로 짓는 건물에 화려한 단청을 하지 않았다고 하지요. 낙선재의 누마루 밑에는 방화벽이 설치되어 있습니다. 이 방화벽에는 얼음이 깨지는 듯한 문양이 새겨져 있는데 이는 불을 막는 얼음을 상징한 것입니다.

낙선재 옆에 붙은 석복헌(錫福軒)은 경빈 김씨가 지내던 곳입니다. '석복'은 복이 견고하다는 뜻입니다. 헌종은 세상을 떠나기 전 2년 동안 낙선재에 머물면서 경빈 김씨와 함께 그림과 글씨를 즐기며 지냈다고 하지요. 석복헌 옆의 수강재(壽康齋)는 할머니 순원왕후의 육순을 맞아 대왕대비 처소로 고쳐 지은 집입니다. '수강'이란 장수와 강녕을 뜻합니다.

낙선재는 대한제국 황실의 최후를 함께 한 장소입니다. 1876년 경복궁에 큰 화재가 나서 창덕궁으로 이어한 고종은 중희당에서 주로 집무를 했고 가까운 낙선재를 편전으로 사용했습니다. 마지막 황제 순종도 일제에게 국권을 빼앗긴 후에는 주로 낙선재에서 살았습니다. 또 이곳에서는 순종의 비인 순정효황후와 순종의 동생 영친왕의 비 이방자(李方子) 여사가, 수강재에서는 마지막 황녀인 덕혜옹주(고종의 외동딸)가 세상을 떠났습니다.

낙선재 일대의 각 건물 뒤에는 아름다운 화계와 장식한 굴뚝이 있고 각각 별도의 후원이 딸려 있습니다. 낙선재의 후원은 승화루

■ 낙선재 후원에 있는 상량정. 상량정이 피서를 위한 공간 이었음을 이름으로 짐작할 수 있다.

후원과 연결되어 있는데 두 건물의 후원을 나누는 경계는 꽃담과 만월문(滿月門)입니다. 꽃담은 벽돌로 꽃과 글자 등 여러 가지 문 양을 수놓아 만든 담이고 만월문은 보름달처럼 입구가 둥글다 하 여 붙여진 이름입니다.

낙선재 후원에는 상량정(上凉亭)이라는 정자가 있습니다. 육각 지붕의 정자로 원래 이름은 평원루(平遠樓)였는데 일제강점기에 이 름이 바뀌었습니다. '평원'은 먼 곳과 가까이 지낸다는 뜻입니다. 일본에게는 이 의미가 곱게 받아들여지지 않았겠지요. '상량'은 서 늘한 높은 곳이라는 뜻으로, 이곳이 피서를 위한 공간이었음을 짐 작할 수 있습니다. 상량정 뒤편에 긴 행랑이 있는데 헌종이 수집

■ 낙선재 앞 숲 속에 있는 사각정. 궁궐 안에서 초상이 났을 때 재궁을 모시던 건물이다.

한 서화를 보관했던 곳이라고 합니다.

석복헌 후원에는 한정당(閒靜堂)이라는 정자가 있습니다. 맑고 고요함을 받아들인다는 이름의 이 건물은 일제강점기에 지어진 것으로 창문에 유리를 사용하는 등 현대식 건축 기법이 가미된 건물입니다.

수강재 후원에는 취운정(翠雲亭)이 있습니다. '취운'은 비취색 구름을 말합니다. 취운정은 숙종 때 지어진 것으로 낙선재 일대에서 가장 오래된 건물입니다. 숙종은 높은 곳에 있는 취운정에 올라 궁궐과 숲을 내려다보며 그 느낌을 시로 짓기도 했답니다.

낙선재 맞은편 숲 속에는 사각정(四角亭)이라는 작은 정자가 있습니다. 이름 그대로 사각지붕을 한 정자인데 완전히 개방된 형태가 아니고 사면에 분합문이 달려 있습니다. 이 정자는 휴식을 위해 만든 것이 아니라 발인할 때까지 재궁을 모시던 빈전이었습니다.

사각정 뒤편으로 이름 없는 문이 있습니다. 이 문은 창덕궁 밖으로 나가는 문으로, 종묘로 가는 구름다리가 연결되어 있었습니다. 지금 창덕궁과 종묘를 잇는 길을 복원하고 있어 구름다리는 없어지고 그 문도 굳게 닫혀 있습니다.

창덕궁 후원 · 자연과 어우러진 조선의 대표적 정원

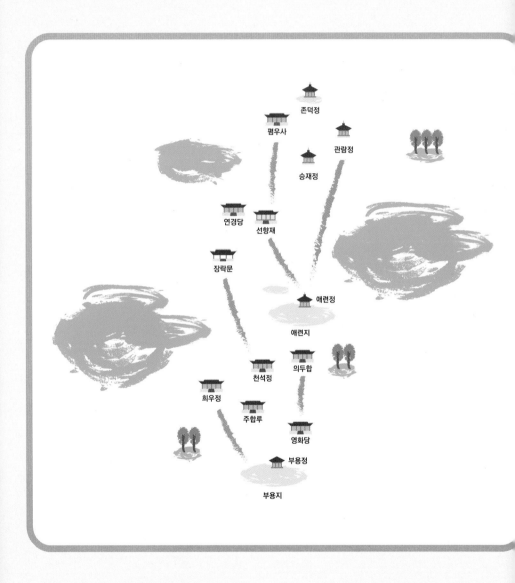

창덕궁 후원

자연과 어우러진 조선의 대표적 정원

창덕궁 후원의 이름은 여럿입니다. 궁궐의 뒤편에 있어서 후원 (後苑), 궁궐 북쪽에 있어서 북원(北苑), 임금의 허락 없이 아무나 들어갈 수 없다 해서 금원(禁苑), 궁궐 안의 동산이라 내원(內苑), 이곳을 관리하던 관청의 이름이 상림원(上林園)이어서 상림원(上林苑), 일제강점기 동안 관리하던 관청의 이름을 따서 비원(秘苑) 등으로 불렸습니다.

후원은 북한산과 응봉에서 뻗은 언덕을 중심으로 이뤄져 있습니다. 자연의 언덕과 물길, 숲 등을 사람 손으로 바꾸지 않고 거기에 정자 등을 만들어 아름다움을 더한 자연 친화형 정원입니다. 이렇게 자연과의 조화를 우선으로 하는 후원은 우리 전통 정원의 문화를 보여주기도 합니다.

■후원의 부용지. 부용지는 네모난 연못 가운데 둥근 섬이 있는 전형적인 방지원도이다.

창덕궁 중희당 터에 있는 후원 입구에서 길 따라 죽 올라가면 부용지(芙蓉池)라는 연못이 나옵니다. '부용'은 연꽃을 뜻하지요. 부용지는 삼면이 산으로 둘러싸인 곳에 만든 인공 연못입니다. 부용지는 네모난 연못에 가운데 둥근 섬이 있는 전형적인 방지원도입니다. 태액지(太液池)라고도 불렸는데 정조는 신하들을 불러다 연못 주변에서 낚시질도 하고 꽃구경을 즐겼습니다.

그날, 정조 19년(1795) 3월 10일, 정조는 규장각 각신과 그 아들 · 조카 · 형제 등 모두 54인을 후원으로 불렀습니다. 이로부터 약 한 달 전인 윤2월 13일은 정조의 어머니인 혜경궁 홍씨의 회갑이었습니다. 정조는 윤2월 9일부터 8일 동안 혜경궁 홍씨와 함께 아버지 사도세자의 묘인 현륭원(顯隆園 : 지금의 융릉)이 있는 화성에 다녀왔습니다. 을묘원행(乙卯園幸)이라 불리는 이 행차는 6천 명이 따르는 대대적인 행차였습니다. 아버지 묘에 참배도 하고 화성 행궁에서 어머니의 회갑 잔치도 성대하게 베풀었습니다. 성공적으로 원행을 마치고 어머니를 흡족하게 해드렸다고 생각한 정조는 무척 기분이 좋았겠지요. 그래서 정조는 신하들을 부른 꽃놀이 자리에서 다음과 같이 말했습니다.

> "올해야말로 천 년에 한 번 있을까 말까 한 경사스러운 해이다. 그러니 이런 기쁜 경사를 빛내고 기념하는 일을 나의 심정상 어찌 그만둘 수 있겠는가. 매년 꽃구경하고 낚시질하는 놀이에 초청된 사람이 각신의 아들이나 아우, 조카에만 한정되다가 올해에 들어와 재종(再從)과 삼종(三從)으로까지 그 대상이 확대된 것 역시 대체로 많은 사람과 함께 즐거움을 나누려는 뜻에서이다."
>
> ― 〈정조실록〉 1795년 3월 10일

술잔이 몇 차례 오고간 후 정조는 부용정(芙蓉亭)으로 나아가 부용지에 낚싯대를 드리웠고 여러 신하도 못가에 빙 둘러서서 낚싯대를 던졌습니다. 정조가 물고기 네 마리를 낚았는데 한 마리를 낚아 올릴 때마다 음악을 한 곡씩 연주하였고 다 끝난 후 잡은 고기는 다시 못에 놓아 주었습니다.

부용정은 연못 남쪽에 있는 정자입니다. 부용정은 누각의 일부가 물 위에 서 있어서 마치 정자가 물에 두 다리를 담그고 있는 것

■부용정. 누각의 일부가 물 위에 있어서 마치 정자가 물에 두 다리를 담그고 있는 것처럼 보인다.

같은 모습입니다. 부용정의 지붕은 亞자형이어서 처마가 사방으로 트여 있습니다.

부용정에서 시계 방향에 있는 건물은 사정기 비각(四井記 碑閣)입니다. '사정기'는 네 우물에 대한 기록입니다. 세조 때 이곳에서 네 개의 우물을 찾았는데 여러 차례의 전란으로 두 개의 우물이 없어졌답니다. 숙종은 1686년에 나머지 우물을 보수하고 네 개의 우물이 있었던 것을 기억하기 위해 이 비각을 지었습니다.

부용지 주변에서 가장 중심이 되는 건물은 부용정 맞은 편 언덕에 있는 주합루(宙合樓)입니다. 주합루로 들어가려면 어수문(魚水門)을 통과해야 합니다. 이 문의 이름은 임금과 신하는 물과 물고기처럼 조화를 이루어야 한다는 뜻을 담고 있지요. 어수문은 세 개의 문으로 이루어져 있는데 가운데는 임금의 문이고 신하들은 양 옆의 문으로 다닐 수 있었습니다. 어수문 양 옆으로 대나무 담이 둘러쳐져 있습니다. 이는 취병(翠屏 : 푸른 병풍)이라 하는, 식물을 소재로 한 살아 있는 울타리입니다. 취병은 조선의 독특한 조경 기법 중 하나입니다.

■ 부용지 가장자리에 돋을새김되어 있는 물고기 조각. 물은 임금을, 물을 떠나서 살 수 없는 물고기는 신하를 상징한다.

물고기와 관련된 볼거리가 또 하나 있습니다. 부용정 쪽 연못 가장자리 벽에도 물고기 모양이 역력하게 돋을새김되어 있습니다. 이 조각의 물고기도 신하를 뜻합니다. 물고기는 임금을 의미하는 물을 떠날 수 없는 존재이지요.

어수문 뒤쪽에 주합루가 있습니다. '주합'은 우주와 하나가 된다는 말입니다. 우주가 돌아가는 순리에 따라 정치를 한다면 백성들을 다스리는 데 무리가 없을 것이라는 정조의 생각이 담겨 있는 이름입니다. 주합루라는 이름도 정조가 짓고 현판도 정조가 썼습니다. 그만큼 정조는 주합루를 중요한 건물로 여겼습니다.

주합루 아래층은 규장각(奎章閣)입니다. 규장각은 역대 임금의 글씨 등 기념할 물건들을 보관하기 위해 만든 장소였습니다.

그날, 정조 즉위년(1776) 9월 25일, 규장각을 세운 것에 대해 실록은 다음과 같이 기록하였습니다.

"규장각을 창덕궁 금원의 북쪽에 세우고 제학·직제학·직각·대교 등 관원을 두었다. …… 규장각이라 이름하였는데, 위는 다락이고 아래는 툇마루였다. 그 뒤에 당저(當宁 : 당시의 임금, 정조)의 어진·어제·어필·보책·인장을 봉안하였는데 그 편액은 숙종의 어묵(御墨)이었으며, 또 주합루의 편액을 남미(南楣 : 남쪽 처마)에 게시하였는데 곧 당저의 어묵이었다. 서남쪽에는 봉모당(奉謨堂)이었는데, 열성조의 어제·어필·어화·고명(顧命)·유고(遺誥 : 선왕이 남긴 교훈)·밀교(密敎 : 임금이 은밀하게 내린 명령)와 선보(璿譜 : 왕실의 족보)·세보(世譜 : 혈통과 집안의 역사를 기록한 책)·보감(寶鑑 : 본보기가 될 만한 일들을 모아 적은 책)을 봉안하였다. …… "

— 〈정조실록〉 1776년 9월 25일

정조는 역대 임금의 문적 외에도 중국에서 보내온 서적을 비롯한 많은 책을 규장각에 수장하게 했습니다. 정조는 책을 모으는 것뿐만 아니라 학자들의 연구도 전폭 지원했습니다. 정조는 '우문지치(右文之治 : 학문 중심의 정치)'와 '작성지화(作成之化 : 만들어내는 것을 통해 발전을 꾀함)'를 규장각의 2대 명분으로 삼고 문화 정치를 펼치기 위한 인재를 양성했습니다. 정조의 학자 사랑은 초계문신(抄啓文臣) 제도에서 확실하게 드러납니다. 37세 이하의 당하관(堂下官) 중에서 재능 있는 인재를 선발하여 유학 경전의 연구에 전념하게 하고 한 달에 두 번 구술고사와 한 번의 필답고사로 학업 성과를 평가하였습니다. 정조는 친히 강의하거나 직접 시험을 보여 채점하기도 하고 이들과 수시로 밤을 새워 대화를 나누는 등 초계문신에 대단한 애착을 보였습니다. 40세가 되면 졸업시켜 익힌 바를 국정에 적용하게 하였는데, 정조는 이 제도를 통해 학문의 발전은 물론 정책 연구를 도모하고 정치적 세력 기반까지 강화하려는 생각을 가지고 있었습니다.

주합루를 바라보고 섰을 때 왼쪽의 건물은 서향각(書香閣)입니다. '서향'은 책의 향기를 말합니다. 서향각은 규장각에 보관된 어진이나 임금의 문적들을 내다 말리는 곳입니다.

■ 주합루(위층)와 규장각(아래층). '주합'은 우주와 하나가 된다는 뜻으로, 정조의 백성에 대한 사랑이 담겨 있는 이름이다

책에 습기가 차고 곰팡이가 슬지 않도록 바람을 쏘이고 손질하는 행사는 넉 달에 한 번씩 실시했습니다. 그 외에도 정조는 서향각에서 자신의 어진을 그리게 하기도 했습니다.

그날, 정조 15년(1791) 9월 28일, 정조는 신하들을 서향각에 모이게 하고 어진에 그려질 자신의 복식에 대해 다음과 같이 말했습니다.

"선대왕께서는 나이 50세 때 그린 어진부터 비로소 면류관 차림을 갖추셨는데, 나는 금년에 아직 선대왕께서 면류관 차림을 하셨던 나이가 되지 않았으니, 강사포(絳紗袍 : 임금이 신하들로부터 조문이나 축하를 받는 의식 때 입던 붉은빛의 예복) 차림을 해야겠다. 도감을 설치하지 않은 것은 일을 크게 벌이지 않으려는 뜻에서 나온 것이지만, 다시 생각해보니 훗날에도 역시 이런 일이 있을 것이다. 내가 지금 그 일을 중하게 여기지 않는다면 뒷사람들이 앞으로 기준을 삼을 곳이 없을 것이기 때문에 이 일의 격식을 약간 높여 뒷사람들에게 법도를 보여주자는 것이다."

— 〈정조실록〉 1791년 9월 28일

서향각 뒤편 구석의 두 칸짜리 작은 집은 희우정(喜雨亭)입니다. '희우'는 가뭄 끝에 비가 와서 기쁘다는 뜻이지요.

그날, 숙종 16년(1690) 4월 28일에는 비가 내렸습니다. 이 무렵 오래 가물어서 걱정이 많았는데 드디어 단비가 내린 것입니다. 농경 사회였던 당시에 가뭄이나 홍수 같은 자연 재해는 백성의 삶에 치명적인 고통을 안겨주었습니다. 그러니 임금을 비롯한 온 나라가 단비를 기다리고 있었음은 당연한 일이었지요. 숙종은 대단히 기뻐하며 후원의 취향정(醉香亭)을 고쳐서 희우정이라 이름 붙이고, 친히 편액을 만들어주었습니다. 취향정은 원래 초가집이었는데 이때 기와도 올리게 되었습니다.

주합루를 중심으로 희우정과 대칭되는 지점에 ㄱ자 모양의 정자 천석정(千石亭)이 있습니다. '천석'은 곡식 천 가마니를 뜻하는

■ 주합루에 들어가려면 어수문을 통과해야 하는데 어수문에는 임금의 문(가운데)과 신하의 문(양 옆)
이 구분되어 있다.

말로, 풍년에 대한 기원이 담겨 있는 이름입니다. 그런데 이 정자
에 제월광풍관(霽月光風觀)이라는 편액이 걸려 있어 아예 제월광풍
관이라고 부르기도 합니다. '제월광풍'이란 '맑은 날의 달빛과 시
원한 바람'을 뜻합니다. 이곳은 임금이 시원한 바람을 쐬며 휴식
하는 공간이었던 것이지요.

천석정 아래쪽으로 영화당(暎花堂)이 있습니다. '영화'는 꽃을 비
춘다는 뜻으로 현판 글씨는 영조의 친필입니다. 영화당 앞에는 춘
당대(春塘臺)라는 널찍한 대가 있었답니다. 춘당대를 쌓기 위해 그
앞쪽의 땅을 팠는데 그때 판 연못이 창경궁의 춘당지(春塘池)라고
합니다. 지금은 창경궁과의 담이 가로막혀 있어 널찍한 춘당대의

■ 영화당(위). '영화'는 꽃을 비춘다는 뜻으로 영화당의 현판은 영조가 직접 쓴 것이다.
■ ㄱ자 모양의 정자인 천석정(아래). 맑은 달빛과 시원한 바람을 뜻하는 '제월광풍관'이라는 현판
이 걸려 있다.

모습을 느낄 수 없습니다.

역대 임금들은 춘당대에서 야외 행사를 베풀고 영화당에서 그 행사를 지켜보곤 했습니다. 춘당대에서는 과거 시험이 열리기도 했고 임금이 활쏘기 연습도 했지요. 또 기우제가 열리기도 했고 종친들을 초대한 잔치의 장소로도 쓰였습니다.

그날, 영조 3년(1727) 1월 15일, 영조는 영화당에 나아가 종신(宗臣 : 왕족으로서 벼슬자리에 있는 사람) 63인을 불러 술을 내려 주고 활을 쏘며 즐겼습니다. 그 중 회원군(檜原君) 이윤(李倫)은 나이가 92세이므로 영조가 특별한 예로 대우하니, 이윤이 시를 한 수 지어 올렸고, 이에 영조는 다음과 같은 답시를 내렸습니다.

"빨리 가는 광음 얼마나 바뀌었는지,
　선묘의 왕손 오직 경만이 있네.
　노쇠한 90 나이에도 근력 좋으니,
　수성이 반드시 공의 뜰에 비추었으리."

술이 거나해지자 영조는 다시 다음과 같은 시 한 수를 써서 내리면서 서평군(西平君) 이요(李橈)에게 이 시와 행사 내용을 써서 영화당에 걸라고 명하였습니다.

"상원(上元 : 정월 보름) 명절의 종사들 모임에
　아름다운 기상 넘치고 날씨도 좋네.

공들은 통술에 취함을 사양하지 말라

궁중에서 빚은 한잔 술이지만 다 정성이 담긴 거네."

영화당을 등지고 왼쪽으로 돌아가면 금마문(金馬門)이 나옵니다. 금마문 안쪽에는 단청도 하지 않은 소박한 건물 두 채가 북향으로 앉아 있습니다. 의두합(倚斗閤)과 운경거(韻磬居)이지요. 의두합에는 기오헌(寄傲軒)이라는 현판이 붙어 있어 이 건물을 기오헌이라고도 부릅니다. '의두'는 북두칠성에 의지한다는 뜻이고, '운경'은 악기 소리를 뜻합니다. '기오'는 거만함을 보낸다는 뜻입니다. 이 집들의 용도에 대해서는 여러 가지 설이 있습니다. 그 가운데 가장 유력한 것은 순조의 아들 효명세자가 조용히 독서하기 위해 지은 집이라는 설이지요. 효명세자가 지은 의두합 상량문에 "수만 권의 책을 비치하여 독서하는 집이 된다"라는 내용이 담겨 있어 그 설을 더욱 유력하게 해줍니다.

효명세자는 순조와 순원왕후 김씨 사이에서 태어난 적장자입니다. 네 살에 세자로 책봉된 그는 어린 나이부터 본격적인 후계자 수업을 받았습니다. 혼자 힘으로 안동 김씨의 세도 정치에 맞서기 역부족이라고 생각한 순조는 효명세자가 19세 되던 해에 대리 청정을 명했습니다. 함께 세도 정치를 막아보려는 의도였지요. 그때 순조는 38세로 아직 젊은 나이였습니다. 효명세자는 몇 차례 사양하다가 결국은 부왕의 뜻을 따라 대리 청정에 임했습니다. 효명세자는 정사를 시작하자마자 종묘의 예식 문제를 들어 안동 김씨인 전임 이조 판서와 현직 이조 판서를 징계하는 등 강력한 왕

■ 효명세자가 조용히 독서하기 위해 지었다는 의두합. '기오헌'이라는 현판이 붙어 있다.

권을 행사했습니다. 정치적으로 소외당했던 소론과 남인, 북인을
등용했고, 어진 인재를 널리 등용하고 옥사를 신중히 처리하며 백
성들을 위해 선정을 베푸는 등 성군으로서의 자질을 충분히 보여
주었습니다.

　그런데 효명세자는 임금이 되지 못하고 22세의 나이로 세상을
떠났습니다. 이로써 기울어가는 나라 조선을 되살려보려 했던 순
조와 효명세자의 희망도 물거품이 되었지요. 또 조선이 스스로의
힘으로 회생할 수 있는 마지막 기회는 영영 사라져버렸습니다.

　의두합 뒤쪽에는 언덕 위로 이어진 계단이 있습니다. 이 계단
끝의 문을 나가면 주합루 옆의 천석정으로 이어집니다. 효명세자
는 할아버지인 정조와 같이 강력한 왕권으로 개혁 정치를 펼치는

■ 하나의 돌을 깎아 만든 불로문.

임금이 되고자 노력했다고 합니다. 그래서 의두합 뒤쪽으로 난 계단을 통해 주합루에 자주 오르곤 했다지요.

금마문으로 다시 나와 담장을 따라가면 불로문(不老門)이 나옵니다. 불로문은 하나의 돌을 ∏ 모양으로 깎아 만든 문입니다. 불로문 안에는 애련지(愛蓮池)라는 연못이 있습니다. '애련'은 연꽃을 사랑한다는 뜻이지요. 이 연못 안쪽에 애련정(愛蓮亭)이 있습니다. 애련정은 사각 지붕의 정자인데 기둥 두 개를 연못에 담그고 있어 정자 일부가 연못 위에 떠 있는 모습입니다.

애련지 옆에 또 다른 작은 연못이 있고 그 건너에 단청을 하지 않아 사대부의 집과도 같은 건물들이 보입니다. 이곳이 연경당(演慶堂)입니다. '연경'은 경사로움이 넘쳐흐른다는 뜻이지요. 연경당은 순조 때 효명세자가 아버지 순조의 40세를 기념하는 잔치를 하

■애련지와 애련정. 사각 지붕의 정자 애련정은 기둥 두 개를 물속에 담그고 서 있다.

기 위해 지었다고 합니다. 그러나 당시는 세도 정치로 사회가 혼란해 백성들이 먹고 살기 힘들던 때입니다. 성군의 자질을 보였던 효명세자가 단순히 부모의 잔치를 위해 이런 건물을 지었다는 것은 조금 의아하게 느껴집니다. 또 민간의 삶을 체험해보고자 지었을 것이라는 설도 있지만 그것도 신빙성이 없습니다. 민간의 집은 99칸을 넘을 수 없는데 연경당은 120칸이나 되기 때문입니다.

  연경당을 왜 지었는지 분분한 설 가운데 가장 유력한 것은 순조가 효명세자에게 선위하고 물러나 살 집으로 지었다는 설입니다. 아직 젊은 순조가 효명세자를 전면에 내세우려는 것은 분위기를 쇄신하여 안동 김씨의 세도 정치를 막아보자는 의도였습니다. 상왕이 궁궐 안에 함께 있으면 아들 왕이 마음대로 뜻을 펼치기 어렵습니다. 아무래도 상왕의 눈치를 보게 되겠지요. 그래서 순조 자신은 후원 연경당에 머물며 아들 효명세자를 지원하겠다는 계획을 가지고 연경당을 지었다는 것입니다.

연경당의 정문은 장락문(長樂門)입니다. 장락문은 달에 있는 신선의 궁궐이라는 장락궁의 이름을 따온 것입니다. 장락문은 솟을대문입니다. 평대문은, 대문에 연결된 행랑채와 그 높이가 같은 문이고 솟을대문은 행랑채 지붕보다 한 층을 높인 대문입니다. 종 2품 이상의 관료들은 초헌(軺軒)이라는 외바퀴 수레를 타고 출입할 수 있었는데 이 초헌이 드나들려면 대문의 지붕이 높이 솟아 있어야 해서 만들어진 구조이지요. 결국 솟을대문은 지체 높은 양반집의 대문을 말하는 대명사가 되었습니다.

장락문 앞에 있는 다리는 견우와 직녀가 만난다는 오작교입니다. 이름을 이렇게 붙인 이유는 그 다리 아래로 흐르는 물을 은하수라고 여겼기 때문입니다. 오작교의 왼쪽에는 괴석이 담긴 돌함이 있습니다. 돌함의 사면은 꽃무늬로 장식되어 있고 네 귀퉁이에

■연경당의 정문인 장락문. 장락문은 초헌이 출입할 수 있는 솟을대문이다.

는 두꺼비가 조각되어 있습니다. 두꺼비는 달의 정령을 상징하는데 네 마리 두꺼비가 움직이는 방향이 각각 다릅니다. 이것은 정적인 공간을 동적으로 바꿔놓는 효과를 냅니다.

■ 장락문 앞 돌함 귀퉁이의 두꺼비 조각. 두꺼비는 달의 정령을 상징한다.

장락문을 지나면 행랑마당이 나옵니다. 장락문에 연결된 바깥 행랑채는 하인들이 살았던 곳입니다. 행랑마당에는 수인문(修仁門)과 장양문(長陽門)이 있습니다. 수인문은 안채로, 장양문은 사랑채로 들어가는 문입니다. 안채에 사는 여자들은 어질어지기 위해 노력하고 사랑채에 사는 남자들은 오래도록 충만한 양기 속에 살고 싶었겠지요. 그런 소망이 문 이름에 담겨 있습니다. 형식적으로는 출입문과 구역이 분리되어 있지만 실제 연경당의 사랑채와 안채는 내부가 이어져 있습니다. 수인문은 평대문이고 장양문은 솟을대문입니다.

'일(一)'자형 건물 사랑채는 사랑방과 침방, 대청과 누마루, 그리고 다락으로 이루어져 있습니다. 사랑채는 남자 주인이 일상생활을 하는 공간이며 손님 접대를 위한 응접실이기도 합니다. 침방은 남자 주인의 침실입니다. 조선시대의 양반집에서는 부부가 각자의 침실을 가지고 있었습니다. 사랑채의 대청 앞에는 말에서 내릴 때 디뎠던 노둣돌이 있습니다.

사랑채를 바라보고 왼쪽에 있는 긴 일자형 건물은 서재로 쓰였

■ 연경당의 사랑채. 사랑방과 침방, 대청과 누마루 그리고 다락으로 이루어져 있다.

던 선향재(善香齋)입니다. 벽돌로 지은 중국풍의 집으로, 중앙에 넓은 대청이 있고 양쪽에 온돌방을 만들었습니다. 맞배지붕의 앞면에는 동판을 얹은 차양을, 다시 그 안에 창호지 문으로 된 차양을 달았습니다. 창호지 문 차양에는 도르래가 연결되어 있어 햇살의 깊이에 따라 차양의 길이를 조절할 수 있게 하였지요. 서향(西向)으로 지은 집이라 여름철 따가운 오후 햇살을 막기 위해 특별히 차양이 필요했던 모양입니다. 선향재의 옆면도 궁궐에서는 보기 힘든 특이한 모습을 하고 있습니다. 아궁이가 있는 아랫부분은 네모난 화강석으로, 아궁이 위부터 지붕 바로 아래까지는 벽돌로 쌓았는데, 합각처럼 벽돌로 쌓은 부분 가운데는 정사각형의 아름다

운 무늬로 장식하였습니다.

　선향재의 왼쪽 언덕에는 농수정(濃繡亭)이 있습니다. '농수'는 짙
게 수놓았다는 뜻인데 울창한 수목이 비단을 펼친 것 같다는 의미
를 담고 있습니다. 사각 지붕의 농수정은 사면의 문짝을 다 열어
들어 올릴 수 있게 만들어져, 여름철에는 사방에 우거진 나무를
시원하게 즐길 수 있었습니다.

　농수정을 등지고 서면 정면에 우신문(佑申門)이 보입니다. 이는
안채와 사랑채를 구분하는 문입니다. ㄱ자 모양의 안채는 누다락
과 안방, 안대청과 건넌방으로 이뤄져 있습니다. 안주인이 사는
공간입니다.

안채 앞쪽으로 담이 둘러쳐 있고 그 안에는 반빗간(飯備間)이 별채로 자리 잡고 있습니다. 반빗간은 이름 그대로 음식을 준비하는 공간입니다. 뿐만 아니라 빨래나 바느질 등 모든 안살림을 하는 공간입니다.

연경당은 갑신정변 때 고종이 개화파와 함께 명성황후가 있는 북묘로 피신하다가 잠시 머물던 곳입니다. 북묘는 서울 종로구 명륜동 부근에 있던 관우의 사당입니다.

그날, 고종 21년(1884) 10월 19일은 개화파의 3일천하 중 마지막 날입니다. 고종은 청나라 군을 피해 개화파와 함께 궁 밖으로 도망갔습니다. 개화파 중 김옥균, 박영효, 서재필은 도망치는 일본군을 따라 일본 공사관으로 갔고 홍영식과 박영효 등은 고종을 호위하여 북묘로 들어갔습니다. 그런데 그곳까지 추격해온 청나라 군사들에 의해 홍영식과 박영교는 죽임을 당하고 고종은 청나라 군사들의 호위를 받으며 창덕궁으로 돌아왔습니다. 그날의 숨막혔던 상황을 실록은 다음과 같이 기록했습니다.

"…… 이날 신시(申時)에 청나라 병사들이 대오를 나누어 궁문으로 들어오면서 총포를 쏘았고 우리나라 좌영과 우영의 병사들도 따라 들어오니 일본 병사들이 힘을 다해 막았다. 유시(酉時)에 상(고종)께서 후원에 있는 연경당으로 피하였는데 각 전과 각 궁과 서로 연계를 잃고 옮겨 피하여 옥류천 뒤 북쪽 담 문에 이르렀다. 이때에 무예청 및 위사, 별초군이 비로소 들어와서 호위하여 문을 열고 나가 북묘로 향하였다.

　일본 공사가 병사를 거느리고 궁을 떠났는데, 김옥균·박영효·서광범·서재필 등은 모두 따라 나갔고, 오직 홍영식과 박영교 및 생도 7인만이 뒤따라 북묘로 갔다. 해시(亥時)에 청나라 통령이 상께서 북묘에 계시다는 말을 듣고 대오를 거느리고 맞이하러 갔다. 홍영식 등이 어의를 끌어당기면서 가지 말라고 청하였다. 여러 사람이 상을 모시고서 사인교에 태우니 홍영식 등은 또 성을 내며 고함쳤다. 우리 병사가 홍영식과 박영교과 생도 7인을 죽였다. ……"

— 〈고종실록〉 1884년 10월 19일

　농수정을 왼쪽에 두고 문으로 나가 낮은 언덕을 넘으면 계곡을 따라 연못과 정자들이 있는 곳이 나옵니다. 이 구역으로 들어서서 처음 만나는 정자는 승재정(勝在亭)입니다. 사각 지붕을 얹은 승재

■연경당의 농수정. 사면의 문짝을 다 열어서 들어 올리게 만들어져 여름에는 툭 트인 정자처럼 사용할 수 있다.

■존덕정. 정자 안에는 정조의 왕권 강화와 개혁의 의지가 담긴 글 '만천명월주인옹자서'가 걸려 있다.

정은 사방에 장지문이 달려 있고 툇마루가 둘러져 있는 정자입니다. 주변에 비해 높은 곳에 위치한데다 정사각형의 기단 위에 지어놓아 이 정자에 서면 아래쪽에 있는 연못 관람지를 한눈에 내려다 볼 수 있지요.

승재정 아래쪽에는 '반도지(半島池)라는 연못이 있습니다. 한반도의 모습과 닮았다 하여 붙은 이름입니다. 승재정 앞에는 폄우사(砭愚榭)라는 일자 집이 있습니다. '폄우'는 어리석음에 침을 놓는다는 뜻이고 '榭(사)'자는 정자를 나타내는 글자입니다. 폄우사에는 온돌방 두 칸과 마루 한 칸이 함께 있어 더운 날과 추운 날 모두 사용할 수 있었습니다.

폄우사를 바라보고 오른쪽으로 내려가면 존덕정(尊德亭)이 있습니다. 존덕정은 지붕이 육각형이기 때문에 육우정, 육면정이라 불리기도 했지요. 지붕의 처마가 2층으로 되어 있고 처마를 받치는 기둥을 따로 세운 것이 독특합니다. 바깥 지붕을 받치는 기둥의 경우, 하나의 기둥을 세울 자리에 가는 기둥 세 개를 세워 한껏 멋을 냈습니다. 안쪽 천장에는 정전처럼 보개천장으로 만들었고 그 안은 청룡과 황룡으로 장식했습니다.

정조는 특히 존덕정을 좋아했던 것 같습니다. 정조는 스스로 쓴 '만천명월주인옹자서(萬川明月主人翁自序)'라는 글을 나무판에 새겨 정자 안에 걸어두었습니다. 세상의 모든 시냇물이 품고 있는 밝은 달의 주인공이라는 뜻을 가진 '만천명월주인옹'은 정조가 재위 22년 되던 해에 스스로 지은 호입니다. 이 글은 그 호에 대해 설명하는 글이지요. 그 주요 내용은 "수많은 개울이 달빛을 받아 반짝이지만 달은 오직 하나이다. 나는 달이고 너희는 개울이니 내 뜻대로 움직이는 것이 태극, 음양, 오행의 이치에 합당하다"라는 것입니다. 왕권 강화와 개혁을 거침없이 밀고나가겠다는 정조의 자신감 넘치는 태도를 이 글에서 느낄 수 있습니다.

그날, 정조 19년(1795) 3월 10일, 정조는 규장각 각신들과 그 가족 등을 후원으로 불러 꽃구경과 낚시질을 하다가 존덕정으로 가 여러 신하에게 다음과 같이 말했습니다.

"나는 춘저(春邸 : 세손) 때부터 어진 신하를 내 편으로 하고 척리(戚里 : 임금의 친척)는 배척해야 한다는 의리를 깊이 알고 있었다. 그래서 즉위 초에 맨 먼저 내각을 세웠던 것이니, 이는 문치(文治) 위주로 장식하려 해서가 아니라, 대체로 아침 저녁으로 가까이 있게 함으로써 나를 계발하고 좋은 말을 듣게 되는 유익함이 있게끔 하려는 뜻에서였을 뿐이었다. 그리하여 좋은 작위(爵位)로 잡아매두고 예우하여 대접하면서 심지어는 한가로이 꽃구경하고 낚시질할 때까지도 각신과 함께 즐거움을 같이 하고 그들의 아들·조카·형제 역시 모두 연회에 참석하도록 허락하였던 것이었다. 그리하여 예법을 간소화하여 은혜로 접하고 한데 어울려 기뻐하고 즐기는 것을 매년 정례화하고 있으니 이런 대우와 사랑이야말로 예로부터 인신(人臣)으로서는 얻기 힘든 것이었다고 하겠다.

그런데 필경 귀근(貴近 : 귀하고 가까워짐)의 폐단이 일어나더니 요즘에 이르러서는 그 극에 달하고 있는 느낌이다. 나아오면 물러가게 되고 느슨해지면 펼쳐지게 되는 것이야말로 정상적인 이치라고 할 것이니, 척신(戚臣 : 임금과 성이 다른 일가의 신하)이 이 뒤를 이어 나아오지 않으리라고 어떻게 보장할 수 있겠는가. 그러나 사대부를 가까이 하려는 것이야말로 나의 평소의 성격인 동시에 내가 고심하는 것이니, 수십 년 동안 행해 온 일을 지금 중도에 그만둘 수는 없는 일이다. 이에 특별히 경들을 불러 나의 속마음을 펼쳐 보여주게 되었으니, 이 자리에 참석한 여러 신하는 각자 두려운 마음을 갖고 경계하여 오늘 내가 유시한 것을 잊지 말도록 하라."

— 〈정조실록〉 1795년 3월 10일

존덕정 앞에는 반도지를 건너는 돌다리가 놓여 있습니다. 돌다리

■ 궁궐에서는 유일한 부채꼴 정자 관람정. 현판도 네모난 판이 아니라 나뭇잎 모양이다.

를 건너 오른쪽을 보면 관람정(觀覽亭)이 있습니다. 관람정은 그 모양이 특이하게도 부채꼴입니다. 여섯 개의 기둥 가운데 두 개가 물속에 잠겨 있는 관람정은 궁궐에서는 유일한 부채꼴 정자이지요.

존덕정 옆을 지나 오르막길을 걸어 고갯마루에 오르면 길 가에 취규정(聚奎亭)이 서 있습니다. 취규정은 일자 집의 구조이지만 사면에 벽과 창문이 없는 개방된 정자입니다. '취규'는 별을 모은다는 뜻입니다. 이 정자는 주변에 비해 높은 곳에 있기 때문에 별을 볼 수 있는 장소로 여겨져 이런 이름을 붙인 것 같습니다.

취규정에서 앞쪽에 옥류천(玉流川) 계곡으로 들어가는 길이 있습니다. 계곡으로 들어가 처음 만나는 정자는 취한정(翠寒亭)입니다. '취한'는 푸른 빛 추위라는 뜻으로 주변에 소나무가 많아 여름에도 추위를 느낄 정도라는 의미가 담겨 있지요. 숙종과 정조는 취한정과 이 정자를 둘러싸고 있는 푸른 숲을 주제로 하여 시를 남기기도 하였습니다.

취한정 뒤편에 보이는 일자 집은 농산정(籠山亭)입니다. '농산'은 바구니 안에 들어가 있듯이 산에 둘러싸여 있다는 뜻입니다. 이 건물은 다른 정자와 달리 마루방은 물론 온돌방과 작은 부엌도 딸려 있습니다. 임금이 후원에 행차하였다가 갑자기 날씨가 나빠지면 머물 수 있도록 만든 시설입니다.

그날, 정조 19년(1795) 2월 25일, 후원에서 현륭원 행차 때 혜경궁 홍씨의 가마를 메는 예행연습을 했습니다. 정조는 그날로부터 보름쯤 후인 윤2월 9일에 혜경궁 홍씨와 함께 사도세자의 묘소인 현륭원에 참배하고 화성 행궁에서 혜경궁 홍씨의 회갑 잔치를 할 참이었지요. 을묘원행이라 불리는 이 행차를 앞두고 먼 길에 어머니를 조금이라도 편안하게 모시기 위해 가마꾼들의 예행연습까지 했던 것입니다. 정조는 연습에 직접 참여하고 농산정에 이르러서는 행차를 수행한 신하들에게 음식 대접을 했습니다.

을묘원행을 성공적으로 마치고 돌아온 정조는 그해(1795년) 3월 7일, 대신들과 화전(花煎)놀이를 하면서 10년 후 혜경궁 홍씨를 모시고 다시 한 번 화성에 행차할 계획을 이야기했습니다. 10년 후는 사도세자와 혜경궁 홍씨가 회혼(回婚 : 결혼 60주년)을 맞이하는 해였지요. 정조는 정리상으로나 예법상으로나 그 때도 당연히 혜경궁 홍씨와 함께 화성에 행차해야 한다고 말했습니다. 그래서 을

묘원행에서 환궁한 뒤에 잔치에 사용했던 그릇 등을 그대로 놔두도록 했는데 그게 다 생각이 있어서 한 일이라고 했습니다. 그 자리에 모인 대신들에게 10년이 지난 뒤에 다시 행차를 모신다면 희귀한 일이겠지만 대신들의 근력(筋力)을 보면 모두 걱정할 것이 없겠다고 농담도 했지요. 그런데 정작 정조 자신은 10년을 기다리지 못하고 5년 후인 1800년에, 어머니보다 앞서 세상을 떠나고 말았습니다.

다시 취한정 쪽으로 와서 작은 돌다리를 건너면 소요정(逍遙亭)이 있습니다. '소요'는 조용히 거닌다는 뜻입니다. 이 정자는 물길 위에 자리한 한 칸짜리 사각 정자로, 최소한 성종 이전인 조선 전기에 세워진 것으로 보입니다. 소요정에 서면 옥류천과 소요암 쪽을 한눈에 내려다 볼 수 있습니다.

소요정 밑으로 흐르는 옥류천은 북쪽의 북악산과 동쪽의 응봉에서 내려오는 물과 어정을 파서 나오는 물이 합해진 개울입니다. 어정 옆에 있는 커다란 바위가 소요암인데 그 앞쪽에 둥그런 홈을 파서 물이 돌아서 폭포처럼 떨어지게 만들어놓았습니다. 이런 모양을 조성한 것은 인조 때의 일로, 소요암 아래쪽에는 인조의 친필로 '玉流川'이라 쓰여 있습니다.

또 소요암의 윗부분에는 숙종이 쓴 다음과 같은 시가 새겨져 있습니다.

"飛流三千尺(폭포처럼 떨어지는 물길은 3천 척이나 되고)
遙落九天來(멀리 저 높은 하늘에서 떨어져오네)

看是白虹起(문득 보니 흰 무지개가 일고)

翻成萬壑雷(모든 골짜기에 번개가 치네.)"

소요암을 바라보고 왼쪽에는 어정(御井)이 있습니다. 돌로 만든
뚜껑 앞쪽에 웅덩이처럼 파인 둥근 샘이 어정입니다.

소요암 오른쪽에는 태극정(太極亭)이 있습니다. 태극정은 인조
때 지어진 사방이 터진 사각정입니다. 태극정 앞 다리 밑에는 태
극이 새겨진 돌확이 있지요. 이 돌확은 네모인데 가운데 흐르던
물이 고이는 곳은 원형입니다. 그 원형 안에 태극무늬가 새겨져
있습니다. 돌확 옆에 내려가 손을 적실 수 있도록 디딤돌도 하나
마련되어 있습니다.

그날, 순조 11년(1811) 윤3월 16일에 순조는 교리 홍의영(洪儀
泳)과 수찬 이정병(李鼎秉)을 태극정에서 만나고 《심경(心經)》을 강
독하게 하였습니다. 이렇게 태극정은 임금과 신하가 만나 학문을
나누는 장소로 쓰였습니다.

태극정에서 돌다리 건너 구석에 있는 정자는 청의정(淸漪亭)입니
다. '청의'는 맑은 잔물결이라는 뜻입니다. 청의정은 궁궐 안에서
유일하게 초가지붕의 정자입니다. 청의정의 지붕은 둥근 초가이
지만 기둥은 네 개이고 천정은 팔각입니다. 사각형의 기단 위에
둥근 지붕의 집을 올린 것으로 보아 여기에도 천원지방의 사상이
담겨 있는 것 같습니다.

청의정 앞에는 벼가 심어진 논이 있습니다. 백성들이 농사짓는

■ 옥류천의 소요암. 소요암의 윗부분에는 숙종이 쓴 시가, 아래쪽에는 인조가 쓴 '옥류천'이라는 글이 새겨져 있다.

노고를 임금이 체험해보기 위해 만든 일종의 실습장입니다. 청의정 지붕에 얹은 볏짚도 이 논에서 수확한 벼에서 얻은 것입니다. 청의정의 겉은 소박해 보이지만 내부 천정은 방사형으로 뻗어나간 들보를 중심으로 하여 화려한 단청으로 장식되어 있습니다.

흔히 청의정과 태극정, 소요정을 일러 상림삼정(上林三亭)이라 부르며 후원에서 대표적인 정자로 여겼습니다. 숙종은 중국 여산에 있는 난정(蘭亭)과 비교하며 상림삼정이 난정보다 나을 것이라 칭찬했답니다.

다시 옥류천 계곡 입구로 나와 맞은편에 난 내리막길로 들어서 조금 가다보면 왼쪽에 청심정(淸心亭)이 있습니다. 청심정은 사각

■논 가운데 서 있는 청의정. 정자의 초가 지붕에 얹은 볏짚도 이 논에서 수확한 벼에서 얻은 것이다.

지붕의 작은 정자입니다. 청심정 앞에 네모난 돌확이 있고 그 앞에 돌 거북이 얹혀 있습니다. 거북이 등에는 '어필 빙옥지(御筆 氷玉池)'라고 쓰여 있습니다. 돌확을 놓고 연못이라 하고 게다가 얼음이나 옥같이 맑은 연못이라 이름 붙인 것이 재미있습니다. 청심정은 숙종 때 지어진 것이니 어필의 주인공은 숙종인 것 같습니다.

청심정을 지나 계속 길 따라 걷다보면 어느새 후원의 출구가 나옵니다. 후원 출구는 창덕궁 봉모당 앞 향나무 쪽으로 이어져 있습니다.

지금은 들어갈 수 없지만 출구에서 봤을 때 후원의 왼쪽 깊숙한 곳에는 신선원전(新璿源殿) 구역이 있습니다. 이곳에는 원래 명나라 신종(神宗)의 제사를 지내기 위한 대보단(大報壇)이 있던 곳입니다. 신종은 임진왜란 때 원군을 보내준 황제입니다. 대보단은 숙종 30년, 명나라가 망한지 60년 되는 해에 지은 것입니다.

그런데 1921년 일본은 대보단을 철거하고 그 자리에 신선원전을 세웠습니다. 일본은 일자형으로 긴 건물을 지어놓고 창덕궁 선원전에 있던 역대 임금의 어진을 옮겨왔지요. 궁궐 한가운데 있던 선원전을 이렇게 궁궐 구석으로 몰아넣은 것은 일본이 조선 왕실의 상징성을 약화시키기 위한 것으로 보입니다. 물론 중국과의 관계를 끊기 위해 대보단을 철거한 것이고요. 이곳에는 태조부터 순종까지 열두 명의 어진이 있었는데 6·25전쟁 때 부산으로 피란차 옮겨갔다가 불타버려 지금은 남아 있지 않습니다. 선원전이나 신선원전이나 알맹이 없는 빈 건물이 되어버린 것입니다.

신선원전 앞으로 의효전(懿孝殿)이 있습니다. '의효'는 효의 아름다움을 뜻합니다. 의효전은 순종보다 먼저 1904년에 세상을 떠난 순종의 비 순명효황후 민씨의 위패를 모신 혼전으로 사용되기도 했습니다. 1926년 순종이 세상을 떠난 후 순명효황후의 위패도 순종의 위패와 함께 종묘에 모셔졌습니다.

신선원전을 등지고 오른쪽에 몽답정(夢踏亭)과 괘궁정(掛弓亭)이 있습니다. '몽답'은 꿈길을 걷는다는 뜻이고 '괘궁'은 활을 걸어둔다는 뜻이지요. 이 부근은 창덕궁 북쪽에 있던 훈련도감의 군영인 북영(北營)이 있던 곳으로 몽답정은 1759년 훈련대장 김성응(金聖應)이 지은 것이랍니다. 그런데 대보단에 행차한 영조의 눈에 띄어 몽답정이라는 이름과 편액을 받게 되었답니다. 괘궁정도 군영의 군사들이 활 쏘는 연습을 하던 장소입니다.

창경궁 · 임금의 효심으로 지어진 궁궐

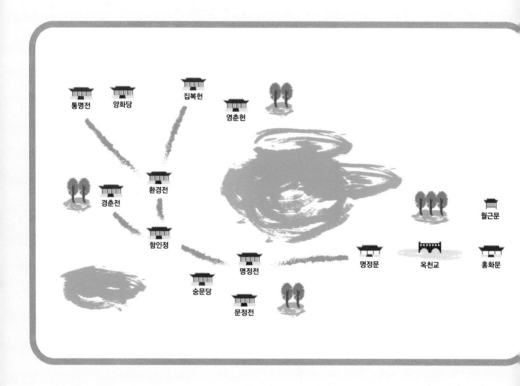

창경궁

임금의 효심으로 지어진 궁궐

경복궁, 창덕궁에 이어 세 번째로 지어진 궁궐이 창경궁(昌慶宮)입니다. 창경궁은 제9대 임금 성종이 세 명의 대비를 위해 지은 궁궐입니다. 할머니인 정희왕후(세조비)와 어머니인 소혜왕후(추존 덕종비, 인수대비), 작은어머니인 안순왕후(예종비, 인혜대비)를 모셨던 성종은 그들이 조용하고 편하게 여생을 보낼 궁궐이 필요하다고 생각했던 것이지요.

그런데 이때 창경궁을 새로 지은 것은 아닙니다. 이미 그 자리에는 수강궁이라는 궁궐이 있었습니다. 수강궁은 세종에게 양위하고 상왕으로 물러난 태종이 머물기 위해 지은 궁궐입니다. 세조도 한때 수강궁에서 살다가 그곳 정침에서 세상을 떠나서 뒤를 이은 예종은 수강궁에서 즉위하였습니다.

그날, 성종 10년(1479) 5월 20일, 대왕대비였던 정희왕후는 승정원에 "대전(성종)의 침소가 지대가 낮고 습기가 많아 자주 더럽혀진다. 임금의 몸은 지중한 것인데, 내가 장차 수강궁으로 이어하겠으니, 대전에 청하여 높은 전각으로 이어하도록 하고, 이 뜻을 정승들에게 알리도록 하라"라고 전교하였습니다. 효심이 지극한 성종의 입장에서 보면 대비들이 낡은 수강궁으로 옮긴다는 것이 무척이나 송구한 일이었겠지요. 그래서 성종은 수강궁 수리의 형식을 빌려 창경궁을 짓기 시작했습니다.

그날, 성종 16년(1485) 5월 7일에 드디어 인수대비와 인혜대비가 거처를 창경궁으로 옮겼습니다. 이때 성종은 홍화문 안에서 이들을 영접하였지요. 그리고 승정원에 다음과 같은 어서(御書)를 내렸습니다.

"새로 창경궁을 세운 것은 본래 세 분의 대비를 위한 것이다. 그런데 내가 박복하여 하늘에 죄를 얻었기 때문에 하늘이 큰 화를 내려서 영구히 무한한 슬픔을 안게 되었다. 그러나 3년의 상제를 감히 초과할 수 없어 이제 이미 복(服)을 마치고 두 분의 대비를 맞아 받들었다. ……"

— 〈성종실록〉 1485년 5월 7일

창경궁을 수리하고 있는 동안 대왕대비 정희왕후가 온양 행궁에서 세상을 떠났기 때문에 창경궁은 나머지 두 명의 대비를 위한

■ 창경궁의 정문 홍화문. 임금들은 홍화문 앞에 나와 백성들의 목소리를 직접 듣기도 했다.

처소가 되었습니다. 이후 임금들이 창경궁에 머무는 일이 생기면서 창경궁도 궁궐의 면모를 갖추기 시작했습니다. 지금은 담으로 분리되어 있지만 예전에는 창경궁과 창덕궁이 통해 있었습니다. 그래서 두 궁궐을 합해서 '동궐(東闕)'이라 부르기도 했지요.

'창경'은 경사로운 일이 많이 일어난다는 뜻입니다. 하지만 창경궁은 임진왜란과 이괄의 난, 몇 차례의 화재 때문에 불타버리고 다시 짓는 일을 거듭해야 했지요. 더구나 창경궁은 일제강점기에 들어 본격적으로 수난을 당하기 시작했습니다. 1908년에 전각들이 철거되고 그 자리에 동물원, 식물원 등이 세워지고 일본의 국화인 벚꽃이 가득 찬 일본식 공원이 되고만 것입니다. 1911년에는 창경궁을 창경원으로 격을 떨어뜨리고 놀이 기구를 설치하여 일반에게 개방하였습니다. 일본에 의해 창경궁은 궁궐로서의 위엄은 완전히 잃게 된 것이지요. 해방 후에도 오랫동안 놀이공원으로 남아 있던 창경궁은 1986년에야 다시 궁궐의 모습을 갖추고 '궁'의 이름도 되찾게 되었습니다.

창경궁이 다른 궁궐과 두드러지게 다른 점은 동향(東向)으로 지어졌다는 것입니다. 임금은 남쪽을 보고 앉아 정무를 봐야 한다는 원칙 때문에 다른 궁궐의 정전은 모두 남향으로 지어졌습니다. 그런데 유독 창경궁만이 남향으로 짓지 않은 것은 그곳이 처음에는 임금이 머물기 위한 궁궐이 아니었기 때문입니다. 이에 대해 성종도 다음과 같이 말했습니다.

> "…… 내가 생각하기를 임금은 반드시 남면(南面)하고 다스리는 것인데, 창경궁은 동향인지라 임금이 정치하는 곳이 아니라고 여긴다. 다만 창덕궁을 수리할 동안 잠시 옮겨 있을 뿐이다. ……"
>
> — 〈성종실록〉 1484년 10월 11일

창경궁의 정문인 홍화문(弘化門)도 동향이 될 수밖에 없었습니다. 창경궁의 건물들이 동향으로 배치되었기 때문입니다. '홍화'는 교화를 널리 펼친다는 뜻이지요. 홍화문은 2층으로 지어졌지만 문이 세 칸으로, 다섯 칸인 돈화문보다 규모가 작습니다. 홍화문 앞에는 사대(射臺 : 활 쏘는 장소)가 마련되어 있어 무과 시험을 보는 장소로도 쓰였는데 군사들이 훈련하며 활 쏘는 것을 보기 위해 임금이 문밖에까지 행차하기도 했습니다.

그날, 중종 33년(1538) 3월 25일에 사헌부에서는 중종이 홍화문에 나아가 활쏘기 보는 것을 만류하였습니다. 임금이 궐문 밖에 나가 인재를 뽑는 것은 아름답지 못한 일이거니와 꼭 해야 할 일도 아니라는 이유에서였습니다. 더군다나 궐문 밖에 임금이 나가 앉게 하기 위해 여러 가지 준비를 해야 하는데 그 일들이 번거롭고, 홍화문 밖은 장소가 매우 좁아 무재(武才)를 관람할 곳이 못 되니 중지하라는 것이었습니다.

그러나 중종은 "홍화문에 나가 앉는 것은 지금 처음 하는 것이 아니다. 성묘(成廟 : 성종)께서 홍화문에서 활쏘기를 시험하신 일은 내가 들은 지 이미 오래이다. 게다가 후원에서 말 타고 활 쏘는 전례가 있는데 홍화문이 후원과 무엇이 다르겠는가? 주변에서 보호하는 장수들도 있으니 의장은 대충만 갖추어도 괜찮다"라며 계속 활쏘기 참관할 것을 고집했습니다.

그런가 하면 홍화문은 다른 궁궐의 정문과 마찬가지로 임금과 백성들이 만나는 장소로도 사용되었습니다.

그날, 영조 25년(1749) 8월 15일, 영조는 세자를 거느리고 홍화문에 나아가 흉년으로 가난해진 백성들을 위로했습니다. 파리한 노인을 보면 부축하게 하고 전대가 없는 것을 보면 빈 섬을 나누어 주게 하였으며, 떠돌이로 걸식하는 사람에게는 "모두가 나의 백성이다"라며 쌀을 나누어주게 하였습니다.

또 균역법 시행을 앞둔 1750년 5월 19일에 영조는 홍화문에 나아가 백성들에게 양역(良役)에 대하여 의견을 물었습니다. 양역은

16세부터 60세까지의 양인(良人)이 부담하던 군역(軍役)을 말합니다. 영조는 백성들에게 호포(戶布 : 봄과 가을에 집집마다 무명이나 모시 따위로 내던 세법)와 결포(結布 : 논밭 1결에 대해 삼베나 무명 2필을 받는 세법) 중 어떤 것이 더 편한가를 물었지요. 결론이 나지 않자 영조는 호포든 결포든 징수하는 모든 군포를 반으로 줄이는 균역법을 시행하였습니다.

조선시대의 백성들은 농사지은 것에 대한 세금과 더불어 군역을 부담해야 했습니다. 군역은 원래 노동력을 징발하는 것이었습니다. 그런데 농민들이 군역 대신 베(군포)를 짜서 내면 그것을 군사력이 필요한 지방에 보내 비용으로 쓰게 하는 제도가 시행되면서 군역도 세금으로 바뀌게 되었습니다. 군역은 양반을 제외한 농민들만 부담하는 것으로, 농민들에게 엄청난 부담이 되었지요. 군역을 피하기 위해 도망가면 이웃과 친척이 대신 물어내야 했고 (인징, 족징), 징수 대상이 아닌 어린 아이나 죽은 사람에게까지 징수(황구첨정, 백골징포)하는 부정부패가 성행하였습니다. 영조는 이런 백성들의 부담을 줄여주기 위해 균역법을 시행한 것입니다. 균역법은 탕평책, 청계천 준설과 함께 영조의 3대 업적으로 꼽히는 일입니다.

그날, 정조 18년(1794) 11월 17일, 정조는 홍화문에 나아가 황태를 나누어주고 선비들에게 시험을 보였습니다. 황태는 겨울에 얼리고 건조하기를 반복한 명태인데, 이해 공물로 올라올 과일이 들어오지 않아 황태로 대신했다는 것입니다. 또 이듬해 6월 18일

■창경궁의 금천교인 옥천교. 다리의 아랫부분 두 개의 홍예가 만나는 곳에는 귀면을 조각해놓았다.

에 정조는 홍화문에 친히 나와서 굶주린 백성들에게 쌀을 내려주기도 했습니다.

홍화문을 들어서면 궁궐 밖과 안을 구분하는 금천이 보입니다. 금천 위에 놓인 돌다리는 옥천교(玉川橋)입니다. 성종 때 만들어진 옥천교 아랫부분은 두 개의 홍예로 나뉘어 있습니다. 사악한 기운이 물길을 따라 들어오는 것을 막기 위해 두 홍예가 만나는 지점에는 귀면을 조각하였습니다. 다리의 난간 양 끝 기둥에는 돌로 만든 서수를 올려놓았고 다리 중앙에는 양옆보다 한 단 높게 어도(御道)를 만들었습니다.

옥천교를 지나면 명정문(明政門)이 있습니다. '명정'은 밝은 정치

라는 뜻이지요. 명정문은 창경궁의 치조 공간이 시작되는 문입니다. 명정문에서는 즉위식 등 국가의 중대한 행사가 열렸습니다. 중종이 창경궁에서 세상을 떠났기 때문에 그 뒤를 이은 인종은 명정문에서 즉위식을 했습니다. 또 훗날 효종이 되는 봉림대군은 이곳에서 세자로 책봉되었지요. 그런가 하면 인조는 이괄의 난이 일어나자 명정문을 통해 몽진 길에 올랐습니다.

그날, 인조 2년(1624) 2월 8일 밤, 인조는 명정문으로 나아가 말을 타고 창경궁을 빠져나갔습니다. 숭례문에 이르러서는 돌로 자물쇠를 부수게 하여 도성 밖으로 나갈 수 있었습니다. 그런데 한강 나루에 닿았을 때 기다리는 배는 한 척도 없었고, 건너편 언덕에 숨겨져 있던 몇 척의 배는 불러도 오지 않았습니다. 무사 한 사람이 칼을 뽑아들고 헤엄쳐 건너가서 배 안에 있던 사람을 베고 배를 끌고 돌아와서야 인조를 태울 수 있었습니다. 인조가 탄 배가 강물 한가운데 이르렀을 때 도성을 돌아보니, 궁궐이 난민에게 불태워져 불꽃이 이미 하늘에 치솟고 있었습니다.

외적의 침입이 아닌 내란으로 임금을 몽진가게 만든 이괄의 난은 인조반정의 논공행상이 잘못된 데서부터 비롯되었습니다. 1623년에 일어난 인조반정 때 반정군 대장이던 김류는 거사하는 약속 시간에 나타나지 않았습니다. 거사 당일에까지 자신의 거취를 결정하지 못한 것이지요. 이 때문에 하마터면 어렵게 모은 반정군이 흩어져버릴 뻔했습니다. 그때 이귀의 추천으로 이괄이 총대장을 대신하게 되었습니다. 그런데 김류가 뒤늦게 나타났습니다. 이괄은 김류를 베어버리려 했지만 이귀가 말려서 살려둘 수밖에 없었습니다.

반정을 성공적으로 끝낸 후 각자의 공로에 따라 상을 내리는데 반정을 실패로 몰고갈 수도 있었던 김류는 1등 공신에 올랐습니다. 그에 비해 그 뒤치다꺼리를 해야 했던 이괄은 그보다 못한 2등 공신이 되었습니다.

얼마 후 이괄은 여진족을 막기 위해 평안병사로 임명되어 북방으로 떠나게 되었습니다. 조정에 남아 있던 반정의 주체 세력들은 논공행상에 불만을 품고 있는 이괄을 경계했지요. 이괄은 공신이 아니라 감시의 대상이 되어버렸습니다. 1624년, 이괄이 반란을 일으킬 준비를 하고 있다는 보고를 받은 인조는 이괄의 아들 등을 잡아들이게 했습니다. 이런 소식을 들은 이괄은 급히 휘하 군관들을 소집하였습니다. 1월 22일 반란군을 이끌고 본거지인 영변을 출발한 이괄은 2월 9일 마침내 도성을 점령하였습니다.

이괄은 선조의 아들인 흥안군을 왕으로 추대하였습니다. 백성들은 공주로 피란 가는 인조를 따르기보다는 이괄의 군대를 환영했습니다. 반정을 일으킨 인조가 그때까지 명나라의 고명을 받지 못한 상태여서 인조나 이괄이나 국제적인 정통성을 확보하지 못하기는 마찬가지였습니다.

그런데 쉽게 얻은 승리와 도성 점령으로 자신감이 지나쳐 방심한 이괄의 군대는 도원수 장만을 앞세운 정부군과의 전투에서 패하고 말았지요. 이괄은 남은 군사들을 이끌고 인조를 쫓아가 최후의 일전을 벌이려 했지만 그의 군대 안에서 내분이 발생하였습니다. 승산이 없다고 판단한 이괄의 부하들이 이괄 등 주동자의 머리를 베어 들고 인조에게 항복하고 말았습니다. 이로써 20여 일 동안 도성을 쑥밭으로 만든 이괄의 난은 평정되었습니다.

명정문에 들어서면 명정전이 보입니다. 명정전은 사방이 행각으로 둘러싸여 있습니다. 명정전을 바라보고 섰을 때 왼쪽, 즉 남쪽 행각에는 정조가 만든 친위 부대인 장용영(壯勇營)의 일부가 주둔해 있었습니다. 장용영은 1793년 정조의 명에 따라 무예 출신과 무예별감으로 장교를 지낸 사람 30명과 군사 500여 명을 가려 뽑아 만든 정예 부대입니다. 엄격한 선발을 거친 장용영 군사들은 철저한 조련을 통해 활쏘기와 조총 사격, 창검 무예인 24기를 연마했지요. 이들은 정조가 강력한 왕권을 유지해나갈 수 있도록 뒷받침했고, 화성의 방어와 정조의 화성 행차 호위를 맡기도 했습니다.

남쪽 행각에 있는 광정문(光政門)으로 나가보겠습니다. 광정문 밖에는 넓은 뜰이 있습니다. 이곳은 예전에 창경궁의 궐내각사가 있던 자리입니다. 그런데 지금은 하나도 남아 있지 않고 멀리 돌로 만든 관천대(觀天臺)만 보일 뿐이지요. 관천대는 이름 그대로 천문을 살피는 시설입니다. 화강암으로 쌓은 석대 위에 천문 관측 기구인 소간의(小簡儀)를 설치하여 천체의 움직임을 살폈다고 합니다. 농경 사회였던 조선에서는 천체를 관측하여 절기와 기후 등을 알아보는 것이 무척 중요한 일이었습니다. 그래서 임금이 직접 나서서 천체를 관측하여 백성들이 농사를 짓는 데 도움을 주기도 했습니다. 계단과 난간으로 만들어진 관천대 위에 있는 돌기둥 같은 시설이 소간의 설치대입니다. 이 관천대는 숙종 14년(1688)에 세워진 것으로, 17세기의 천문 관측 시설의 양식을 온전하게 보여주는 귀중한 유적입니다.

관천대를 등지고 담 너머를 보면 문정전(文政殿)이 보입니다. '문정'은 학문으로 정치를 펼친다는 뜻입니다. 문정전은 임금의 편전으로, 명정전과 달리 남향집입니

■ 숙종 14년에 세워진 관천대. 임금이 여기서 직접 천체를 관측하여 백성들의 농사에 도움을 주기도 했다.

■임금의 편전으로 지어진 문정전. 영조의 첫 번째 왕비 정성왕후의 혼전으로 쓰이기도 했는데 그때의 이름은 휘령전이었다.

다. 광해군은 임진왜란으로 소실된 궁궐들을 복구하면서 문정전도 명정전에 맞춰 동향으로 지으면 어떻겠느냐고 신하들에게 의견을 물었습니다. 사간원에서는 다음과 같은 이유로 문정전을 다시 지어서는 안된다고 주장했습니다.

"…… 한 궁에 정전은 하나밖에 없습니다. 지금 이 문정전은 바로 경연을 열어 신하들을 접견하는 편전이니, 명정전과 나란히 세워 정전이 둘이 되게 하여 옛 제도를 문란케 해서는 안 된다는 것이 분명합니다. 명정전은 지세가 협착하고 뜰이 넓지 못하여 다른 궁에 비교하면 겨우 모양을 갖추고 있습니다. 그런데 이제 만약 그 터를 나누고 대정(大庭 : 큰 마당)을 쪼개어 명정전과 나란히 동쪽을 향해 짓는다면 이 문정전이 정전이 되므로 사의(事宜 : 마땅한 일)에 크게 어긋납니다. 조종조에서 문정전을 명정전 옆에 세울 때 방향을 남쪽으로 향하게 하고 작은 전(殿)을 만들어 별도로 하나의 처소로 삼았는데, 이는 거처하기에 편리하게 하기 위한 것일 뿐만 아니라, 정전과 구별을 하기 위해서 그렇게 했던 것입니다. 어찌 의도가 없이 그렇게 하였겠습니까. 더구나 지금은 옛 궁궐을 다시 지어 백성들을 수고롭게 할 때가 아니니 모든 규모를 그전보다 크게 해서는 안 될 것입니다. …… 옛 사람이 이르기를 '옛터를 버리지 말라' 하였고, 또 '반드시 고쳐야 할 필요는 없다'라고 하였습니다. 우러러 천문을 보건대 경계하는 것이 두렵고 아래로 백성을 굽어보면 재물이 이미 바닥이 났으니, 옛 제도를 경솔히 바꾸어 백성들을 거듭 지치게 할 수 없습니다. 청컨대 문정전을 허물지 말고 옛 제도에 맞춰 다시 중수하여 후일에도 볼 수 있게끔 함으로써 백성의 수고로움을 덜어 주고 하늘의 견책에 보답하소서."

— 〈광해군 일기〉 1616년 2월 18일

문정전은 영조의 첫 번째 왕비 정성왕후가 세상을 떠났을 때 위패를 모시는 혼전으로 쓰였습니다. 이때의 전각 이름은 휘령전(徽寧殿)이었는데 영조는 창경궁에서 대리 청정을 하고 있던 사도세자와 함께 이곳에 자주 참배하러 오곤 했습니다.

영조는 첫째 아들 효장세자(孝章世子)가 10세의 어린 나이에 세상을 떠난 후 8년 동안 아들을 낳지 못했습니다. 사도세자가 태어났을 때 영조는 이미 40세를 넘긴 나이였지요. 하루 빨리 후계자를 교육시켜 강력한 임금으로 만들어야겠다고 생각했던 영조는 사도세자가 두 살 때 세자 책봉을 했습니다. 영조는 영민한 사도세자에게 큰 기대를 걸었습니다. 그런데 10세가 지나가면서 사도세자는 영조의 기대에 어긋나기 시작했습니다. 학문을 게을리하고 정신병까지 얻었습니다. 의대증이라는, 옷을 쉽게 입을 수 없는 병에 걸렸는데 옷을 한번 입으려면 몇 벌을 찢어버리기 일쑤였습니다. 급기야 옷 시중을 들던 궁녀를 죽이기도 했지요. 실망한 영조는 엄하게 꾸짖었고 그럴수록 사도세자의 병세는 더 심해졌습니다.

영조가 경희궁으로 옮겨가자 사도세자는 궁궐 밖의 기녀를 끌어들였고 심지어는 여승까지 데려와 잔치를 벌이기도 했습니다. 또 영조에게 말도 않고 관서지방을 유람하고 돌아왔고 하루 세 차례 올려야 했던 문안을 한 번도 올리지 않았습니다. 사도세자의 이러한 기행에 대해 세자빈이었던 혜경궁 홍씨는 다음과 같이 기록하였습니다.

"…… 대저 옷을 한 가지 입으려 하시면 열 벌이나 스물, 서른 벌이나 하여 놓으면, 귀신인지 무엇인지 위하여 놓고, 혹은 불사르기도 하고, 한 벌을 순하게 갈아입으시면 천만다행이요, 시종 드는 아이가 조금만 잘못하면 옷을 입지 못하여 당신이 애쓰시고 사람이 다 상하니 이 아니 망극한 병이냐. …… 신사년(1761년) 미행 때 여승 하나, 관서 미행 때 기생 하나 데려다가 궁중에 두시고 잔치한다 할 제는 사랑하시는 궁중의 천한 계집들과 기생들이 들어와서 잡되게 섞여서 낭자하였으니 만고에 그런 광경이 어디 있으리오. …… 갑자기 땅을 파고 집 세간을 짓고 사이에 장지문을 만들어 달아서 마치 광중(시체를 묻는 구덩이) 같이 만들고, 드나드는 문은 위로 내고 널판자 뚜껑을 하여, 사람 하나가 겨우 다닐 만하고 그 판자 위에 떼를 덮었다. 그 땅 속 집이 지은 흔적이 없자 아주 좋아하시며 그 속에 옥등을 켜 달고 앉아계셨다. 그것은 부왕께서 오셔서 당신을 찾으셔도 찾지 못하시도록 감추고자 하시는 것이지 다른 뜻이 없었다. ……"

― 〈한중록〉

게다가 부자간의 분란을 틈타 자신의 잇속을 차리려는 사람들의 농간 때문에 두 사람의 사이는 점점 더 벌어졌지요. 당시는 노론과 소론으로 당파가 나뉘어 있었습니다. 노론은 영조의 즉위를 도운 사람들이고 소론은 그 반대편에 선 사람들이었습니다. 영조는 즉위 직후부터 당파를 없애기 위해 여러 가지 노력을 했습니다. 탕평책을 실시하여 소론을 등용하기도 했지만 당파 간의 갈등은 좀처럼 사라지지 않았습니다. 이런 당파 싸움은 부자 사이를 극단적인 갈등으로 몰고 갔습니다. 영조를 미워하는 소론은 사도세자 편에 서고 이를 못마땅하게 여긴 노론은 끊임없이 사도세자를 음해했습니다. 사도세자의 주변 인물들마저도 그의 편이 아니었지요. 영조의 계비인 정순왕후, 영조의 후궁 숙의 문씨, 사도세자의 여동생들은 물론 사도세자의 생모 영빈 이씨, 장인 홍봉한까지도 사도세자를 외면했습니다. 이들은 앞 다투어 사도세자의 비행을 수시로 영조에게 고하였고 영조는 아들을 구제 불능의 인간으로 여기게 되었습니다.

갈등이 최고조에 이르렀을 무렵인 1762년, 형조판서 윤급의 청지기였던 나경언이 노론의 사주를 받아 세자의 비행 10조목을 상소하였습니다. 그때 영조는 크게 화를 냈습니다.

"영의정 홍봉한을 통해 나경언의 고변을 들은 임금(영조)은 책상을 치면서 크게 놀라 말하기를, '변란이 주액(肘腋 : 겨드랑이)에 있게 되었으니, 마땅히 친국하겠다'하고 성문 및 아래 대궐의 여러 문을 닫으라고 명하였다. …… 홍봉한이 급히 창덕궁으로 가서 세자에게 보고하매, 이때가 바야흐로 이경(밤 열시쯤)이었는데 세자는 크게 놀라 창경궁 홍화문에 나아가 엎드려 대죄하였다. …… 임금이 창문을 밀치고 크게 책망하기를, '네가 왕손(王孫)의 어미를 때려죽이고, 여승을 궁으로 들였으며, 몰래 관서에 다녀오고 북성(北城)으로 나가 유람했는데, 이것이 어찌 세자로서 행할 일이냐? 사모를 쓴 자들은 모두 나를 속였으니 나경언이 없었더라면 내가 어찌 알았겠는가? 왕손의 어미를 네가 처음에 매우 사랑하여 우물에 빠진 듯한 지경에 이르렀는데, 어찌하여 마침내는 죽였느냐? 그 사람이 아주 강직하였으니, 반드시 네 행실과 일을 간(諫)하다가 이로 말미암아서 죽임을 당했을 것이다. 또 장래에 여승의 아들을 반드시 왕손이라고 일컬어 데리고 들어와 문안할 것이다. 이렇게 하고도 나라가 망하지 않겠는가?'하니, 세자가 분함을 이기지 못하고 나경언과 면질하기를 청하였다. 임금이 책망하기를, '이 역시 나라를 망칠 말이다. 대리 청정을 하는 저군

■ 이곳 문정전 앞마당에서 사도세자가 뒤주에 갇혀 세상을 떠났다.

(儲君 : 임금의 자리를 이를 사람)이 어찌 죄인과 면질해야 하겠는가?'하
니, 세자가 울면서 대답하기를, '이는 과연 신의 본래 있었던 화증(火
症)입니다'하였다. 그 얘기를 들은 임금은 '차라리 발광(發狂)을 하는
것이 낫지 않겠는가?'하고, 물러가기를 명하니, 세자가 밖으로 나와
옥천교 위에서 대죄하였다."

— 〈영조실록〉 1762년 5월 22일

이후 영조는 세자를 폐하고자 했지만 차마 말을 꺼내지 못하고
있었습니다. 그런데 궁궐 내부에서 유언비어가 돌기 시작하자 영
조는 사도세자를 죽일 결심을 했습니다. 놀라운 것은, 그 유언비
어의 내용은 알 수 없지만 사도세자의 생모인 영빈 이씨가 영조에

게 전한 것이라는 사실입니다. 결국 사도세자는 아버지와 어머니의 손으로 죽음을 당하게 된 것이지요. 이 사건이 바로 임오화변(壬午禍變)입니다.

그날, 영조 38년(1762) 윤5월 13일, 영조는 사도세자에게 휘령전(문정전) 참배에 동행하라 하였습니다. 그런데 세자가 병이 났다며 나오지 않으니 영조는 도승지 조영진(趙榮進)을 보내서 세자가 나오도록 재촉하였습니다. 뒤늦게 휘령전에 나타난 세자가 뜰 가운데서 절을 마치자, 영조가 갑자기 손뼉을 치면서 말했습니다.

"……여러 신하 역시 영혼의 말을 들었는가? 정성 왕후의 영혼께서 나에게 이르기를, '변란이 호흡 사이에 달려 있다'라고 하였다……"

— 〈영조실록〉 1762년 윤5월 13일

이 말을 마친 영조는 휘령전의 문을 네댓 겹으로 굳게 막도록 하고 사람의 출입을 금하였습니다. 영조는 세자에게 땅에 엎드려 관(冠)을 벗고, 맨발로 머리를 땅에 조아리라고 하며 자결할 것을 명했습니다. 세손(훗날의 정조)이 들어와 관과 도포를 벗고 세자의 뒤에 엎드리니 영조가 세손을 시강원으로 보내고 다시는 들어오지 못하게 하라고 명하였습니다. 영조가 칼을 들고 자결을 재촉하니 사도세자가 자결하려 했지만 주변의 여러 신하가 말렸습니다. 영조는 세자를 폐하여 서인으로 삼는다는 명을 내렸습니다. 세자가

■문정전의 내부. 영조는, 자신
이 아들을 죽인 것을 후회하
는 글 '금등 문서'를 이곳에 감
춰두었다.

땅에 엎드려 애걸하며 용서해주기를 빌었지요. 이때의 상황을 혜
경궁 홍씨는 다음과 같이 기록하였습니다.

"대조(大朝 : 영조)께서 휘령전(문정전)에 앉으시고, 칼을 안고 두드
리오시며 그 처분을 하시게 되니, 차마차마 망극하니, 이 광경을 내
차마 기록하리오? 섧고 섧도다. 사도세자가 나가시자, 즉시 대조께
서는 노하신 성음으로 나무라시는 소리가 들리오니, 휘령전이 덕성
합과 머지 아니하니, 담 밑에 사람을 보내어 보니, 벌써 세자께서
용포를 벗고 엎드려 계시더라 하니, 대처분(사도세자가 죽임을 당하는
일)이 오신 줄 알고, 천지 망극하야 가슴이 무너지고 찢어지는지라.

거기에 있어 부질없어, 세손 계신 데로 와 서로 붙들고 어찌해야 할 줄을 모르더니, 신시 즘에 내관이 들어와 바깥 소주방에 쌀 담는 궤를 내라 한다 하니, 어찌된 말인고? 마음이 급하고 정신이 없어 내지 못하고, 세손궁이 망극한 조처가 있는 줄 알고 휘령전에 들어가, "아비를 살려 주옵소서"하니, 대조께서 나가라 엄히 하오시니, 나와 왕자 재실(왕자가 공부하던 집)에 앉아 계시니, 내 그 때 정경이야 고금천지 간에 없으니, 세손을 내어 보내고 일월이 깜깜해지니, 내 일시나 세상에 머물 마음이 있으리요? 내가 칼을 들어 자진하려 했더니, 옆의 사람이 빼앗아서 뜻 같지 못하고, 숭문당을 거쳐서 휘령전 나가는 건복문이라 하는 문 밑에를 가니, 아무 것도 뵈지 않고, 다만 대조께서 칼 두드리오시는 소리와, 소조(사도세자)께서, "아바님 아바님, 잘못하얐사오니, 이제는 하라 하옵시는 대로 하고, 글도 읽고 말씀도 다 들을 것이니, 이리 마오소서" 하시는 소리가 들리니, 간장이 마디마디 끊어지듯 하고 앞이 막히니, 아무리 가슴을 두드린들 어찌하리요? 뒤주에 들라 하신들 당신 힘과 건강한 기운으로 아모쪼록 아니 드시지, 어이 필경에 들어 계시던고? 처음은 뛰어 나가랴 하시옵다가, 이기지 못하여 그 지경에 이르렀으니 하늘이 어찌 이대도록 하신고? 만고에 없는 설움뿐이며, 내 문 밑에서 호곡하되, 응하심이 아니계신지라."

— 〈한중록〉

뒤주에 갇힌 사도세자는 8일 만인 윤5월 21일에 숨이 끊어졌습니다. 그의 나이 28세였습니다. 세자의 숨이 끊어졌다는 말을 들은 영조는 30년에 가까운 부자간의 정과 세손의 마음을 생각하여 행하는 조치라며 세자의 자리를 회복시키고 '사도(思悼)'라는 시호를 내려주었습니다.

영조는 자신이 아들을 죽인 것에 대해 후회하며 모든 것이 당쟁에서 비롯된 것이라는 내용의 글을 써서 남겼습니다. 이 글, '금등(金縢 : 비밀 서류를 넣어 쇠줄로 단단히 봉한 상자. 주공(周公)이 무왕의 병을 낫게 하기 위하여 자신의 목숨과 바꾸게 해달라고 하늘에 기원했던 글을 넣어둔 데서 나온 말) 문서'를 감춰두었던 장소도 이곳 문정전입니다.

영조는 생전에 휘령전(문정전)에 나아가 사관도 문밖으로 물러가게 하고 도승지였던 채제공(蔡濟恭)만 남게 한 적이 있답니다. 체제공은 사도세자의 폐위를 끝까지 반대하다가 귀양까지 갔던 인물이니 영조에게 아들 문제에 있어서는 믿을 만한 사람으로 여겨졌겠지요. 영조는 채제공에게 글 한 통을 주면서 신위(神位) 밑에 있는 요의 꿰맨 솔기를 뜯고 그 안에 넣어두게 하였답니다. 그 문서가 바로 금등 문서였습니다.

정조는 즉위한 바로 그해인 1776년에 이 문서를 열어보았답니다. 하지만 정조는 그 문서를 혼자 간직하고 있다가 17년이 지난 1793년에야 대신들에게 공개하였습니다. 그해 5월 28일에 채제공이 올린 상소 때문이었습니다. 이 상소에서 채제공은 사도세자를 죽음에까지 몰고 간 사람은 모두 처벌하자고 주장하였습니다. 바로 전 해인 기유년(1792), 사도세자의 묘소 현륭원을 화성으로 옮길 때 정조가 소맷자락에 흘린 눈물이 피로 변하여 점점이 붉게 물든 것을 봤기 때문에 더 이상 참고 있을 수 없었다는 것이지요. 그는,

이 상소가 임금을 슬프게 할 것을 알고 있지만 마음을 슬프게 하는 것은 작은 일이고 의리를 밝히는 것은 천지의 큰 법도이므로 다른 것을 돌볼 겨를이 없이 충심을 다해 상소문을 올렸다고 했습니다.

상소를 본 정조는 크게 화를 냈습니다. 그리고 "나도 모르게 등에 땀이 젖고 마음이 오싹해진다"라며 이 상소문을 돌려보냈습니다. 정조로서는 차마 들을 수도, 입에 담을 수도 없는 말을 채제공이 꺼낸 것이고 이 사건을 들춘다면 조정에 큰 혼란이 일어나는 것은 물론 선왕인 영조에게까지 화가 미칠 것이기 때문이었습니다.

그런데 이 상소가 대신들에게 알려져 조정에서 큰 문제가 되었습니다. 앞장서서 사도세자를 모함했던 노론에게는 크나큰 위협이 되었기 때문이지요. 노론은 '사도세자의 죽음에 의문을 제기하는 자는 역적'이라 한 영조의 말을 들어 채제공을 처벌해야 한다고 떠들어댔습니다.

정조는 그해 8월 8일, 대신들을 모아놓고 채제공이 그런 상소를 올린 배경에 금등 문서가 있다고 말했습니다. 채제공이 금등 문서의 내용을 알기 때문에 관련자 처벌을 말한 것이니 이는 속에서 우러나온 충성과 의리의 발로라며 채제공 비난을 그만둘 것을 명하였습니다. 그러면서 금등 문서 가운데 두 구절을 베껴낸 쪽지를 대신들에게 보여주었습니다. 그때 유일하게 공개된 구절은, "피 묻은 적삼이여, 피 묻은 적삼이여, 동(桐)이여, 동이여, 누가 영원토록 금등으로 간수하겠는가. 나의 품으로 돌아오기를 바라고 바란다(血衫血衫, 桐兮桐兮, 誰是金藏千秋, 予懷歸來望思)"입니다.

정조는 "너무 슬프고 원통하여 차마 제기할 수 없어 아직껏 감히 말하지 못했던 것인데, 오늘에서야 한 번 말하지 않을 수 없음을 깨닫고 비로소 말하게 된 것이다"라며 뒤늦게 문서를 공개하는 이유를 밝혔습니다. 그러면서 지나간 일을 다시 거론할 생각이 없으니 나랏일에 협조하라고 대신들에게 당부하였습니다.

앞의 두 구절 외에 금등 문서의 내용은 전하지 않습니다. 또 이 문서가 진짜 영조가 쓴 것인지 증명할 근거도 없다고 합니다. 다만 사도세자를 무고하여 죽음에까지 이르게 한 숙의 문씨(淑儀文氏)의 처벌에 관한 내용도 담겨 있었음을 짐작할 수 있을 뿐입니다.

문정전을 바라보고 왼쪽으로 돌아 나오면 명정전(明政殿) 옆으로 이어집니다. 명정전은 창경궁의 정전입니다. 명정전은 앞면 다섯 칸, 옆면 세 칸으로 열다섯 칸짜리 동향 건물입니다. 두 단의 월대 위에 서 있지만 단층으로, 그 규모가 다른 궁궐의 정전에 비해 작습니다. 하지만 광해군 때 지어진 명정전은 현재 남아 있는 정전 가운데 가장 오래된 건물입니다.

명정전 앞마당에도 품계석 스물네 개가 서 있습니다. 좌우 품계석 사이에 있는 삼도는 명정전 월대의 세 개의 계단으로 연결되고 어도가 연결된 곳에는 날개를 편 봉황을 조각한 답도가 있습니다. 명정전 내부 바닥에는 전돌이 깔려 있고 정면에는 일월오봉병을 두른 어좌가 놓여 있습니다. 천장은 '우물 정(井)' 자 모양이 연속되는 우물천장이고 가운데 한 층을 더 올린 보개가 설치되어 있습니다. 그 보개 안에는 두 마리의 봉황이 장식되어 있습니다.

처음 창경궁은 대비들의 처소로 지어졌기 때문에 명정전은, 나

■ 창경궁의 정전인 명정전. 명정전은, 처음에는 과거 시험이나 연회의 장소로 쓰이다가 인종이 즉위
  할 때부터 정전의 역할을 시작했다.

랏일을 보는 장소가 아닌 과거 시험이나 잔치를 여는 장소로 사용
되었습니다. 그런데 중종이 창경궁에서 세상을 떠났기 때문에 인
종이 이곳 명정전 앞에서 즉위했는데 이 일이 정전 역할의 시작이
되었습니다. 인조 때부터는 명정전이 본격적으로 나랏일을 펼치
는 장소가 되었고 후대 임금이 창덕궁이나 경희궁으로 옮겨 갔을
때 명정전은 국상과 관련된 장소로 사용되기도 했습니다.

그날, 고종 19년(1882) 6월 10일, 고종은 명성황후가 세상을
떠났다고 발표하며 명정전 뜰을 망곡처(望哭處 : 상여가 나갈 때까지
곡을 올리는 장소)로 하라고 전교하였습니다. 명성황후는 이로부터

닷새 전인 6월 5일에 일어난 임오군란 때 행방불명되었습니다.

임오군란은 급료를 제대로 받지 못한 구식 군대인 무위영 소속 군사들이 일으킨 난입니다. 이 해에 구식 군대가 폐지되었는데 남아 있던 군사들도 13개월 동안이나 급료를 받지 못하고 있었지요. 뒤늦게, 그것도 겨와 모래가 섞인 쌀로 급료를 나눠주자 군사들은 관리를 구타하였습니다. 이 사건은 폭동으로 번졌고 민씨 정권과 외세에 대한 투쟁으로 발전하였습니다.

명성황후는 창덕궁으로 몰려온 반군을 피해 경기도 장호원으로 피신하였고 고종은 사태 수습을 위해 정권을 흥선대원군에게 넘겼습니다. 잠시 정권을 잡은 흥선대원군은 반군을 회유하기 위해 왕비가 세상을 떠났다고 발표하게 하였습니다. 이리하여 명정전은 살아 있는 왕비의 장례를 치르기 위해 곡을 하는 장소가 되었습니다.

국상을 발표한 후에도 명성황후를 찾고자 애썼지만 시신도 찾지 못했습니다. 그러자 고종은 왕비가 생전에 입던 옷을 가지고 장사지내도록 하였습니다. 대신들은 장례를 치르는 일이 급할 것 없다며 "만일 이 하교를 받든다면 당대의 죄인이 될 뿐만 아니라 역사책에 기록되어 만대의 죄인이 될 것입니다"라며 더 찾아보자고 했지요. 하지만 고종은 "정말 더는 찾아볼 방도가 없다. 찾아내지 못한 것을 어떻게 하겠는가?"라며 장례를 강행했습니다. 아버지 흥선대원군의 뜻을 거스를 수 없었기 때문입니다.

그로부터 얼마 후 흥선대원군은 청나라에 끌려가고 다시 힘을 얻은 명성황후는 그해 8월 2일에 창덕궁으로 돌아왔습니다. 훗날

■숭문당. 영조는 자주 이곳에 태학생들을 불러 대화를 나누고 술자리도 베풀었다.

을미사변 이후 치러진 장례 때도 명성황후의 재궁에는 시신 없이 옷가지만 넣어야 했습니다. 두 번의 장례, 그것도 두 번 다 시신 없이 치른 국모(國母)의 장례가 민족사의 비극을 단적으로 말해주는 듯합니다.

명정전과 문정전 사이에 난 길로 나가면 왼쪽에 숭문당(崇文堂)이 있습니다. '숭문'은 학문을 숭상한다는 뜻으로, 현판은 영조의 어필입니다. 숭문당은 앞면에서 보면 누각처럼 높직하지만 뒤에서 보면 그저 평범한 단층 건물입니다. 지형에 맞춰 지었기 때문입니다.

숭문당은 창덕궁과 성균관 중간쯤에 있어서 임금이 유생들을 만나는 장소로 주로 쓰였습니다. 영조는 자주 이곳에 태학생들을

■ 치조와 연조의 경계인 빈양문.
임금이 명정전이나 문정전까지
나갈 일이 아니라면 이 문까지
만 나와서 일을 보았다.

불러 대화를 나누고 주연을 베풀기도 하였지요. 또 영조는 숭문당
에서 자신의 첫 번째 손자를 세손으로 책봉했습니다.

그날, 영조 27년(1751) 5월 13일, 두 살이던 의소세손(懿昭世孫)
은 어른들의 품에 안겨 숭문당에서 세손 책봉의 예를 치렀습니다.
그 전 해, 창경궁의 경춘전에서 태어난 의소세손은 사도세자와 혜
경궁 홍씨의 아들이었습니다. 그는 정궁의 몸에서 태어난 적장자
였으므로 갈등할 필요 없이 원손이 되었고 이듬해 바로 세손에 오
를 수 있었습니다. 그런데 의소세손은 세 살이던 1752년에 세상
을 떠나고 말았습니다. 그 해 태어나 세손 자리를 이어받은 의소
세손의 동생이 바로 정조입니다.

명정전에서 숭문당 옆으로 뻗은 복도 끝에 있는 문은 빈양문(賓陽門)입니다. '빈양'은 양기가 머문다는 뜻입니다. 이 문은 치조와 연조를 경계 짓는 문입니다. 그래서 명정전이나 문정전까지 나와야 하는 일이 아니라면 내전에 있던 임금은 이곳 빈양문까지만 나와서 일을 보았습니다. 영조는 친히 빈양문에 나아가 선농단에서 쓸 향과 축문을 전하기도 했습니다.

빈양문으로 들어가면 오른쪽으로 함인정(涵仁亭)이 보입니다. '함인'은 임금의 어질음이 깊음을 나타내는 말입니다. 지금의 함인정은 사면이 트인 정자이지만 원래는 삼면이 벽으로 막혀 있었다고 합니다. 그래서 이곳은 편전으로 이용되기도 했지요. 마루로 된 바닥은 가운데가 높게 만들어졌습니다. 그 곳은 임금의 자리가 있던 곳입니다. 천장에는 고운 단청을 입혔는데 사방의 처마에는 사계절을 표현한 글귀가 걸려 있습니다. 각각 계절의 방향에 맞춰 걸려 있는 이 글들은 중국의 시인 도연명이 지은 〈사시(四時)〉라는 시입니다.

春水滿四澤(춘수만사택 : 봄의 물은 사방의 연못에 가득 차고)
夏雲多奇峰(하운다기봉 : 여름의 구름은 기이한 봉우리마다 걸려 있네.)
秋月揚明輝(추월양명휘 : 가을의 달은 밝게 빛나고)
冬嶺秀孤松(동령수고송 : 겨울의 고개에는 빼어난 소나무 한 그루 외롭게
서 있네.)

함인정에는 이 시말고도 또 다른 게판들이 걸려 있는데 이는 영

■ 함인정(오른쪽)과 환경전(왼쪽). 함인정은 원래 삼면이 벽으로 막혀 있고 편전으로도 사용되었던 건물이다.

조의 글들입니다. 영조가 명정전에 설치되었던 혼전에 제사 지내러 나왔을 때 쓴 글이라고 합니다. 이 글들에는 조상을 추모하고 백성들의 고통을 걱정하는 마음이 담겨 있습니다.

함인정의 앞마당은 넓게 트여 있습니다. 그래서 역대 임금들은 과거 합격자를 만나거나 경연을 하는 등 많은 사람을 한꺼번에 만날 때 이곳을 이용했습니다. 특히 영조가 이 함인정을 가장 애용했던 것 같습니다.

그날, 영조 26년(1750) 2월 23일, 영조는 함인정에서 생진과(生進科) 합격자 전원을 만났습니다. 그런데 영조는 이 자리에서 대리 시험을 엄히 다스리겠다고 말했습니다. 그 즈음에 있었던 무과 시험에서 안중욱(安重昱)이라는 사람이 뽑혔는데 제비를 뽑아 외우기를 시험하자 그는 자기가 지은 글을 외우지 못했다고 합니다. 그래서 어찌된 일인지 추궁하니 대리 시험을 보게 했다고 실토했고 합격이 취소된 일이 있었답니다. 영조는 이 예를 들면서 문과에서도 대리 시험으로 합격한 자가 있으면 엄벌하겠다고 하였습니다.

함인정 오른쪽에는 칠층 석탑이 하나 서 있습니다. 탑은 원래 불교의 유적입니다. 유교적 왕도 정치를 지향하던 조선 사회에서 궁궐 안에 탑을 세우는 것을 용인했을 리 없지요. 탑의 위치 또한 어정쩡합니다. 이 석탑은 일제강점기에 창경궁을 위락 시설로 만들면서 가져다 놓은 장식물로 보입니다.

함인정 뒤편에 환경전(歡慶殿)이 있습니다. 환경전은 임금의 침전으로, 앞면 일곱 칸, 옆면 네 칸으로 규모가 큰 건물입니다. 궁궐의 모든 건물이 화재에 취약하지만 환경전은 유독 화재로 인해 수난을 많이 겪은 전각입니다. 임진왜란 때 불타 없어졌다가 광해군 때 재건되었지만 10년도 지나지 않아 이괄의 난 때 다시 불타 버렸습니다. 인조 때 다시 지었지만 순조 때 또 화재를 겪었습니다. 그때 환경전은 순조의 아들인 효명세자의 재궁을 모신 빈전으로 쓰이고 있었습니다. 연기와 화염 속에서 간신히 세자의 재궁을 꺼낼 수 있었답니다.

환경전은 중종이 세상을 떠난 곳입니다.

그날, 중종 39년(1544) 11월 15일, 유시(酉時 : 저녁 여덟 시쯤)에 중종이 환경전 소침에서 세상을 떠났습니다. 제11대 임금 중종은 연산군을 몰아낸 반정에 의해 추대된 임금입니다. 1506년 성희안과 박원종 등은 연산군을 사로잡고 옥새를 빼앗았습니다. 이들은 성종의 계비이자 진성대군의 어머니인 정현왕후를 찾아가 진성대군이 왕위를 잇는다는 교지를 내려줄 것을 요청했습니다. 처음에 정현왕후는 진성대군이 아니라 연산군의 세자가 왕위를 이어야 한다고 주장했지요. 하지만 반정 세력은 끝내 자신들의 뜻대로 교지를 받아냈습니다. 그들은 연산군을 강화도에 유배시켰고 그 다음날 진성대군은 즉위식을 했습니다.

진성대군이었던 중종은 이렇게 임금이 되었습니다. 기묘사화를 일으켜 조광조(趙光祖) 일파를 제거해버린 사건도 있었지만 중종은 사림의 학자들을 아끼고 도학 정치를 지지했던 사람입니다. 또 민생 안정을 위해서도 많은 노력을 했고, 변방에 진을 설치하고 성곽을 보수하게 하는 한편 국경 지대의 야인들을 추방하는 등 국방에도 힘을 쏟았지요. 그래서 중종의 치세 후반에는 나름대로 태평성대를 구가할 수 있었습니다.

또 환경전은 인조의 아들 소현세자가 세상을 떠난 곳이기도 합니다. 병자호란 때 청나라에 항복한 조선은 소현세자와 봉림대군을 청나라에 인질로 보내야 했습니다. 8년 동안 중국 선양에 머물던 소현세자는 유럽으로부터 밀려들어온 선진 문물에 심취했지요. 또 명나라의 정예 부대가 청나라에 항복하는 것을 목격한 소현세자는 조선의 살 길은 명나라가 아닌 청나라에 매달리는 것이라는 사실을 절감했습니다.

그러나 인조는 치욕스러운 항복을 절대 잊을 수가 없었겠지요. 게다가 청나라는, 인조가 자신들의 뜻대로 움직이지 않으면 인조를 폐하고 세자를 임금의 자리에 올리겠다는 협박을 하기도 했습니다. 인조는 자신이 반정으로 즉위한 임금이었기 때문에 임금의 자리가 쉽게 바뀔 수 있다는 것을 누구보다도 잘 알고 있었을 것입니다. 실제로 소현세자가 귀국하기 전, 심기원이라는 반정공신이 소현세자를 옹립하는 역모를 꾸미다 발각된 일도 있었습니다. 두 차례나 전란을 당하게 한 인조가 임금 자격이 없다는 것이었지요. 그런 상황이니 인조에게 소현세자는 아들이 아니라 정적으로 보였을 것입니다.

아버지의 그런 심정을 눈치 채지 못한 소현세자는 조선을 개혁해나가겠다는 굳은 의지를 가지고 귀국길에 올랐습니다. 그런데 인조는 소현세자에 대해 적대감을 드러냈고 세자가 선물로 사온 벼루를 던져 세자의 머리에 부상을 입히기도 했습니다.

그날, 인조 23년(1645) 4월 26일 소현세자가 환경전에서 세상을 떠났습니다. 귀국한지 두 달여 만이었지요. 그날의 실록에는 소현세자에 대해 다음과 같이 쓰여 있습니다.

"세자는 자질이 영민하고 총명하였으나 기국과 도량은 넓지 못했다. …… 병자호란 때에는 부왕을 모시고 남한산성에 들어갔는데, 도적 청인(淸人)들이 우리에게 세자를 인질로 삼겠다고 협박하자, 삼사가 극력 반대하였고 임금도 차마 허락하지 못하였다. 그런데 세자가 즉시 자청하기를, '진실로 사직을 편안히 하고 아바마마를 보호할 수만 있다면 신이 어찌 그곳에 가기를 꺼리겠습니까' 하였다. 그들에게 체포되어 서쪽으로 갈 적에는 몹시 황급한 때였지만 말과 얼굴빛이 조금도 변함없었고, 모시고 따르던 신하들을 대우하는 데 있어서도 은혜와 예의가 모두 지극하였으며, 무릇 질병이 있거나 곤액을 당한 사람이 있으면 그때마다 힘을 다하여 구제하였다.

그러나 세자가 심양에 있은 지 오래되어서는 모든 행동을 일체 청나라 사람이 하는 대로만 따라서 하고 전렵(田獵 : 무기를 가지고 산이나 들에서 짐승을 잡는 일)하는 군마(軍馬) 사이에 출입하다 보니, 가깝게 지내는 자는 모두가 무인과 노비들이었다. 학문을 강론하는 일은 전혀 폐지하고 오직 화리(貨利 : 재화로 이익을 얻는 것)만을 일삼았으며, 또 토목 공사와 개나 말 기르는 것을 일삼았기 때문에 적국으로부터 비난을 받고 크게 인망을 잃었다. …… 세자가 10년 동안 타국에 있으면서 온갖 고생을 겪고 본국에 돌아온 지 겨우 수개월 만에 병이 들었는데, 의관(醫官)들 또한 함부로 침을 놓고 약을 쓰다가 끝내 죽기에 이르렀으므로 온 나라 사람들이 슬프게 여겼다. 세자의 향년은 34세로, 3남 3녀를 두었다."

― 〈인조실록〉 1645년 4월 26일

소현세자의 공식적인 사망 원인은 학질이었지만 관련자들은 세자가 독살되었다고 생각했습니다. 시체가 전부 검은 빛이었고 얼굴의 일곱 구멍에서는 모두 붉은 피가 흘러나오는 등 약물에 중독

되어 죽은 사람의 모습이었기 때문이지요. 실록에는 의관이 함부로 침을 놓았다고 했는데 인조는 사인을 제대로 규명하지도 않고 담당 의관에 대한 책임 추궁도 하지 않았습니다. 새로운 세자를 책봉하는 데도 문제가 있었습니다. 세자가 세상을 떠났을 때는 세자의 아들인 세손이 왕위를 잇는 것이 원칙이었습니다. 그런데 인조는 "불안한 시기에 어린 임금이 즉위하면 사직이 위태로울 것이다"라며 둘째아들 봉림대군을 왕위 계승자로 정했지요. 그 뿐만 아닙니다. 세자빈 강씨는 인조를 독살하려 했다는 누명을 쓰고 사약을 받았습니다. 또 세자의 아들 세 명도 제주도로 귀양 갔는데 두 명은 1년도 못되어 풍토병에 걸려 죽고 말았습니다. 위 실록의 내용도 인조 때 쓰인 것이므로 공정한 평가라고 볼 수 없습니다. 역사는 항상 승자, 살아남은 자의 편에서 기록되기 때문입니다.

환경전과 직각으로 놓여 있는 건물은 경춘전(景春殿)입니다. 경춘전은 앞면 일곱 칸, 옆면 네 칸으로 환경전과 비슷한 규모의 건물입니다. 주로 왕비의 거처로 쓰였던 건물이지만 내부는 모두 마루방으로 되어 있습니다. 현판 글씨는 순조의 어필입니다. 경춘전에서는 의소세손과 정조, 헌종이 태어났습니다.

그날, 영조 28년(1752) 9월 22일, 정조가 태어났을 때 영조는, "올해 안에 어찌 다시 왕손을 볼 줄 생각했으랴? 슬픔과 기쁨이 마음속에서 엇갈린다. 지금부터 이후로 국본(國本)이 다시 이어지게 되었으나 경오년과는 차이가 있으니, 이름을 지은 뒤에라야 이에

능히 국본을 공고히 하고 인심을 안정시킬 수 있을 것이다. 빈궁
(혜경궁 홍씨)에게서 탄생한 아들을 원손이라 정하고, 종묘에 고하
는 등의 일을 7일이 지난 이후에 거행토록 하라"라고 말했습니다.
경오년은 1750년으로 의소세손이 태어났을 때를 말합니다. 의소
세손은 사도세자와 혜경궁 홍씨의 장남으로, 정조가 태어나던 해
에 세 살의 어린 나이로 세상을 떠났는데 영조는 그 일을 상기하며
조심하고 삼갈 것을 신하들에게 당부한 것입니다.

또 경춘전에서는 의경세자(훗날 덕종으로 추존)의 빈인 인수대비,
사도세자의 빈이며 정조의 어머니인 혜경궁 홍씨, 숙종의 비인 인
현왕후가 세상을 떠났습니다.

수양대군의 맏아들이었던 의경세자는 20세에 세상을 떠났고 그
동생 해양대군(예종)이 왕위를 이었습니다. 의경세자의 빈(소혜왕
후, 훗날의 인수대비)은 과부가 되고 왕비 자리에서도 멀어졌지만 지
성으로 시부모를 모시고 두 아들, 월산군과 자을산군의 교육에 정
성을 다했습니다. 이렇게 철저히 준비를 하는 동안 다시 기회가
찾아왔습니다. 예종이 재위 14개월 만에 세상을 떠났기 때문이지
요. 당시 다음 왕위 계승자를 정하는 권한을 가졌던 시어머니 정
희왕후(세조 비)는 여러 가지 이유로 소혜왕후의 둘째 아들 자을산
군을 선택했습니다. 그가 바로 제9대 성종입니다.

아들이 임금이 됨으로써 소혜왕후는 인수대비가 되고 의경세자
는 덕종으로 추존되었습니다. 미성년이었던 성종의 수렴청정은
대왕대비였던 정희왕후가 맡아서 하고 인수대비는 불교와 유교를
두루 섭렵하여 학문에 힘을 쏟았습니다. 또 《내훈》이라는 책을 만

들어내기도 했습니다. 《내훈》은 여성들에게 언행, 효도, 예절, 아내와 어머니로서의 행실, 청렴과 검소 등을 가르치는 책입니다.

인수대비는 연산군의 어머니인 제헌왕후(폐비 윤씨)를 폐출하는 데 앞장서기도 했습니다. 아들까지 낳았지만 친정이 힘없는 집안이었기 때문에 제헌왕후의 자리는 굳건하지 못했습니다. 제헌왕후는 성종의 총애를 다른 후궁들에게 뺏기지 않으려 괴이한 짓을 벌이기 시작했습니다. 정소용과 엄숙의가 자신과 원자를 죽이려 한다는 거짓 투서를 보내고 다른 후궁들을 죽게 하려는 민간 비방을 쓰기도 했습니다. 급기야 성종과의 부부 싸움 끝에 제헌왕후는 성종의 얼굴에 손톱 자국을 내고 말았습니다. 왕의 몸에 상처를 내는 것은 역적 행위로, 사형에 처해지는 죄였습니다. 제헌왕후는 원자의 생모이며 왕비였기 때문에 그나마 목숨은 건지고 폐비가 되어 대궐에서 쫓겨나는 것으로 그칠 수 있었습니다.

폐비의 아들 연산군이 일곱 살이 되고 세자 책봉이 거론될 때 폐비 동정론이 일었습니다. 그 무렵 성종은 내시 안중경을 시켜 폐비가 어떻게 사는지 보고 오게 했습니다. 이때 인수대비는 안중경을 은밀히 불러 거짓 보고를 하도록 사주하였습니다. 폐비 윤씨는 대궐에서 쫓겨나 눈물과 회한으로 근신하며 궁핍하게 살고 있었지만 안중경은 성종에게 폐비가 조금도 뉘우치는 빛이 없더라며 거짓 보고를 하였습니다. 이런 보고가 거듭되자 성종은 폐비 윤씨에게 사약을 내리고 말았습니다.

성종은 이후 100년 동안 폐비 문제를 절대로 거론하지 말라는 유언을 남겼습니다. 하지만 연산군이 임금의 자리에 오른 후 폐비 윤씨의 친정 어머니 신씨 부인이 피 묻은 한삼을 들고 나타났습니다. 외할머니로부터 어머니의 죽음에 대해 이야기를 들은 연산군은 아버지의 후궁들을 죽이고 이를 말리는 친할머니 인수대비를 머리로 들이받아 쓰러지게 만들었습니다. 인수대비는 이후 자리에서 일어나지 못하고 한 달 만에 숨을 거두었습니다.

그날, 연산군 10년(1504) 4월 27일 술시(戌時 : 저녁 여덟 시 쯤), 인수대비가 세상을 떠난 후 좌의정 유순(柳洵), 우의정 허침(許琛), 예조 판서 김감(金勘) 등 대신들이 모여 연산군에게 장례를 어떻게 치를 것인가에 대해 물었습니다. 연산군은, "나면 반드시 죽음이 있는 것이다. 대비께서 춘추가 이미 높으시고, 본래 오랜 병이 계셨는데, 일이 이렇게 되었으니 어찌 하여야 할 것인가? 인양전(仁陽殿 : 함인정 자리에 있던 전각)에 빈소를 모시고 3일 만에 성복(초상이 나서 처음으로 상복을 입는 것)하되, 초상의 제도는 평소의 대비의 뜻에 따라 덕종의 옛일에 의하여 한다"라고 담담하게 지시했습니다. 자신이 제대로 모시지 못해 대비가 세상을 떠났다고 반성하고 애통해하던 다른 임금들과는 사뭇 다른 모습이지요.

그런데 예조 판서 김감이 "덕종의 장례를 치른 지 50여 년이나 되어가므로 그 예를 따르기 어려울 듯합니다. 또 덕종께서 세자로 승하하셨기 때문에 백관이 7일 동안만 상복을 입었는데, 대비는 성종께서 중국 조정에 청하여 모비(母妃)로 삼았으니, 백관이 제대로 상복을 입어야 하지 않겠습니까?"라고 3년 상 입을 것을 청했습니다. 그러자 연산군은 "대비께서 나라에는 별로 이렇다 한 일

이 없고, 다만 성종께서 어머니로 섬겼을 뿐이다. 안순왕후(예종
비)는 왕위를 이었던 분의 왕비이니 그 격을 같이 할 수는 없다. 의
경세자보다는 좀 높게 하고, 안순왕후보다는 좀 낮추어 하는 것이
합당하다"라고 말했습니다. 연산군은 이때 대신들의 청에 따라 안
순왕후 수준에서 장례를 치르기로 했지만 하루를 한 달로 계산하
는 '역월지제(易月之制)'라는 복상 제도를 만들어냈습니다. 대비의
상이니 3년복을 입어야 하는데 25일 만에 복을 벗어버리는 정말
어처구니없는 장례였으니 할머니 인수대비에 대한 연산군의 감정
이 어떠했는지 짐작할만합니다.

그날, 숙종 27년(1701) 11월 14일, 경춘전에서는 숙종의 계비

로, 폐서인이 되었다가 복위한 인현왕후가 세상을 떠났습니다.

제19대 임금 숙종은 현종과 명성왕후 김씨 사이에서 태어난 적자로, 14세에 임금의 자리에 올랐습니다. 아직 미성년이었지만 대비의 수렴청정 없이 숙종은 곧바로 친정을 시작했습니다. 그만큼 총명함과 카리스마를 보여줬던 것이지요.

숙종이 즉위하자마자 선왕인 현종 때부터 시작된 예송 논쟁이 다시 고개를 들고 일어났습니다. 효종비 인선왕후의 상을 그 시어머니인 인조비 자의대비가 얼마 동안 지켜야 하는가를 따지던 것이 제2차 예송 논쟁인데 현종은 이미 남인의 편을 들어주고 이 건을 일단락 지었습니다.

하지만 새 임금이 즉위하니 서인들은 다시 이 문제를 들고 나왔습니다. 숙종은 부왕의 결정에 시비를 건 서인의 영수 송시열을 유배시켜버렸습니다. 이로써 정국은 남인에게 돌아가게 되었지요. 그런데 숙종은 남인 세력이 커지도록 내버려두지 않았습니다. 서인의 세력이 완전히 조정에서 사라질 무렵 숙종은 몇몇 남아 있던 서인들과 힘을 모아 남인을 모두 몰아내었습니다. 이것이 바로 경신환국(庚申換局)입니다.

다시 정국이 서인 손에 들어갔을 무렵 숙종의 총애를 받던 후궁 장옥정이 왕자를 낳았습니다. 숙종은 왕자를 바로 원자로 정하려 하였습니다. 서인 측은 인현왕후가 아직 젊으니 적자가 태어날 때까지 기다리자며 원자 확정을 반대하였지요. 그런데 숙종은 서인들의 반대에도 불구하고 장옥정의 소생 균을 원자로 정해버렸습니다. 그리고 소의였던 장옥정을 희빈으로 승격시켰습니다.

송시열을 비롯한 서인들은 원자 확정을 서둘지 말라는 상소를 올렸습니다. 그러자 숙종은 "왕자가 이미 세워져서 군신의 분수에 맞는 도리가 완전히 정해졌는데 송시열이 여전히 불만의 뜻을 가지고 있다"라며 심한 불쾌감을 드러냈습니다. 이때 수많은 서인이 유배 갔고 원로 대신 송시열은 사약을 받았습니다. 인현왕후가 폐위되고 희빈 장씨가 중전이 된 것도 이때의 일입니다. 이런 일들로 서인이 정국에서 물러나고 다시 남인이 득세하였는데 이것이 기사환국(己巳換局)입니다.

기사환국으로부터 5년 후 서인들이 폐비 복위 운동을 펴다가 남인들에게 붙들려 옥에 갇히게 되었습니다. 그런데 숙종은 오히려 남인들을 쫓아내버렸습니다. 그때 이미 숙종의 눈 밖에 나버린 장옥정은 다시 희빈으로 강등되고 폐비였던 인현왕후는 대궐로 돌아왔습니다. 이 사건을 계기로 남인들이 밀려나버렸지요. 숙종은 서인이었던 송시열 등의 명예를 회복해주고 서인들을 등용하였는데 이것이 갑술환국(甲戌換局)입니다.

인현왕후는 대궐로 돌아와 7년을 살았지만 끝내 자식을 얻지 못한 채 35세에 세상을 떠났습니다. 인현왕후가 세상을 뜨자 숙종은 인현왕후를 폐출시켰던 일을 크게 뉘우치며 무척이나 슬퍼했습니다. 숙종은 직접 쓴 인현왕후의 행록에 다음과 같은 내용을 담았습니다.

"…… 기사년(1689, 폐서인이 된 해) 뒤로 사제(私第 : 궁궐이 아닌 개인 집)에 있을 때는 항상 죄인으로 자처하여 몸에 아름다운 옷을 입지 않았고, 찬 방에서의 잠자기를 피하지 않았으며, 여름날에도 점심을 들지 아니한 채 항상 말하기를, '내가 오늘날까지 목숨을 보전할 수 있었던 것은 성은이 아닌 것이 없는데, 오히려 어떻게 감히 스스로 다른 사람들과 똑같이 할 수 있겠는가?' 하였다. 갑술년(1694) 여름에 내가 긴 편지를 써서 뉘우치는 뜻을 보이고 복어(服御 : 왕비의 의복 등)를 보냈으나, 인현왕후가 겸양하며 받지 않았는데, 그 뜻이 사람을 감동하게 하였다. 내가 글로써 세 번이나 간곡하게 청하자 비로소 받았다. 인현왕후가 다시 곤위(壼位 : 왕비의 자리)로 돌아오자, 더욱 스스로 억제하고 두려워하면서 원량(元良 : 세자) 이하를 자기 소생처럼 어루만져 사랑하고 후궁들을 거느림이 화평하고 은혜로우니, 사람들이 모두 감격하여 기꺼이 복종하였다. 대저 투기(妬忌)는 마음에 싹트지 않을 뿐만 아니라 얼굴에도 나타내지 아니하였는데, 비록 이를 권하여도 하지 않았으니, 그 천성이 그러하였던 것이다. ……"

— 〈숙종실록〉 1701년 11월 23일

경춘전 옆으로는 통명전(通明殿)과 양화당(養和堂)이 나란히 서 있습니다. 통명전은 창경궁의 중궁전입니다. 통명전은 정면 일곱 칸, 옆면 네 칸으로 창경궁의 내전에서는 가장 큰 건물이지요. 앞쪽에는 월대가 놓여 있고 월대 모서리에는 드므가 있습니다. 건물 내부의 가운데에는 우물마루를 놓은 마루방이 있고 좌우 양쪽으로는 온돌방이 두 칸씩 있습니다.

통명전도 다른 궁궐의 중궁전과 마찬가지로 지붕에 용마루가 없습니다. 통명전을 바라보고 섰을 때 왼쪽에는 샘이 있고 그 아

■통명전 옆의 연못. 이 연못은 샘물이 마당으로 넘치는 것을 막기 위해 만든 것이다.

래에 작은 연못이 있습니다. 이 연못은 샘물이 마당으로 넘치는 것을 막기 위해 만든 것인데 주위에 돌난간을 설치하고 가운데에는 돌다리도 놓아 한껏 장식했다는 느낌을 줍니다. 이왕 만든 연못이 왕비에게 위안이 될 수 있도록 치장을 한 것이지요. 그런데 처음에는 이 연못이 구리로 만든 물통이었던 모양입니다.

그날, 성종 16년(1485) 윤4월 26일, 성종은 그 연못에 설치한 구리로 만든 물통을 철거하고 돌로 바꾸어 만들게 하였습니다. 앞서 윤4월 13일, 경연장에서 있었던 시강관 정성근(鄭誠謹)의 우려를 받아들인 것입니다. 정성근은 "옛사람이 이르기를, '주(紂)가 상저(象箸 : 상아로 만든 젓가락)를 만들었으니, 반드시 옥배(玉杯)를 만들 것이다'라고 하였습니다. 이것은 비록 작은 물건이지만, 그 조짐이 장차 우려됩니다"라고 간하였습니다. 중국 은나라의 주왕은 어린 시절 상아 젓가락을 갖기 원했습니다. 그런데 대신들이 이를 들어주지 않았습니다. 상아 젓가락을 가지면 옥그릇을 가지려 할 것이고 옥그릇은 호화로운 가구를 필요로 하게 되지요. 결국 호화로운 가구를 들여놓을 화려한 궁궐을 짓게 되니 아예 상아 젓가락도 갖지 말아야 한다는 것입니다. 성종은, 나무는 썩기 쉽고 돌은 만드는 데 힘이 많이 들기 때문에, 동(銅)으로 만드는 것뿐이지 호화롭게 꾸미려는 의도는 아니었다고 말했습니다. 하지만 결국 대신들의 뜻에 따라 돌로 물통을 만들게 했지요.

성종은 구리로 만든 물통을 승정원에 보내면서 "이것이 정성근이 말한 사치한 물건이니, 승지들은 이것을 보라. 지금 만약 깨뜨려버리지 않는다면, 사람들이 반드시 내가 후일에 쓸 것이라 할 것이니, 곧 부러뜨려 부수어버리도록 하라"라고 명을 내렸습니다. 임금은 이래저래 신하들 눈치를 봐야 할 일이 많았던 것 같습니다.

그날, 선조 8년(1575) 1월 2일에는 인순왕후(仁順王后) 심씨가 통명전에서 세상을 떠났습니다. 인순왕후는 명종의 비입니다. 제13대 임금 명종은 어머니 문정왕후의 수렴청정과 외척의 횡포 때문에 재위 기간 내내 눈물의 나날을 보내야 했습니다. 왕권은 땅에 떨어지고 외척을 등에 업은 탐관오리들의 수탈로 백성의 삶은 피폐해졌습니다. 거듭되는 흉년으로 민심은 더욱 흉흉해졌고 국방도 허술해져서 이를 틈탄 왜구가 기승을 부렸습니다. 도적 임꺽정이 관아를 습격하고 창고를 털어 곡식을 빈민들에게 나눠주며 의적 행각을 벌인 것도 이 무렵이었지요.

문정왕후가 세상을 떠난 후 명종은 어머니의 그늘에서 벗어나 윤원형 등 외척 세력을 제거하고 혼란해진 국정을 바로잡으려 안간힘을 썼습니다. 하지만 그 효과를 보지 못하고 2년도 안 돼 34세의 젊은 나이로 세상을 떠나고 말았습니다.

명종은 후궁을 한 명도 두지 않은 흔치 않은 임금입니다. 아들 순회세자를 잃고 더 이상 후사를 남기지 못한 명종은, 중종의 손자이자 덕흥군의 셋째아들 하성군을 미리 후계자로 정해두었습니다. 이 하성군이 바로 제14대 임금 선조입니다.

인순왕후는 12세 때 경원대군(훗날의 명종)과 가례를 올렸고, 14세 때 명종이 즉위하면서 왕비로 책봉되었습니다. 그녀는 명종이 세상을 떠나고 선조가 즉위하자 수렴청정을 하다가 1년 만에 물러났습니다. 선조가 17세의 미성년이었지만 정사를 제대로 돌볼 능력이 있다면서 물러나 준 것입니다. 인순왕후는 수렴청정을 거둔 후 조용한 여생을 보내고 44세에 창경궁 통명전에서 세상을 떠났습니다.

또 통명전은 장희빈(장옥정)과도 관련 있는 장소입니다. 숙종의 계비 인현왕후는 중전의 자리를 되찾았지만 7년 만에 세상을 떠나고 말았습니다. 그런데 인현왕후의 국상이 끝난 후 장희빈이 신당을 차려 인현왕후를 저주한 일이 발각되었습니다. 장희빈은 인현왕후의 성씨와 생월생시를 써서 걸어놓고 궁녀에게 화살을 주어

■창경궁의 중궁전인 통명전. 여느 궁궐의 중궁전과 마찬가지로 통명전에도 용마루를 설치하지 않았다.

하루 세 번씩 쏘았다지요. 종이가 헤지면 비단으로 염습하여 중전의 신체라 하고 연못가에 묻기를 삼년 동안이나 계속하였답니다. 중전의 자리에 앉았다가 희빈으로 강등된 장옥정은 다시 중전으로 돌아가기 위해 못할 짓이 없었던 것입니다. 오라비 장희재와 함께 벌인 괴이한 짓들이 번번이 발각되었지만 세자의 생모라는 이유로 겨우 위기를 모면하곤 했습니다.

하지만 인현왕후를 저주하여 죽음에 이르게 한 죄는 용서받지 못했습니다.

그날, 숙종 27년(1701) 9월 23일, 숙종은 비망기(備忘記 : 임금의 명령을 적어서 승지에게 전하는 문서)를 통해, "대행 왕비(인현왕후)가 병에 걸린 2년 동안에 희빈 장씨는 한 번도 병문안을 하지 아니하였을 뿐만 아니라, '중궁전'이라고 하지도 않고 반드시 '민씨'라고 일컬었으며, 또 말하기를, '민씨는 실로 요사스러운 사람이다'라고 하였다. 이뿐만이 아니다. 취선당의 서쪽에다 몰래 신당을 설치하고, 항상 2, 3인의 비복들과 더불어 사람들을 물리치고 기도하되, 지극히 빈틈없이 일을 꾸몄다. 이것을 참을 수가 있다면 무엇인들 참지 못하겠는가? 제주에 유배시킨 죄인 장희재를 먼저 처형하여 빨리 나라의 형벌을 바로잡도록 하라"라고 명령을 내렸습니다. 장희재 뿐 아니라 장희빈 주변 인물들이 속속 잡혀와 심문을 받았는데 궁녀 중 하나인 숙영은 다음과 같이 자백을 하였습니다.

"…… 숙정(장희재의 첩)이 들여보낸 물건을 작은 버드나무 상자에 담아서 저와 시영과 설향이 같이 통명전 서쪽과 연못가의 두 곳에 묻었습니다. 또 통명전 뒤 계단 아래에다 한 줄로 두 곳에 쌍으로 묻었는데, 묻은 물건은 금단으로 쌌으며 붕어, 새, 쥐 따위였습니다. 통명전에는 장춘각(長春閣)이 있는데, 장춘각 모서리에 연못이 있고, 연못가를 돌아가며 섬돌이 있습니다. 재작년 10월 초저녁, 시영은 그 계단 아래에 앉고 저는 통명전의 남쪽에 가서 사람이 오는지 오지 않는지를 엿보았으며, 설향은 통명전 남쪽의 처마 밑에 서서 사람들이 오는지 오지 않는지를 엿보았습니다. 시영은 그가 앉아 있던 흙을 파고 묻었는데, 그 묻은 곳은 장춘각의 연못 서쪽에 있는 섬돌의 온돌방 첫 번째 칸 가까운 곳이었으며, 묻은 후에 발로 그 흙을 밟았습니다. 시영과 저와 설향이 통명전의 뒤쪽으로 돌아갔는데, 저는 통명전의 동쪽으로 향하여 서고 설향은 서쪽 모퉁이에 서고 시영은 통명전의 뒤쪽 계단 아래에 앉아서 한 곳에 묻었습니다. 그리고 그곳에서부터 거리가 멀지 않은 땅에 또 한 곳을 정해 묻었습니다. 또 통명전의 북쪽 뜰 가운데서 벽돌 한 장을 들어내고 금단에 싸가지고 간 물건을 묻었으며, 벽돌은 그전처럼 제자리에 두었습니다."

— 〈숙종실록〉 1701년 10월 2일

숙종은 크게 화를 내며 장희빈에게 스스로 목숨을 끊으라고 명령했습니다. 하지만 장희빈이 듣지 않아 끝내 사약이 내려졌습니다. 이때 서인 중 소론의 여러 대신이 세자를 위해 장희빈을 용서해줄 것을 간하다가 귀양을 가게 되었지요. 덕분에 조정에서는 서인 가운데서도 노론이 득세하게 되는데 이 사건을 '무고의 옥'이라 합니다.

그런데 인현왕후가 장희빈에 의해 쫓겨났다가 다시 왕비 자리를 되찾고 장희빈 일당이 비참한 최후를 맞이한 이 사건들을 숙종과 그를 둘러싼 여자들의 치정 문제로만 봐서는 안 됩니다. 전체적인 맥락을 살피면 환국을 통해 신하들을 길들이려 숙종이 고의적으로 만들어낸 일들로 보이기 때문이지요. 숙종은 임금이 정계를 대 개편할 수 있는 권한인 '용사출척권'으로 세 번에 걸쳐 정국을 뒤엎었습니다. 이런 과정에서 인현왕후와 장희빈은 희생양이 되었던 것입니다.

숙종은 장희빈에게 얼마나 질렸는지 이후로 후궁을 왕비로 승

■ 양화당(오른쪽)은 병자호란 때 청나라 황제에게 항복한 후 인조가 환궁하여 머문 곳이다.

격시키지 못하도록 법으로 정해버렸습니다. 또 세자를 바꾸려고
도 했습니다. 세자가 병이 많고 자식이 없음을 들어 숙빈 최씨의
아들 연잉군을 후사로 정하려 했던 숙종은 이 문제를 마무리 짓
지 못한 채 세상을 떠났습니다. 그래서 세자였던 경종이 뒤를 이
어 임금이 되었지요.

통명전 연못 옆 계단을 올라가면 왼쪽에 함양문(涵養門)이 있습
니다. 이 문은 창덕궁 후원 입구 쪽으로 통해 있습니다.

통명전을 바라보고 오른쪽에는 양화당이 있습니다. '양화'는 조
화로움을 기른다는 뜻입니다. 앞면 다섯 칸, 옆면 세 칸의 양화당
은 임금의 편전이었습니다. 내부는 마루방으로 되어 있고 현판 글

씨는 순조의 어필입니다.

양화당은 병자호란 때 청나라 황제에게 항복한 후 인조가 환궁하여 머문 곳입니다.

그날, 인조 15년(1637) 1월 30일은 우리 민족이 씻을 수 없는 치욕을 겪은 날입니다. 인조가 삼전도에서 청나라 황제에게 삼배구고두(三拜九叩頭 : 신하가 황제에게 바치는 예절로, 세 번 절하고 머리를 아홉 번 땅에 부딪치는 의례)를 하며 항복한 날이기 때문이지요. 그날, 인조와 그 일행은 남한산성을 나서서 항복을 하고 창경궁으로 돌아오기까지 다음과 같은 일들을 겪었습니다.

" …… 용골대(龍骨大)와 마부대(馬夫大)가 성 밖에 와서 임금이 나오기를 재촉하였다. 임금이 푸른빛 옷차림으로 백마를 타고 의장(儀仗)은 모두 생략한 채 시종 50여 명을 거느리고 서문을 통해 성을 나갔고 그 뒤를 세자가 따랐다. 백관으로 뒤쳐진 자는 서문 안에 서서 가슴을 치고 뛰면서 통곡하였다. …… 한참 뒤에 용골대 등이 왔는데, 임금이 자리에서 일어나 그를 맞아 두 번 읍(揖 : 두 손을 맞잡아 얼굴 앞으로 들어올리고 허리를 굽혔다가 펴는 인사)하는 예를 행하고 동서(東西)로 나누어 앉았다. 임금이 "오늘의 일은 오로지 황제의 말과 두 대인이 힘써준 것만을 믿을 뿐입니다"라고 말하자, 용골대가 "지금 이후로는 두 나라가 한 집안이 되는데, 무슨 걱정이 있겠습니까. 시간이 이미 늦었으니 속히 갔으면 합니다"라고 말하며 말을 달려 앞에서 인도하였다. …… 삼전도에 나아가 멀리 바라보니 한(汗 : 청나라 황제)이 앉아 있고 갑옷과 투구 차림에 활과 칼을 휴대한 자가 사각으로 진을 치고 호위하고 있었다. 악기를 연주했는데 대략 중국 제도를 모방한 것이었다. 임금이 걸어서 진(陣) 앞에 이르고, 용골대 등이 임금을 진 문(陣門) 동쪽에 머물게 하였다. 용골대가 들어가 보고하고 나와 한의 말을 전하기를, "지난날의 일을 말하려 하면 길다. 이제 용단을 내려 왔으니 매우 다행스럽고 기쁘다"라고 하자 임금은 "천은이 망극합니다"라고 대답하였다.

용골대 등이 인도하여 들어가 단 아래에 북쪽을 향해 자리를 마련하고 임금이 세 번 절하고 아홉 번 머리를 조아리는 예를 행하였다. 용골대 등이 임금을 인도하여 진의 동문을 통해 나왔다가 다시 동쪽에 앉게 하였다. 대군 등이 강화도에서 잡혀왔는데, 단 아래 서쪽에 늘어섰다. 용골대가 한의 말로 임금에게 단에 오르도록 청하였다. 한은 남쪽을 향해 앉고 임금은 동북 모퉁이에 서쪽을 향해 앉았으며, 청나라 왕자 3인이 차례로 나란히 앉고 세자가 또 그 아래에 앉았는데 모두 서쪽을 향하였다. ……

한이 용골대를 시켜 우리나라의 여러 신하에게 고하기를, "이제는 두 나라가 한 집안이 되었다. 활 쏘는 솜씨를 보고 싶으니 각기 재주를 다하도록 하라"하니 따라온 신하들이 "이곳에 온 자들은 모두 문관이기 때문에 잘 쏘지 못합니다"라고 답하였다. 용골대가 억지로 쏘게 하자 위솔 정이중(鄭以重)이 나가서 쏘았는데, 활과 화살이 우리나라의 것과 같지 않아 다섯 번 쏘았으나 모두 맞지 않았다. 청나라 왕자 및 여러 장수가 떠들썩하게 어울려 쏘면서 놀았다. ……

용골대가 한의 말로 빈궁과 대군 부인에게 나와 절하도록 청하였으므로 보는 자들이 눈물을 흘렸는데, 사실은 내인이 대신하였다고 한다. 용골대 등이 한이 준 백마에 영롱한 안장을 갖추어 끌고 오자 임금이 친히 고삐를 잡고 신하가 받았다. 용골대 등이 또 청나라 옷을 가지고 와서 한의 말을 전하기를, "이 물건은 당초 주려는 생각으로 가져 왔는데, 조선의 옷과 같지 않다. 따라서 억지로 착용케 하려는 것이 아니라 단지 정의(情意)를 표할 뿐이다"라고 말했다. 임금이 받아서 입고 뜰에 들어가 사례하였다. ……

임금이 밭 가운데 앉아 어떻게 해야 할지 처분을 기다렸는데 해질 무렵이 된 뒤에야 비로소 도성으로 돌아가게 하였다. 세자와 빈궁 및 두 대군과 부인은 모두 머물러 두도록 하였는데, 이는 대체로 장차 북쪽으로 데리고 가려는 목적에서였다.

임금이 배를 타고 한강을 건넜다. 당시 진을 지키던 병졸은 거의 다 죽고 빈 배 두 척만이 있었는데 백관들이 다투어 건너려고 어의(御衣)를 잡아당기기까지 하면서 배에 오르기도 하였다. …… 용골대로 하여금 군병을 이끌고 행차를 호위하게 하였는데, 길의 좌우를 끼고 임금을 인도하여 갔다. 사로잡힌 자녀들이 바라보고 울부짖으며 말하기를, "우리 임금이시여, 우리 임금이시여. 우리를 버리고 가십니까" 하였는데, 울며 부르짖는 자가 만 명을 헤아렸다. 한밤중이 되어서야 비로소 서울에 도달하여 창경궁 양화당으로 나아갔다.

— 〈인조실록〉 1637년 1월 30일

또 양화당은 고종 15년(1878) 9월 18일에 철종의 비인 철인왕후가 세상을 떠난 곳이기도 합니다. 철인왕후는 영은부원군 김문근

의 딸로 태어나 15세 때 왕비에 책봉되었습니다. 강화도에서 농사 짓다가 얼결에 끌려와 임금이 된 철종은 왕권의 확립이나 업적은 물론 뒤를 이을 자식도 남기지 못했지요. 하지만 철인왕후는 안동 김씨 집안의 딸이었으므로 그녀가 왕비 자리를 지키고 있다는 사실만으로도 집안의 세력을 유지하는 충분조건을 갖출 수 있었습니다. 철인왕후는 고종이 즉위하고 흥선대원군이 실권을 잡은 후 더 이상 가문의 간판 역할도 하지 않고 조용히 살다가 44세에 세상을 떠났습니다.

양화당을 바라보고 섰을 때 오른쪽을 보면 커다란 너럭바위가 있고 그 위에 계단이 있습니다. 창덕궁과 마찬가지로 창경궁도 자연 지형을 그대로 둔 채 궁궐을 조성하였기 때문에 큰 바위가 그대로 드러나 조경의 요소로 활용되고 있습니다.

바위 계단 오른쪽에는 집복헌(集福軒)과 영춘헌(迎春軒)이 있습니다. 집복헌은 그 옆에 붙은 영춘헌의 서쪽 행각인데 주로 후궁들의 처소로 쓰였습니다. ㅁ자 모양으로 생긴 집복헌에서 사도세자와 순조가 태어났습니다.

그날, 영조 11년(1735) 1월 21일, 영조의 후궁 영빈(暎嬪) 이씨가 집복헌에서 아들을 낳았습니다. 이 아들이 사도세자이지요. 1728년 효장세자가 세상을 떠난 후 8년 동안 임금의 후사가 없어 사람들이 근심했는데, 아들을 얻자 온 나라가 기뻐하고 즐거워하였습니다. 영조는, "삼종(三宗 : 효종, 현종, 숙종)의 혈맥이 끊어지려 하다가 비로소 이어지게 되었으니, 지금 다행히 돌아가서 열성조에 배알할 면목이 서게 되었다. 즐겁고 기뻐하는 마음이 지극하니 그 감회 또한 깊다"라고 기쁨을 감추지 않았습니다.

그런데 중전이 아니라 후궁이 낳은 아들이었기 때문에 바로 후계자로 정하는 것에는 무리가 있었습니다. 하지만 대신들은 과거에 장희빈의 아들(경종)이 태어났을 때 인현왕후의 양자로 하여 원자로 삼았던 것을 예로 들며 하루속히 원자로 정하고 종묘에 고하자고 요청했지요. 이에 영조는 "삼종의 혈맥을 지금 부탁할 데가 있으니 기쁜 마음을 어찌 말하랴. 내전(內殿 : 정성왕후)에서 아들로 취하고 원자의 호를 정하는 일을 어찌 조금이라도 늦출 수가 있겠는가? 즉시 이를 거행하여 위로 종묘와 사직에 고하고 아래로 8도

■영춘헌의 행각인 집복헌. 집복헌은 주로 후궁들의 처소로 쓰였다.

에 알리도록 하라"라고 지시하였습니다.

　영조가 후궁의 아들인 사도세자를 원자(元子 : 아직 세자에 책봉되지 않은 임금의 맏아들)로 삼는 일을 이렇게 서두른 이유는 여러 가지입니다. 우선 영조의 나이가 이때 이미 40세가 넘었기 때문입니다. 수명이 짧았던 당시에는 40대가 지금의 60대 정도의 고령에 해당했습니다. 자신이 세상을 떠나기 전에 빨리 세자가 후계자 수업을 마치도록 해야 했으므로 마음이 급할 수밖에 없었겠지요. 또 하나, 어머니가 천한 무수리 출신이라는 콤플렉스를 지니고 게다가 형인 경종을 죽이고 임금의 자리를 빼앗았다는 의혹을 산 채로 통치를 해야 했던 영조는 그 누구보다도 강력한 왕권의 확립이 중요하다는 것을 절감했을 것입니다. 왕권 확립의 기본은 든든한 후계자를 키워놓는 것이지요. 그래야 대신들이 임금을 업신여기지 못하기 때문입니다. 그래서 영조는 사도세자에게 큰 기대를 걸었지

만 일이 자신의 뜻과는 전혀 다른 방향으로 흘러가 결국 임오화변
과 같은 엄청난 비극을 겪고 말았습니다.

그날, 정조 14년(1790) 6월 18일 신시(申時 : 오후 네 시 경)에 정
조의 후궁 수빈(綏嬪) 박씨가 집복헌에서 아들을 낳았습니다. 이
아들이 훗날 순조가 됩니다. 그날 새벽에 금림(禁林 : 후원)에서는
붉은 광채가 땅에 내리비쳤고 한낮이 되자 무지개가 태묘(太廟)의
우물 속에서 일어나 오색 광채를 이루었다고 실록에 쓰여 있습니
다. 백성들은 앞을 다투어 구경하면서 이는 특이한 상서라 하였고
모두 기뻐했다지요. 순조도 사도세자와 마찬가지로 장남인 형이
세상을 떠난 후 아들이 태어나지 않아 사람들이 마음을 졸이고 있
을 때 태어나 그 기쁨을 더해주었습니다.

　제23대 임금 순조는 집복헌과 인연이 많습니다. 순조는 관례와
세자 책봉도 이곳에서 받았고 세자빈이 될 규수의 첫 번째 간택도
이곳에서 치렀습니다. 관례(冠禮)는 일종의 성인식으로서 남자가
어른이 된다는 뜻으로 상투를 틀고 갓을 쓰게 했던 예식이지요.

그날, 정조 24년(1800) 2월 2일, 집복헌 바깥채에서 거행된
세자 관례와 책봉례에서 열한 살의 세자(훗날의 순조)는 세 번 모자
를 받아쓰고 한 번 술잔을 받으면서 그 때마다 다음과 같이 축복
을 받았습니다.

　　"…… 좋은 달 좋은 날에 처음으로 관을 씌우노니 동심을 다 버리

고 이루어진 덕을 삼가 지키면 장수의 상서가 있어 큰 복을 받으리라. …… 좋은 달 좋은 때에 좋은 관을 다시 씌우노니 경건한 마음으로 위의를 갖추고 그 덕을 더 밝게 하면 만년 장수를 누릴 것이며 이어 큰 복을 받으리라. …… 해로도 좋은 해 달로도 좋은 달에 마지막 관을 씌우노니 그 덕을 잘 이루면 만수무강할 것이며 하늘로부터 경사를 받으리라. …… 맛있게 익은 단술이며 좋은 안주가 향기로우니 절하고 받아 제를 올려 이 상서를 공고히 하면 하늘이 주는 복을 받아 장수를 누리리라. ……"

— 〈정조실록〉 1800년 2월 2일

이런 예식을 다 끝내고 순조는 공보(公寶)라는 자(字 : 성인이 된 후 본 이름 외에 부르는 이름)를 받았습니다. 이렇게 많은 축복을 받았지만 순조의 삶은 그다지 행복하지 못했습니다. 세자로 책봉된 지 반 년도 못되어 아버지 정조가 세상을 떠나는 바람에 11세 어린 나이로 임금에 올라 온갖 풍상을 다 겪어야 했기 때문입니다.

순조가 임금이 된 후 5년 동안 영조의 계비였던 대왕대비 정순왕후가 수렴청정을 하였는데, 그녀는 선왕 정조의 치적을 완전히 뒤엎는 정치를 행했습니다. 정순왕후의 세력을 등에 업은 노론 벽파는 시파와 대립하여 신유사옥이라는 대규모 천주교 박해를 일으켰지요. 이때 정약용 등 남인이나 시파 인물들이 유배당하고 1년 사이에 300명의 교인이 학살당했습니다.

정순왕후는 벽파였지만 순조는 시파인 안동 김씨 김조순의 딸을 왕비로 맞이했습니다. 정조가 생전에 혼인을 성사시켜놓았기 때문이지요. 그 왕비가 순원왕후입니다. 순조는 열다섯 살이 되던 1804년에 친정을 시작하였습니다. 하지만 이때부터 실권은 장인인 김조순에게 돌아가고 안동 김씨의 세도 정치가 시작되었습니다. 김조순은 본래 정조 편의 인물이었지만 당색을 드러내지 않은 사람이었습니다. 그는 어떤 벼슬도 사양하며 일생 동안 오직 순조를 돕는 데만 전념했다지요. 하지만 그로부터 안동 김씨의 세도 정치가 시작되었고 그것이 조선 사회를 피폐하게 만들었기에 김조순도 좋은 평가는 받지 못하고 있습니다.

안동 김씨가 정권을 잡고 있는 동안, 부정부패와 매관매직이 성행했고 과거 제도가 문란해졌으며 신분 질서가 흔들리면서 사회 기강이 무너졌습니다. 심지어는 수해와 전염병도 끊이지 않았습니다. 천재지변에 탐관오리들의 수탈까지 겹쳐 백성들은 굶주리고 민심이 피폐해져 여기저기서 민란이 일어나기 시작했습니다.

■ 정조가 정무도 보고 조용히 독서하는 장소로 썼던 영춘헌. 정조는 결국 이곳에서 세상을 떠났다.

그 중 대표적인 민란이 1811년에 일어난 홍경래의 난입니다. 평안도 사람들을 차별한 것이 난의 직접적 원인이지요. 거기에 먹고 살기 힘든 농민들의 울분까지 합쳐져 그 규모가 걷잡을 수 없이 커지고 말았습니다.

이런 혼란 가운데 순조는 안동 김씨의 세력을 견제하고자 여러 가지 노력을 했습니다. 그 중 가장 눈에 띄는 것은 아들인 효명세자에게 대리 청정을 하게 한 것입니다. 효명세자를 앞에 내세워 개혁을 주도하게 하고 자신은 뒤에서 지원을 하려 했습니다. 하지만 이 계획도 효명세자가 22세에 요절하는 바람에 물거품이 되고 말았지요. 이렇게 순조는 재위 34년 동안 축복받지 못한 나날을 보내다가 1834년 45세로 세상을 떠났습니다.

집복헌에 붙어 있는 ㅁ자 집이 영춘헌입니다. 영춘헌은 정조가 정무도 보고 조용히 독서하던 공간이었습니다. 집복헌에 수빈 박씨를 살게 하고 가까운 영춘헌에서 자주 드나들었던 정조는 결국 영춘헌에서 세상을 떠났습니다.

그날, 정조 24년(1800) 6월 28일 유시(酉時 : 저녁 여섯 시 경)에 정조가 세상을 떠났습니다. 실록에는 "이날 햇빛이 어른거리고 삼각산(三角山)이 울었다. 앞서 양주(楊州)와 장단(長湍) 등 고을에서 한창 잘 자라던 벼 포기가 어느 날 갑자기 하얗게 죽어 노인들이 그것을 보고 슬퍼하며 말하기를 '이것은 이른바 거상도(居喪稻 : 상복을 입는 벼)이다' 하였는데, 얼마 안 되어 대상이 났다"라고 쓰여 있습니다. 백성들이 정조의 죽음을 안타까워하며 말라버린 벼를 상복 입은 것이라 표현한 것이지요.

정조의 사인에 대해서는 여러 가지 설이 있습니다. 그 중 벽파의 우두머리였던 심환지(沈煥之)가 독살했다는 설도 꽤 유력하게 받아들여져 왔습니다. 심환지를 유력한 용의자로 보는 이유는, 심환지가 정순왕후와 더불어 정조가 세상을 떠난 후 가장 큰 정치적 이득을 얻은 사람이기 때문이지요. 실제로 심환지는 정조와 코드가 잘 맞았던 남인들을 죽이고 귀양 보내는 데 앞장섰습니다.

그런데 정조가 심환지에게 보낸 299통의 비밀 편지가 2009년에 발견되어 독살설을 뒤집게 되었습니다. 정조가 세상을 떠나기 거의 1년 전에 보낸 어찰(御札 : 임금의 편지)에 정조는 자신이 겪는 고통에 대해 다음과 같이 하소연하기도 했습니다.

"온몸에 뜨거운 기운이 상승하여 등이 뜸을 뜨는 듯 뜨거우며 눈은 횃불 같이 시뻘겋고 숨을 가쁘게 쉴 뿐이다. 현기증이 심하여 책상에서 힘을 쏟을 수 없으니 더욱 고통을 참지 못하게 한다."

이 편지말고도 정조는 심환지에게 자신의 병세를 여러 차례에 걸쳐 상세히 알려주었습니다. 1800년 4월 17일자 편지에는 "갑자기 눈곱이 불어나고 머리가 부어오르며 목과 폐가 메마른다"라고 썼고, 세상을 떠나기 13일 전인 1800년 6월 15일자에는 "뱃속의 화기(火氣)가 올라가기만 하고 내려가지는 않는다. 여름 들어서는 더욱 심해져 그동안 차가운 약제를 몇 첩이나 먹었는지 모르겠다. 항상 얼음물을 마시거나 차가운 온돌의 장판에 등을 붙인 채 잠을 이루지 못하고 뒤척이는 일이 모두 고생스럽다"라고 쓰기도 했지요. 이 편지로 보나, 세상을 떠나기 보름 전 장차 사돈이 될 김조순을 불러 자신이 죽은 뒤 세자를 잘 돌봐달라고 부탁한 것을 보면 정조가 갑작스러운 독살로 세상을 떠난 것은 아닌 것 같습니다.

병에 대해서만 편지를 쓴 것은 아닙니다. 정조는 시간도 가리지 않았고 수시로 심환지에게 비밀 편지를 보내 어려운 일을 상의하거나 하소연했습니다. 1797년 1월 17일에는 하루에 편지 네 통을 보냈고, 1799년 9월 20일에는 아침에만 세 통을 보내기도 했습니다.

편지에서 정조는, 심환지에게 "갈수록 입을 조심하지 않는다. 생각 없는 늙은이"라고 직접적으로 비난하기도 했고, 심환지의 큰아들 과거 시험에 성적에 대해 "300등 안에만 들면 합격시키려고 했으나 (아들이 그러지 못해) 심히 안타깝다"라고 위로인지 조롱인지 모를 말을 쓰기도 했습니다. 심환지 부인의 병을 염려하며 삼뿌리나 전복, 조청 등을 보낸다는 내용도 있고, 노론 대신 서영보를 "호로자식[胡種子]"으로, 촉망받던 젊은 학자 김매순을 "젖비린내 나고 사람 꼴을 갖추지 못한 놈"이라 욕을 해놓기도 했습니다. 또 정조는, "오장에 숨이 반도 차지 않았고, 도처에 동전 구린내를 풍겨 사람들이 모두 코를 막는다"라며 일부 유생들을 비난하는가 하면, "늙고 힘없는 서매수" "어둡고 졸렬한 김의순" "약하고 물러터진 이노춘"이라며 여러 신하의 흉을 편지에 썼습니다. 그러다가 "놈들이 한 짓에 화가 나서 밤에 이 편지를 쓰느라 거의 5경이 지났다. 내 성품도 별나다고 하겠으니 우스운 일이다"라고 자신을 반

■ 영춘헌 현판.

성하기도 했지요. 정조는 편지 끝에 "찢어버려라" "불에 태워라"
라는 말을 반복했습니다. 그러나 심환지는 왕명을 어기고 받은 날
짜와 장소까지 적어 그 편지들을 보관해두었습니다. 자신이 정조
의 독살 용의자로 지목될 것을 미리 알기라도 했을까요? 아무튼
이 편지들 덕분에 심환지는 용의선상에서 벗어나게 되었습니다.

　양화당과 집복헌 사이로 난 계단을 올라가서 오른쪽으로 가면
풍기대(風旗臺)가 있습니다. 풍기대는 바람의 방향과 세기를 측정
하는 기가 꽂혀 있던, 돌로 만든 시설입니다. 바람을 관측하는 이
유는 백성들에게 농사를 짓는 데 필요한 기상 정보를 알려주기 위
해서였지요. 영조 8년(1732)에 만들어진 것으로 추정되는 이 풍기
대의 높이는 2.28미터입니다. 맨 위에 깊이 33센티미터, 지름 11
센티미터의 구멍이 파여 있는데 그곳에 바람을 관측하는 깃발이
달린 깃대를 세웠습니다. 대석의 네 귀에는 책상다리 모양을, 팔

■ 성종 태실비. 원래 경기도 광주군에 있던 것을 일제강점기에 일본 사람들이 이곳에 옮겨 전시품으로 만들었다.

각의 기둥 각 면에는 당초문(식물의 형태를 일정한 형식으로 도안화한 장식 무늬)을 새겨놓았습니다. 풍기대 옆에는 해시계인 앙부일구가 놓여 있습니다.

　풍기대를 보고 난 후 왼쪽으로 더 가면 성종 태실(胎室)과 이를 알리는 태실비가 있습니다. 돌난간으로 둘러싸인 태실은 사각형의 기단석 위에 종처럼 생긴 몸체를 놓고 팔각의 지붕돌을 얹은 형태로 장식되어 있습니다. 태실비는 거북이가 비석을 등에 얹고 있는 형태로, 비석 앞면에는 '성종대왕 태실'이라고 쓰여 있습니다.

　왕실에서는 아기가 태어났을 때 그 태반과 탯줄을 소중히 묻어 두었습니다. 태가 다음 아이를 잉태하는데 결정적인 영향을 준다고 믿었기 때문이지요. 태를 묻기 위해 만든 석실을 태실이라 합니다. 왕자, 공주, 옹주들의 탯줄과 태반이 든 작은 항아리를 더 큰 항아리에 넣어 태실에 옮겼습니다. 왕실의 태는 전국에 있는 명당자리에 묻혔습니다. 그런데 일제강점기에 일본은 조선 왕실의 태실 수십 기를 서삼릉 경내로 이전하였지요. 1929년 3월 1일자 동아일보에는 "조선총독부의 지시로 전국에 흩어져 있던 태항아리 서른아홉 개를 서삼릉으로 이전한다"라는 기사가 실려 있습니다.

성종의 태실은 원래 경기도 광주군 경안면 태전리에 있었습니다. 그런데 일본이 태실 정리 작업을 할 때 가장 상태가 양호한 성종 태실비를 창경궁으로 옮겨온 것입니다. 창경궁에 설치된 조선 임금의 태실비는 이왕가 박물관의 야외 전시품 취급을 받게 되었지요.

성종 태실비에서 아래쪽으로 향한 오솔길로 내려가면 춘당지(春塘池)라는 연못이 있습니다. 춘당지는 인공 연못으로, 춘당대라는 높다란 대를 만드는 흙을 조달하기 위해 판 것입니다. 춘당대는 창덕궁 후원의 영화당 앞으로 연결되는 넓은 터인데 지금은 창덕궁과 창경궁의 담으로 가로막혀 그 모습을 제대로 볼 수 없습니다.

춘당지 주변을 돌다보면 팔각 칠층 석탑을 볼 수 있습니다. 이 탑은 사각형의 받침돌과 팔각의 2중 기단 위에 팔각형의 돌을 얹어놓은 모양입니다. 항아리처럼 생긴 1층의 탑신은 위층보다 훨씬 높고 그 위에 팔각의 지붕돌을 올렸는데 이는 목조 건물의 지붕과도 같아 보입니다. 이 탑은 우리 고유의 탑이 아닙니다. 성종 1년(1470) 중국에서 만들어진 탑을 1911년 창경궁을 이왕가 박물관으로 만들 때 중국 상인에게서 사들여와 세운 것이지요.

춘당지를 지나 안쪽으로 더 들어가면 대 온실이 있습니다. 이 온실은 1909년에 지어진 우리나라 최초의 서양식 온실입니다. 이는 창덕궁에 살던 순종을 위로한다는 명목 아래 일본 사람들이 창경궁에 동물원을 만들 때 함께 지어진 것입니다. 1986년에 창경궁이 복원된 후 국내 자생 식물들을 전시하는 공간으로 쓰이고 있지요. 하얀색 철골과 유리로 장식된 이 온실의 문은 오얏꽃 문양으로 장식되어 있습니다. 조선 왕실을 자신들의 '천황'(일왕) 아래 속하는 '이 왕가'라는 작은 가문으로 격하시키려는 일본인들의 노력을 이 온실에서도 발견할 수 있습니다.

온실과 마주 서서 오른쪽을 보면 관덕정(觀德亭)이 보입니다. '관덕'은 덕을 본다는 뜻입니다. 《예기(禮記)》에 "활쏘기는 나아가고 물러남이나 일이 잘 되도록 힘을 쓰는 것이 반드시 예(禮)에 맞아야 한다. 마음이 바르고 자세가 곧아야 활과 화살을 잡을 때 안정되고 든든하며, 이런 다음에야 과녁을 맞힐 수 있다. 이래서 덕을 보게 되는 것이다"라고 쓰여 있어서 '관덕'이 활쏘기를 의미하는 말이 되었습니다. 그래서 관덕정은 활터를 일컫습니다.

창경궁의 관덕정은 한 칸짜리 정자입니다. 화강석 기단에 초석을 놓고 그 위에 정자를 세웠는데 내부에는 우물마루를 깔았습니다. 관덕정 앞마당, 지금 대 온실이 있는 자리에는 넓은 공터가 있어서 그쪽을 향해 활을 쏘았다고 하지요. 관덕정 앞에는 주춧돌처럼 생긴 돌 네 개가 땅에 박혀 있습니다. 용도가 무엇인지 정확히 알려지지 않고 단지 활 쏠 때 필요한 시설이 있었을 것이라 짐작할 뿐입니다.

■활터로 쓰인 관덕정.

　관덕정에서 대 온실 분수 너머 마주 보이는 문은 영춘문(永春門)
입니다. 그 문으로 나가면 후원의 애련지와 연경당 있는 곳으로
통합니다. 창경궁 쪽에는 현판이 달려 있지 않지만 후원 쪽에는
문 이름 현판이 달려 있습니다.

　관덕정에서 내려와 홍화문 쪽으로 조금 걸어가다 보면 왼쪽으
로 집춘문(集春門) 가는 길이 보입니다. '집춘'은 봄을 만난다는 뜻
이지요. 집춘문은 임금이 문묘에 참배하러 갈 때 이용하던 문입니
다. 또 이 문을 통해 성균관 유생들을 불러들여 시험도 보게 하고
임금과의 만남의 자리를 마련하기도 했습니다. 지금 집춘문은 개
방하지 않지만 집춘문 밖으로는 문묘 앞 탕평비까지 이르는 임금
의 거둥로가 조성되어 있습니다.

■사도세자의 사당인 경모궁으로 가기 위해 만든 월근문. 정조가 매달 빠지지 않고 이 문을 지났기 때문에 지어진 이름이다.

집춘문 입구에서 홍화문 쪽으로 더 내려가면 월근문(月覲門)을 볼 수 있습니다. 월근문 밖 맞은편에는 지금 서울대학교 부속 병원이 있는데 예전에는 그 자리에 사도세자의 사당인 경모궁(景慕宮)이 있었습니다. 정조는 매달 초하루에 경모궁을 참배했는데 그때 다니기 편하도록 월근문을 만든 것입니다.

그날, 정조 3년(1779) 10월 10일에 월근문을 세우고 정조는 다음과 같이 말했습니다.

"내가 세손으로 있을 때에 실록을 보니, 영묘(英廟 : 영조) 때에 종묘 북쪽 담과 궁성 남쪽 담이 서로 닿은 곳에 한 문을 창건하고 초하루·보름마다 소여(小輿 : 작은 가마)를 타고 호위 무사 없이 가서 전배례를 행하셨다 하였는데, 내가 늘 존경하는 마음으로 그 내용을 읽었다. …… 종묘 북문의 사례에 따라 일첨문(日瞻門 : 경모궁의 정문) 가깝고 편리한 곳에 문을 세운다. 문이 완성된 뒤에는 의위(儀衛 : 의식을 더욱 장엄하게 하기 위하여 대열에 참여시키는 호위병) 없이 다만 승지·사관과 입직한 병조의 당상·낭청이 가마를 따르게 하라. 이 문을 거쳐서 혹 한 달에 한 번 배례하거나 한 달에 걸러 배례하여 어린아이가 어버이를 그리워하는 것 같은 내 슬픔을 펼 것이다. 문 자물쇠는 또한 종묘 북쪽 담의 자물쇠의 예에 따라 수직하는 중관이 맡게 하지 말고 승정원에서 감추어 두고 때에 따라 여닫으라."

— 〈정조실록〉 1779년 10월 10일

'월근'은 달마다 만나본다는 뜻입니다. 정조가 매달 빠지지 않고 이 문을 지나 참배를 다녔기 때문에 지어진 이름입니다.

덕수궁 · 대한제국의 영광과 망국의 한이 깃든 궁궐

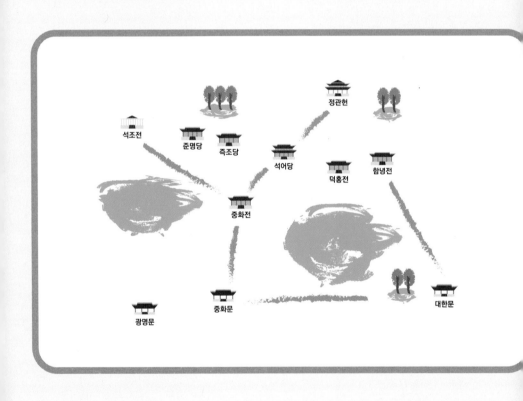

덕수궁

대한제국의 영광과 망국의 한이 깃든 궁궐

　덕수궁(德壽宮)의 본래 이름은 경운궁(慶運宮)입니다. 경운궁도
애당초 궁궐로 지어진 건물은 아니었지요. 이곳은 원래 세조가
수양대군 시절에 살던 개인 집이었습니다. 세조의 장손으로서 임
금의 자리에 오르지 못한 성종의 형 월산대군이 이곳에서 살았기
때문에 '월산대군 사저'로 알려지고 있습니다. 하지만 궁궐로 쓰
이기 시작한 임진왜란 때는 월산대군의 증손인 이번(李瀷)이 살고
있었습니다. 전쟁 때 궁궐이 모두 불타버려서 의주까지 몽진 갔
다 돌아온 선조는 임시로 머물 거처로 이 집을 택했습니다. 임금
이 궁궐을 떠나 임시로 머무는 집이라는 뜻의 시어소(時御所) 혹은
정릉동 행궁으로 불리다가 광해군 3년(1611)에 궁궐로서 이름을 갖
게 되었습니다.

그날, 광해군 3년(1611) 10월 11일, 광해군은 정릉동 행궁 이름을 고쳐 지어보라며 여러 개 써서 아뢰라고 명하였습니다. 이런 과정을 거쳐 경운궁이 새로운 이름으로 채택되었지요. 한때는 경운궁을 서궁(西宮)이라고 부르기도 했습니다. 광해군의 계모인 인목대비가 대비의 호를 빼앗기고 이곳에 갇혀 있을 때 사용하던 이름입니다. 또 명례궁(明禮宮)이라 불리기도 했는데 이는 세조가 살던 개인 집을 일컫는 이름이었습니다. 인조반정 이후 경운궁이라는 이름을 되찾아 고종 황제가 물러날 때까지 297년 동안 그 이름을 유지하다가 1907년 덕수궁으로 이름이 바뀌었습니다.

을미사변 이후 러시아 공사관에 머물던 고종은, 이듬해인 1897년 2월 25일 경운궁으로 환궁했습니다. 이후 고종은 경운궁 동쪽에 환구단(圜丘壇)을 세우고 대한제국 황제로 등극하였습니다. 환구단은 하늘에 제사 지내는 시설인데 이 제천 의례는 황제만이 할 수 있는 의식이었습니다. 고종은 천자라 불리던 중국의 황제, 천황이라 불리던 일본의 황제와 나란히 어깨를 겨루는 자주국 황제가 되었음을 경운궁에서 당당히 선포하였습니다.

그런데 1907년 일본은 헤이그 밀사 사건의 책임을 물어 고종을 강제로 퇴위시켰지요. 그리고 새로 즉위한 순종을 창덕궁으로 옮기도록 하였습니다. 이때 순종은 아버지가 사는 경운궁의 궁호를 덕수궁으로 바꾸었습니다. '덕수'는 아버지의 덕을 찬양하고 장수를 기원하는 마음에서 지은 궁호입니다. 하지만 덕수궁이라는 이름은 예전에도 쓰인 적이 있습니다. 제2대 정종은 상왕이 된 태조를 위해 개성에 덕수궁을 지었고 제3대 태종은 태조를 위해 지금의 창경궁 근처에 궁을 짓고 그 이름을 덕수궁이라 불렀지요. 이런 예를 볼 때 덕수궁은 고유 명사라기보다는 상왕이 머무는 궁을 나타내는 일반 명사로 쓰인 것으로 보입니다.

덕수궁이 있는 서울 중구 정동(貞洞)의 옛 이름은 정릉동이었습니다. 태조의 계비인 신덕왕후 강씨의 정릉(貞陵)이 있었기 때문이지요. 그런데 계모를 못마땅하게 생각했던 태종은 정릉을 지금의 서울 성북구 정릉동으로 옮겨버렸습니다. 능이 없어졌지만 이곳은 선조 때까지 정릉동으로 불렸습니다.

지금 덕수궁의 정문은 대한문(大漢門)입니다. 대한문은 앞면 세 칸, 옆면 두 칸에 우진각 지붕을 올린 전형적인 궁궐의 문입니다. 대한문의 예전 이름은 대안문(大安門)이었습니다. 그런데 대안문은 덕수궁의 동문으로, 원래의 정문은 남쪽으로 난 인화문(仁化門)이었습니다. 백성을 교화시킨다는 의미로 모든 궁궐의 정문 이름에 '될 화(化)'자를 넣었는데 덕수궁도 예외는 아니었지요. 그런데 동문인 대안문 앞쪽에 길이 생기고 대한제국 건국과 함께 환구단이 동쪽에 세워지면서 대안문이 실질적인 정문 역할을 하게 되었습니다. 이후 1906년 대안문을 수리하면서 아예 이름을 대한문이라 바꾸었습니다. 건극문(建極門)으로 이름이 바뀌었던 인화문은 일제강점기에 사라지고 말았습니다.

그날, 고종 43년(1906) 4월 25일, 중건도감 의궤 당상 이재극 (李載克)이 경운궁 대안문의 수리를 음력 4월 12일로 길일을 택하

■ 덕수궁의 수문장 교대 의식은, 매일 바뀌는 암호를 확인하는 군호 응대 의식으로부터 시작된다.

여 시작하겠다고 보고하자 고종은 "대한문으로 고치되 아뢴 대로 거행하라"라고 칙령을 내렸습니다. 이 해 5월 17일에 수리를 마치고 대한문으로 다시 상량하였는데 '대한'은 한양이 커진다는 뜻입니다. '대한문 상량문'에는 "황하가 맑아지는 천재일우의 시운을 맞았으니 국운이 길이 창대할 것이고 한양이 억만 년 이어갈 터전으로 자리하였으니 문 이름으로 특별히 건다"라는 말이 쓰여 있습니다. 새로 세운 나라 대한제국이 영원히 번창할 것을 기원하면서 문 이름을 대한문으로 바꾼 것이지요.

대한문 앞에서는 매일 세 차례씩 왕궁 수문장 교대 의식과 순라 의식이 열립니다. 수문장은 종6품의 무관인데 이 의식에는 승정원 주서와 액정서 사약이라는 관리도 참석합니다. 주서는 정7품의 문관으로 교대 의식을 감독합니다. 사약은 종6품의 내관이며 궁궐 문의 열쇠함인 약시함을 인계하고 교대 의식을 감독하는 관리입니다.

　수문장 교대 의식은 매일 바뀌는 암호를 확인하는 군호 응대 의식으로부터 시작됩니다. 그 다음에는 초엄, 중엄, 삼엄의 순서로 의식이 진행되는데 초엄은 약시함을 인계하는 절차입니다. 중엄에는 양 교대군이 교대 명령을 확인하고 삼엄에는 임무를 교대하는 의식이 진행되지요. 순라 의식은 도성을 순찰하는 의식으로, 교대한 부대는 궁궐의 외곽 경비 임무를 행하는 순라를 실시합니다.

　대한문에 들어서면 왼쪽에 하마비(下馬碑)가 서 있습니다. 비석에는 '大小人員皆下馬(대소인원개하마)'라고 쓰여 있습니다. 지위 고하를 막론하고 누구나 말에서 내려야 한다는 뜻입니다. 하마비를 지나면 여느 궁궐과 마찬가지로 금천이 흐르고 그 위에 금천교가 놓여 있습니다. 금천교 돌다리 밑에는 홍예가 두 개 있고요. 덕수궁 금천교에는 돌난간에도 다리 밑에도 서수나 귀면 등의 장식이 없습니다. 단지 다리 난간 네 귀퉁이에 석주만 하나씩 서 있을 뿐입니다.

　금천교를 건너 앞으로 곧장 가면 오른쪽에 중화문(中和門)이 있습니다. '중화'는 지나치거나 치우치지 아니함을 뜻합니다. 중화문은 덕수궁의 정전인 중화전으로 들어가는 문으로, 중앙에 어간(御間)이 있고 양쪽에 협간(夾間)이 있는 삼문 형식의 문입니다. 중화문도 임금의 즉위식이나 세자의 책봉식이 열리는 공간이었지요. 그런데 중화문에서 즉위한 임금은 한 사람도 없습니다. 순종은 경운궁에서 즉위하기는 했지만 세자 대리 청정에서 슬그머니 황제의 위를 이어받은 것이라 중화문에서의 제대로 된 즉위식을 치르지 못했습니다.

중화문은 독립 건물처럼 서 있지만 원래는 다른 궁궐의 정전 문들과 마찬가지로 좌우에 행각이 이어져 있었습니다. 지금 중화문 오른쪽에 따로 떨어져 서 있는 건물이 중화문에 연결되었던 행각의 일부이지요. 지금은 이 행각 바깥에서도 내부로 들어갈 수 있도록 개방해놓았지만 예전에는 바깥쪽은 벽으로 막혀 있었습니다.

그날, 고종 43년(1906) 6월 4일, 의친왕의 책봉식을 했는데, 고종은 책봉식 다음날 중화문 동쪽 행각에서 신하들의 하례를 받도록 하였습니다. 의친왕은 고종의 셋째 아들로, 이름은 이강(李堈)이며 그 어머니는 귀인 장씨입니다. 황자 서열로는 순종의 다음이었지만 엄귀비와 일본 등의 견제로 황태자 자리에 오르지 못했습니다. 1907년 태황제 고종이 후사가 없는 순종의 후계자로 넷째 아들 영친왕 이은(李垠)을 정하였기 때문입니다.

중화문 앞을 지나 곧장 가면 왼쪽에 광명문(光明門)이 있습니다. 앞면 세 칸, 옆면 두 칸으로 제법 큰 문인 광명문은 원래 함녕전 남쪽에 있던 문입니다. 그런데 1938년 석조전 서관을 증축하여 덕수궁미술관으로 개관하면서 광명문은 지금의 위치로 옮겨졌지요. 지금은 사람이 드나드는 문의 구실과는 상관없는, 여러 가지 유물의 전시 공간으로 보입니다.

광명문에는 앞에서 볼 때 왼쪽부터 신기전 기화차(神機箭機火車),

■ 중화전의 정문인 중화문. 지금은 독립 건물처럼 서 있지만 원래 다른 궁궐의 정전 문들과 같이 좌우로 행각이 이어져 있었다.

홍천사 범종, 자격루의 일부가 전시되어 있습니다. 신기전은, 고려 말 최무선이 만든 로켓형 화기 '주화(走火)'를 세종 때 개량한 것으로, 화살에 화약통을 달아 발사하는 병기입니다. 한 번 발사되면 수백 미터를 날아가 적진을 초토화시켰던 신기전은 제작 당시의 설계도가 남아 있는 무기들 중 세계에서 가장 오래된 것이지요. 이곳에 전시된 신기전 기화차는 이 신기전을 100발 연속 발사하는 이동식 발사대로 진품이 아닌 복제품입니다.

홍천사 범종은 세조 8년(1462)에 만들어 홍천사에 걸었던 종입니다. 원래 홍천사는 태조가 계비 신덕왕후를 추모하기 위해 만든 절입니다. 홍천사는 중종 5년(1510)에 화재로 소실되었고 이 종은

■덕수궁 석조전. 이 건물은 한국 · 영국 · 러시아 · 일본의 건축가들이 참여하여 1900년부터 10년
에 걸쳐 지은 건물이다.

영조 23년(1747)에 경복궁 광화문으로 옮겨졌습니다. 일제강점기
이후 지금의 위치로 다시 옮겨진 것입니다.

또 이곳에 전시된 자격루는 중종 31년(1536)에 만들어진 것입니
다. 자격루를 처음 만든 사람은 세종 때의 장영실이지요. 자격루
는 물그릇과 물받이에 물이 차오르면 안에 있는 쇠구슬이 구르는
등 여러 단계를 거쳐 인형이 북, 종, 징을 울리는 물시계였습니
다. 하지만 주요 장치는 없어지고 물그릇과 물받이만이 전시되어
있습니다.

광명문을 등지고 서면 정면에 석조전(石造殿)이 보입니다. 석조
전은 고종이 침전 겸 편전으로 사용하려고 1900년부터 10년에 걸

쳐 지은 건물입니다. 석조전은 서양식 건물로, 건물 외부에는 이오니아 식 기둥머리를 인 기둥이 늘어서 있고 앞쪽과 동서 양쪽에 발코니가 설치되어 있습니다. 중앙 현관 위쪽 박공(博栱 : 지붕의 양쪽 끝면에 'ㅅ' 자 모양으로 붙인 부분)에는 황실 문장인 오얏꽃이 새겨져 있습니다. 1층에는 시종들이 살았던 방과 부속 시설이, 2층에는 접견실과 대기실이 있었고, 3층에 황제가 살았던 침실과 거실, 담화실 등이 있었습니다.

그날, 순종 16년(1923) 12월 30일, 세자(영친왕 이은)와 세자빈이 일본에서 돌아와 석조전에서 종친과 귀족들의 알현을 받았습니다. 이때 순종은 창덕궁에 살고 있었지만 왕실 가족이 내외 인사를 만날 때는 주로 석조전을 활용했던 것 같습니다.

고종 황제가 세상을 떠난 후 석조전은 일본 회화박물관으로 쓰였고 1933년부터 일반에게 공개되었습니다. 해방 후 석조전은 미소공동위원회 사무실로 사용되기도 했지요. 석조전과 직각으로 서 있는 건물은 석조전의 부속 건물로 1938년에 지어진 별관입니다. 처음 지어졌을 때 이왕가 미술관으로 사용되었던 이 건물은 지금도 미술관으로 쓰이고 있습니다.

석조전은 대한제국의 재정 고문이었던 브라운(J. M. Brown)이라는 영국인이 발의하여 지은 건물입니다. 그래서 처음에는 영국인 하딩(G. R. Harding) 등이 설계를 시작했는데 1905년 대한제국의 재정 고문이 일본인 메가다로 바뀌면서 공사를 일본의 오쿠라[大倉] 토목회사가 맡게 되었습니다. 이후 석조전의 공사는 한국인 심의

석을 비롯하여 러시아인 사바틴(G. Sabatin), 영국인 데이비슨(H. W. Davidson), 일본인 오가와[小川陽吉] 등이 감독하는 국제 규모의 공사가 되었지요. 일본의 오쿠라 토목회사는 1917년 경복궁 동궁의 자선당을 해체하여 일본으로 가져갔던 회사이기도 합니다.

석조전 앞의 서구식 정원과 청동제 분수는 별관과 함께 만들어졌습니다. 우리의 전통 정원에는 경관을 위해 폭포는 만들지만 분수는 만들지 않았습니다. 우리 민족은 물이 흐름을 거스르지 않으려는 자연관을 지니고 있었기 때문이지요. 따라서 이 분수는 우리 민족의 전통 정서와는 맞지 않는 구조물입니다. 석조전 앞에는 해시계 앙부일구가 놓여 있습니다.

석조전을 바라보고 서면 오른쪽에 중화전(中和殿)이 보입니다. 중화전은 1902년에 지어진 덕수궁의 정전입니다. 정면 다섯 칸, 옆면 네 칸 건물인 중화전 앞마당에는 여느 정전과 다름없이 삼도가 설치되어 있고 품계석이 놓여 있습니다. 2단의 월대로 올라가는 계단의 답도에는 두 마리의 용이 새겨져 있습니다. 이 건물은 고종이 황제에 즉위한 후에 지어진 건물이므로 황제의 상징인 용을 새긴 것입니다.

또 월대 모서리에 놓인 드므에도 '萬歲(만세)'라는 글자가 돋을새김되어 있습니다. '만세'는 원래 황제에게만 쓸 수 있는 말이었기 때문에 이전 조선의 왕들에게는 '천세(千歲)'라는 말을 사용했습니다. 중화전 왼쪽 드므에는 '囍聖壽萬歲(희성수만세 : 성스러운 임금의 수명이 영원하길 기원함)', 오른쪽 드므에는 '國泰平萬年(국태평만년 : 나

■ 중화전의 드므(위)와 향로(아래). 드므에는 황제에게만 쓸 수 있는 '만세(萬歲)'라는 글자가 돋을 새김되어 있다.

라가 태평하게 영원히 지속되기를 기원함)'이라고 쓰여 있습니다. 월대 위의 향로의 다리에도 용이 새겨져 있고 중화전 내부 천장에도 역시 두 마리의 황룡을 조각해놓았습니다. 내부에는 어탑이 있고 어탑 위 어좌 뒤쪽에 곡병과 일월오봉병이 놓여 있습니다.

1907년, 황태자였던 순종은 대리 청정하게 된 것을 신하들로부터 축하받는 의식을 중화전에서 행했습니다. 그런데 이 자리가 축하할 수 있는 자리는 결코 아니었지요. 고종은 일본의 강요로 대리 청정을 명했고 며칠 후 대신들은 슬그머니 선위(禪位 : 임금이 살아서 임금의 자리를 물려줌)의 형식으로 고종을 강제 퇴위시켰기 때문입니다.

고종은 1905년 체결된 을사늑약을 무효로 만들기 위해 여러 방면으로 노력을 기울였습니다. 하지만 일본에게 외교권을 박탈당한 상황이어서 열강의 호응을 받지 못했지요. 고종은 이 문제의 부당함을 알리기 위해 네덜란드 헤이그에서 열린 제2차 만국평화회의에 비밀리에 특사를 파견했습니다. 그리고 만국평화회의에 다음과 같은 친서를 보냈습니다.

"대한광무황제 이희(李熙)는 삼가 글월을 네덜란드 헤이그 만국평화회의에 보내노라. 뜻밖에 시국이 크게 변하여 강대국의 침략이 날로 심하여 마침내 우리의 외교권을 빼앗기고 우리의 자주권을 잃게 되었다. 그리하여 짐과 온 국민은 울분하여 하늘보고 부르짖고 땅을 치며 통곡해도 아무 소용없으니 바라건대 우호의 정의와 상부의 의리를 베풀어 세계 만방에 발의하고 법을 세워 우리의 독립과 국세를

■중화전 전경. 고종은 황태자에게 대리청정 축하 인사를 중화전에서 받도록 했지만 사실상 양위식
이 된 이 자리에 고종과 순종은 참석하지 않았다.

보전되게 하오. 그러면 짐과 온 국민으로 하여금 그 은덕을 만세에 칭송할 것이니 이는 어찌 다행한 일이 아니리오. 고루 살펴주기 바라노라. 대한 광무 11년 4월 20일. 한양 경성 경운궁에서 서명하고 옥새를 찍노라.”

그러나 특사로 파견된 이준, 이상설, 이위종은 헤이그에서 회의장에는 들어가지도 못하고 기자들 앞에서 회견을 할 수 있었을 뿐입니다. 그 중 이준은 고국에 돌아오지 못한 채 그곳에서 스스로 목숨을 끊었습니다. 일본은 이 사건의 책임을 고종에게 물었고 이완용, 송병준 등 친일 세력과 일본의 강요로 고종은 황제의 자리에서 물러나야 했습니다.

그날, 고종 44년(1907) 7월 19일, 고종은 황태자의 대리 청정 의식을 당일로 거행할 것을 명하였습니다. 아울러 황태자가 대리 청정하게 된 것에 대한 신하들의 축하 인사를 중화전에서 받도록 명하였습니다. 명은 내렸지만 사실상 양위식이 된 이 자리에 고종과 순종은 참석을 거부하였습니다.

그런데 같은 날에 기록된 〈순종실록〉 첫 번째 기사에 순종은 황제의 자리를 이어받은 것으로 쓰여 있습니다. 그리고 사흘 후인 7월 22일에 내각 총리 대신 이완용을 비롯한 대한제국의 대신들은 다음과 같은 의견을 내놓았습니다. 대리 청정하는 태자를 아예 황제로 올리자는 얘기였지요.

■ 임진왜란 때 몽진에서 돌아온 선조가 머물렀던 석어당. 단청을 하지 않아 민간의 집처럼 보인다.

"이달 18일에 내린 태황제(고종)의 조지(詔旨 : 임금이 내리는 명령)에
우리 폐하께서 군국 서정을 대리하여 이미 '짐(朕)'이라 칭하고 '조(詔)'
라고 칭하게 하였으며 태황제를 높이 받드는 절차도 이미 마련하였
습니다. 큰 덕을 지닌 분은 반드시 해당한 이름을 가지는 것이니 이
제부터 조서, 칙서, 아뢰는 글들에 '대리'라는 칭호는 '황제'로 높여
부르는 것이 실로 하늘의 뜻과 백성들의 마음에 부합되므로 신들은
같은 말로 호소합니다."

— 순종 1년(1907) 7월 22일

중화전을 오른쪽으로 돌아 뒤쪽으로 가면 석어당(昔御堂)이 있

습니다. 석어당은 2층 건물입니다. 겉보기만 2층이 아니라 실제로 계단을 이용해 2층의 별도 공간으로 오를 수 있도록 지은 건물이지요. 아래층은 앞면 여덟 칸, 옆면 세 칸이고 2층은 앞면 여섯 칸, 옆면 한 칸으로 아래층보다 작습니다. 단청을 하지 않아 민간의 집처럼 보이기도 합니다.

이 건물은 선조 때부터 사용하던 건물입니다. '석어'는 옛날 임금이라는 뜻을 가지고 있습니다. 이 이름은 영조 49년(1773) 11월 4일, 영조가 내린 이름이었고 이전에는 즉조당이라 불렀습니다. 그런데 즉조당이라는 이름도 영조가 붙인 이름입니다. 즉조당이라 이름 붙인 이유를 실록에는 다음과 같이 기록했습니다.

> "임금(영조)이 황화방 명례궁에 거둥하였다. 명례궁은 곧 인조가 계해년(1623)에 즉위한 곳으로, 본래의 이름은 경운궁이었다. 임금이 《실록》을 상고하도록 명하여 이를 알고 마침내 거둥하여 살펴본 것인데, '양조(선조와 인조)에서 모두 거둥하셨다[兩朝皆御(양조개어)]'는 네 글자와 '계해년에 즉위하신 당[癸亥卽阼堂(계해즉조당)]'이라는 다섯 글자를 친히 쓰고, 현판을 걸도록 명하였으니, 선묘(宣廟 : 선조)께서도 또한 임진년(1592) 이후에 이 궁에서 거처했었기 때문이다. ……"
>
> — 〈영조실록〉 1769년 11월 2일

제14대 임금 선조가 정릉동 행궁에 머물고 있는 동안 명나라 장수 중 한 사람이 왕궁을 건립하자고 말한 적이 있습니다. 이때 선조는 "큰 원수를 아직 갚지 못하고 있는데 어떻게 집을 지을 수 있 겠는가"라고 답변했다고 합니다. 하지만 선조는 "오래도록 여염 에 거처할 수 없으니, 즉시 전의 궁성 안에다 간략하게 초가를 하 나 짓고서 그리로 옮겨 거처하고 싶다. 옛날 위(衛)나라 임금은 조 수(漕水) 가에 초막을 짓고 거처하였으니, 옛날에도 초가를 짓고 거처한 경우가 있었다. 지금이 진실로 어떠한 때인데 큰 궁궐에 거처하려 할 수 있겠는가"라며 궁궐로 돌아가고 싶은 심정을 털어 놓기도 했지요.

실제로 여러 가지 이유로 궁궐 중건이 미뤄지다가 환도한지 15 년이 지난 1608년에야 창덕궁과 종묘의 중건 공사를 시작할 수 있 었습니다. 그나마 경복궁은 불길하다 하여 수리하지 않고 고종 때 까지 폐허로 남아 있었지요. 그동안 선조는 이곳 석어당에서 지내 야 했고 창덕궁이 다 지어지는 것을 보지 못한 채 끝내 석어당에 서 세상을 떠났습니다.

선조는 학자들을 아끼는 임금이었습니다. 이전 여러 차례의 사 화를 피해 고향으로 내려갔던 학자들을 선조가 불러들이기 시작했 습니다. 그 과정에서 동인과 서인이라는 붕당이 생겨났지요. 선 조의 또 다른 걱정은 적자(嫡子)가 없어 나이 40세가 넘도록 세자 책봉을 못하고 있다는 점이었습니다. 당시 선조에게는 아들이 열 네 명이나 있었습니다. 그러나 모두 후궁에게서 태어난 서자(庶子) 여서 그들 중 후계자를 정할 수가 없었습니다. 선조는 자신이 서 손 출신이라는 콤플렉스 때문에 후계자만은 정통성에 결함이 없 는 당당한 적장자를 세우고 싶었던 모양입니다.

■ 석어당은 겉보기만 2층이 아니라 실제로 계단을 이용해 2층의 별도 공간에 오를 수 있도록 지은 건물이다.

당쟁에 세자 책봉 문제에 이래저래 어지러웠던 조선의 조정은 국방에 대한 대책은 세우지 못하고 국력이 쇠약해져 있었습니다. 그런데 당시 일본은, 도요토미 히데요시가 오랜 전국시대를 끝내고 나라를 하나로 통일하고 있었지요. 도요토미 히데요시는 불만 세력이 커지는 것을 막기 위해 '대륙 정복'이라는 구호를 내걸고 전쟁 준비를 시작했습니다. 그리고는 힘을 합쳐 명나라를 치자고 조선에 제의했습니다. 조선은 당연히 이 제의를 거부했지요.

임진왜란이 일어나기 전인 1590년, 조선은 일본의 동향을 살피기 위해 통신사를 보냈습니다. 그런데 이듬해에 돌아온 통신정사 황윤길과 부사 김성일은 서로 반대되는 보고를 하였습니다. 황윤

길은 일본이 병선을 많이 준비하는 등 전쟁 준비를 열심히 하고 있으니 반드시 쳐들어올 것 같고 이에 대비를 해야 한다고 하였습니다. 그러나 통신부사 김성길은 도요토미 히데요시는 두려워할 만한 인물이 못 되고 전쟁 준비도 안 되어 있다고 보고하였지요. 두 사람의 보고가 이렇게 다른 것은 황윤길은 서인이었고 김성일은 동인이었기 때문입니다. 논란 끝에 세력이 우세하던 동인의 주장대로 전란에 대비하지 않는 쪽으로 결론지어졌습니다. 괜히 전쟁 준비를 하여 민심이 흉흉해지도록 만들 필요가 없다는 이유에서였습니다.

1592년 일본은 20만 명의 병력을 이끌고 조선에 쳐들어왔습니다. 임진왜란이 일어난 것입니다. 불과 20일 만에 한양을 내주고 선조는 압록강을 바로 눈앞에 둔 의주까지 몽진을 가게 되었지요. 그때까지 조선은 세자를 세우지 못하고 있었는데 전쟁이라는 비상사태가 발생하는 바람에 조정을 분리해야 했고 분조(分朝)를 이끌 세자가 급히 필요하게 되었습니다. 서장자(庶長子)인 임해군은 성격이 포악하여 인심을 잃었다는 이유로 제외되었습니다. 선조는 피란길에서 어쩔 수 없이 둘째아들 광해군을 세자로 책봉하였습니다.

파죽지세로 한반도를 유린했던 왜적은, 의병과 수군의 활약, 명나라의 참전으로 생각보다 전쟁이 길어지자 혼란스러워했지요. 반격에는 물론, 보급의 혼란, 전염병의 창궐로 왜적은 매우 지쳐 있었습니다. 이때 화의 교섭에 나선 명나라 사신 심유경에게 도요토미 히데요시는, 전쟁을 끝내는 조건으로 '명나라 황녀를 일본의 후비로 삼을 것' '조선 8도 중 4도를 떼어줄 것' '조선 왕자 및 대신들을 인질로 보낼 것' 등을 요구했습니다. 심유경은 이 제안을 수락하였고, 왜는 그 약속을 믿고 조선에 있던 병력을 철수하고 포로로 잡았던 두 왕자, 임해군과 순화군을 돌려보냈습니다. 무조건 화의를 성립시키기 위해 헛된 약속을 했던 심유경은 명나라에 가서 사실과는 다른 얘기를 하여 엉뚱한 내용의 답장을 받아 왜적에게 전달했습니다. 도요토미 히데요시를 국왕으로 책봉하고 일본이 명나라에 조공을 바치는 것을 허락한다는 내용이었지요. 도요토미 히데요시는 분노하여 다시 조선을 침략하기로 결정하였지요.

1597년에 정유재란이 일어났을 때 이순신(李舜臣)은 원균의 모함으로 죽을 위기에 처해 있었습니다. 우의정 정탁의 변호로 간신히 죽음은 면했지만 이순신은 권율의 휘하에서 백의종군을 해야 했지요. 이순신 대신 삼도수군통제사가 된 원균이, 이순신이 애써 키워놓은 수군과 함대를 모두 잃고 전사하자 선조는 이순신을 다시 수군통제사로 임명하였습니다. 이순신은 명량해전에서 120명의 수군과 열세 척의 배로 133척의 일본 함대와 만나 대승을 거뒀습니다. 곧이어 도요토미 히데요시가 병사하고 그의 유언에 따라 왜적은 철수하였습니다. 그런데 이순신은 단 한 명이라도 적을 살려 보낼 수 없다며 노량 앞바다에서 총공세를 가했고 그 전장에서 장렬한 최후를 맞았습니다.

이렇게 7년에 걸친 전쟁이 끝났습니다. 하지만 조선은 이 전쟁으로 엄청난 변화를 겪게 되었습니다. 인명 피해는 물론이고 농경지가 황폐화하는 등 재산 피해도 이루 말로 다 할 수 없을 정도였지요. 게다가 신분제 등 사회 질서가 크게 흔들리기 시작했습니다.

선조가 48세 되던 해(1600년), 첫 번째 왕비 의인왕후 박씨가 세상을 떠났습니다. 2년 후 선조는 19세의 새 왕비 인목왕후를 맞았습니다. 이때 세자였던 광해군의 나이는 20대 후반으로, 새어머니 인목왕후보다 열 살 정도 더 많았지요. 게다가 인목왕후가 적자인 영창대군을 낳는 바람에 광해군은 더 곤란한 지경이 되었습니다. 조정은 영창대군을 지지하는 소북파와 광해군을 지지하는 대북파로 나뉘었습니다. 소북파는 광해군이 차남이고 서자여서 명나라로부터 고명을 받지 못했다며 그를 세자로 인정하려 하지 않았습니다. 선조 역시 같은 이유로 광해군의 문안을 받지 않으며 영창대군을 세자로 앉히고 싶은 마음을 감추지 않았습니다.

그러나 자신의 죽음이 머지않았음을 깨달은 선조는 병석에서 광해군에게 왕위를 물려준다는 선위 교서를 내렸습니다. 그런데 소북파였던 영의정 유영경이 이 교서를 공표하지 않고 자기 집에 감추었다가 발각되는 일이 벌어졌습니다. 사건이 마무리되기 전에 선조는 석어당에서 세상을 떠났고 왕실의 가장 어른이었던 인목왕후는 선왕의 뜻에 따라 광해군이 선조의 뒤를 이어야 한다는 언문 교지를 내렸습니다.

그날, 선조 41년(1608) 2월 1일, 인목왕후는 선조의 유서를 빈청에 내렸습니다. 유서는 선조의 건강이 나빠졌을 때 세자인 광해

군에게 쓴 것으로, "형제 사랑하기를 내가 있을 때처럼 하고 참소하는 자가 있어도 삼가 듣지 말라. 이로써 너에게 부탁하니 모름지기 내 뜻을 몸 받아라"라고 쓰여 있었습니다. 광해군이 임금의 자리에 오르는 것을 인정하면서 동생 영창대군을 잘 보살펴달라는 의미가 담긴 유서였습니다.

석어당의 왼쪽 뒤편에 즉조당(卽阼堂)이 있습니다. '즉조'는 임금의 자리에 나아간다는 뜻입니다. 영조 이전까지의 즉조당은 석어당을 일컫는 것이고 지금의 즉조당은 서쪽에 있는 건물이라 서청(西廳)이라 불렸지요. 앞면 일곱 칸, 옆면 네 칸에 팔작지붕을 얹은 건물인 즉조당은 중화전이 세워지기 전까지 정전으로 사용되었습니다.

즉조당은 제14대 임금 광해군이 선조를 이어 임금의 자리에 오른 곳이기도 합니다.

그날, 광해군 즉위년(1608) 2월 2일, 광해군은 선조의 유교를 받고 어좌에 오르게 되었습니다. 신하들이 어좌에 오르기를 요청하자 광해군은 "심정이 매우 망극하여 차마 어좌에 오를 수가 없다"라며 여러 차례 사양하였습니다. 그는 대신들이 모두 문밖에서 기다리고 있다는 말에도 계속 사양하다가 "여러 사람의 말이 이와 같기 때문에 죽기를 한하고 거절하려 했으나 힘써 따르는 것이다"라며 비로소 어좌에 올랐습니다.

우여곡절 끝에 임금의 자리에 오른 광해군은 임진왜란으로 파탄에 이른 국가 재정을 확보하고 흐트러진 조정의 기강을 바로잡는데 최선을 다했으며 도탄에 빠진 백성들을 구제하기 위한 여러 가지 정책을 실시했습니다. 또 전란으로 불타버린 궁궐들을 재건하여 왕실의 권위를 되찾는 데도 힘을 썼지요.

그러나 이때 여진족 누르하치가 후금(後金)이라는 나라를 건국하고 조선과 명나라를 압박하기 시작하였습니다. 위기에 처한 명나라는 조선에 원병을 보내달라고 요청했습니다. 조선은 명나라에게 빚을 지고 있었지요. 임진왜란 때 원군을 보내준 것 말입니다. 또 그때까지 명나라는 여전히 무시할 수 없는 나라였습니다. 그러나 광해군은 후금 역시 함부로 적대시할 수 없다고 판단했습니다. 광해군이 고민에 빠져 있을 때 이이첨을 비롯한 대신들은 명나라에 원병을 보낼 것을 적극 주장했습니다. 광해군은 어쩔 수 없이 파병을 결정했지만 믿을만한 신하였던 강홍립(姜弘立)을 도원수로 임명하고 '명군 지휘부의 명령에 일방적으로 따르지 말 것'을 지시했습니다.

이 전쟁에서 명나라는 10만 명에 이르는 병사를 잃으며 후금에게 크게 패하였고 강홍립은 후금에 항복했습니다. 강홍립이 오랑캐에게 항복했다는 소식이 조선에 전해지자 그의 처자를 죽이라는 상소가 빗발쳤습니다. 그러나 광해군은 오히려 그 가족에게 물품을 하사하고 편히 지낼 수 있게 해주었습니다. 이렇게 광해군은 명나라와 후금 사이에서 어느 쪽으로도 치우치지 않는 중립 외교를 펼쳐나갔습니다. 이런 광해군의 태도는 명나라를 어버이의 나라로, 후금을 오랑캐의 나라로 여기던 대신들에게는 있을 수 없는 일로 여겨졌지요.

1613년에는 광해군을 폐모살제(廢母殺弟 : 어머니를 가두고 동생을 죽임)의 패륜아로 만든 '칠서의 옥'이라는 사건이 일어났습니다. '칠서(七庶)'란 일곱 명의 서자를 일컫는 말이지요. 당시 서자들은 과거도 볼 수 없고 따라서 벼슬길도 막혔으니 돈 많은 명문가의 서자들은 어울려 다니며 술이나 마시며 울분을 달래는 것 외에는 할 일이 없었습니다. 이 사건에 연루된 일곱 명의 서자는 문경세재에서 상인을 죽이고 수백 냥을 약탈한 강도 사건의 범인으로 잡혔습니다.

그런데 이 사건은 단순 강도 사건으로 끝나지 않았지요. 모진 고문 끝에 이들은, 광해군을 몰아내고 영창대군을 추대하는 거사의 자금으로 쓰려 범죄를 저질렀다고 자백한 것입니다. 이 자백

■ 1904년 화재로 즉조당이 소실되자 고종은 매우 안타까워하며 새로 지었을 때 어필 현판을 내렸다.

이후에도 여러 가지 음모에 대한 폭로가 줄줄이 이어졌지요. 인목대비의 아버지 김제남이 자신들의 우두머리이며, 인목대비 또한 역모에 가담했다는 얘기부터 김제남과 인목대비가 의인왕후의 유릉에 무당을 보내 저주했다는 얘기도 나왔습니다. 의인왕후는 선조의 원비로서 광해군을 양자로 삼았던 사람입니다. 결국 김제남은 사사되고 영창대군은 폐서인이 되어 강화도에 위리안치(圍籬安置 : 가시로 울타리를 만들어 그 안에 가둠) 되었습니다. 이 사건을 계축년에 일어났다 하여 '계축옥사'라고 합니다. 영창대군은 이듬해 대북파의 명을 받은 강화 부사 정항에 의해 증살되었습니다. 아홉 살짜리 영창대군을 방에 가두고 불을 뜨겁게 때서 질식하여 죽게 한 것이지요.

계축옥사가 일어나기 두 해 전인 1611년에 창덕궁 공사가 마무리되었지만 광해군은 창덕궁으로 옮겨가기를 꺼려했습니다. 단종과 연산군이 창덕궁에서 폐위된 것이 꺼림칙했기 때문입니다. 하지만 하루빨리 제대로 된 궁궐로 옮겨 왕실의 체면을 지켜야 한다는 신하들의 강요에 못 이겨 창덕궁으로 옮겨갔습니다. 하지만 역시 광해군의 불길한 예감대로 동생을 죽이는 비극을 맞고 말았습니다.

비극은 거기서 끝나지 않았지요. 영창대군을 제거한 대북파는 능창군을 다음 표적으로 삼았습니다. 능창군의 아버지는 선조와 인빈 김씨 사이에서 태어난 정원군이었고 능창군 자신은 선조의 총애를 받아 세자가 될 뻔했던 신성군의 양자였지요. 또 그 무렵 "정원군의 집에 왕기가 서린다"라는 소문이 돌았습니다. 이때 수안 군수였던 신경희가 능창군을 왕으로 추대하려 했다고 자백했습니다. 17세이던 능창군은 큰 화를 당할 것이 두려워 자결하고 말았지요. 이 능창군의 형이 바로 후일 반정을 일으켜 인조가 된 능양군입니다.

이렇게 종기가 안으로 곪아 들어가고 있었는데도 불구하고 대북파는 또 하나의 무리수를 두었습니다. 인목대비마저 폐출시킬 것을 광해군에게 요구했던 것입니다. 광해군은 인목대비의 폐출은 허락하지 않았지만 대비를 경운궁에 가두도록 하였습니다.

그날, 광해군 10년(1618) 1월 28일. 광해군은 대신들의 요구에 다음과 같이 답했습니다.

"내 운명이 너무도 기구하여 하늘에 어여삐 여김을 받지 못하여 이런 큰 변고를 만났으므로 밤낮으로 목놓아 울었다. 내 몸이 상하는 것이야 걱정할 것이 못되지만, 유릉(裕陵)에 흉악한 짓을 자행하여 선대 왕후를 저주한 이 일이야말로 신하된 자로서는 차마 말할 수 없는 지극한 아픔이었을 것이다. 그리하여 사람들이 산처럼 분노하고 마음속으로 일제히 통분해 하자 경들이 대궐 뜰을 가득 메우고 의논하면서 날마다 세 번씩 다그쳤으므로 형세상 끝내 저지하기는 어려웠기에 우선 백관의 조알을 정지시킴으로써 중외의 인심에 답하였다. 그러나 이 역시 부득이해서 나온 일이었지 어찌 그렇게 한 것이 과인의 본심이었겠는가. 걱정되고 두려우며 안타깝고 위축되는 심정에 어찌할 줄을 몰랐다.

그런데 생각지 않게 경들이 나의 뜻을 살피지 못하여 백관들을 이끌고 얼어붙은 대궐 뜰에 모두 모여 직무도 폐기한 채 따를 수 없는 일을 억지로 청하고 있다. 돌아보건대 내가 무슨 마음으로 이 변고를 처리할 수 있겠는가. 그러나 경들이 일단 종묘사직과 관계되는 일이라고 말하고 있는 이상 내가 줄곧 거절할 수만은 없는 처지이다. 지금 이후로는 단지 서궁이라고만 칭하고 대비의 호칭은 없애도록 하라. 그리고 다시는 '폐(廢)'라는 글자를 거론하지 말도록 하라.……"

— 〈광해군 일기〉 1618년 1월 28일

기록을 보면 대비를 폐출하자는 요구를 광해군이 막아낸 것으로 되어 있지만 광해군은 폐모살제(廢母殺弟)를 했다는 비난을 피할 수 없었습니다. 급기야 1623년에는 광해군의 패륜을 명분 삼아 광해군의 조카 능양군이 반정을 일으켰습니다. 능양군은 경운궁으로 가서, 11년 동안 유폐되어 있었지만 왕실의 가장 큰

어른인 인목대비에게 옥새를 바쳤지요. 인목대비는 광해군 폐
립의 교지를 내리고 경운궁 서청(즉조당)에서 능양군을 즉위시켰
습니다.

그날, 인조 1년(1623) 3월 13일, 인조반정이 일어나던 날을 실
록은 다음과 같이 기록하고 있습니다.

"능양군이 의병을 일으켜 왕대비를 받들어 복위시킨 다음 대비의
명으로 경운궁에서 즉위하였다. 광해군을 폐위시켜 강화로 내쫓고
이이첨 등을 처형한 다음 전국에 대사령을 내렸다. 새 임금(인조)은
선조 대왕의 손자이며 원종 대왕(元宗大王 : 정원군)의 장자이다. ……
처음 광해가 동궁에 있을 때 선조께서 세자를 바꾸려는 의사를 두었
었는데, 결국 광해가 왕위를 계승하게 되자 영창대군을 몹시 시기하
고 모후를 원수처럼 보아 그 시기와 의심이 날로 쌓였다. 적신 이이
첨과 정인홍(鄭仁弘) 등이 또 그의 악행을 종용하여 임해군과 영창대
군을 섬에 안치하여 죽이고 연흥 부원군 김제남을 멸족하는 등 여러
차례 대옥사를 일으켜 무고한 사람들을 살육하였다. 임금의 막내 아
우인 능창군도 무고를 입고 죽으니, 원종 대왕이 화병으로 돌아갔
다. 대비를 서궁에 유폐하고 대비의 존호를 삭제하는 등 그 화를 헤
아릴 수 없었다. 선왕조의 옛 신하들 중 이의를 두는 자는 모두 추방
하여 당시 어진 선비가 죄에 걸리지 않으면 초야로 숨어버림으로써
사람들이 모두 불안해하였다. 또 토목 공사를 크게 일으켜 해마다 쉴
새가 없었고, 간신배가 조정에 가득 차고 후궁이 정사를 어지럽히어

크고 작은 벼슬아치의 임명이 모두 뇌물로 거래되었으며, 법도가 없이 가혹하게 거두어들임으로써 백성들이 수화(水火) 속에 든 것 같았다. 임금(인조)이 윤리와 기강이 이미 무너져 종묘사직이 망해가는 것을 보고 개연히 난을 제거하고 반정할 뜻을 두었다. …… 임금이 경운궁에 이르러 말에서 내려 걸어서 서청 문 밖에 들어가 재배하고 통곡하자 시위 장사 및 시신들이 모두 통곡하였다. 임금이 곧 엎드려 대죄하자 자전(慈殿 : 인목대비)이 하교하기를, '능양군은 종자(宗子 : 왕실의 자손)이니 들어와 대통을 잇는 것이 마땅하다. 막대한 공을 이루었는데 무슨 대죄할 일이 있겠는가'하였다. …… 임금이 내정(內庭)으로 들어가니 자전이 선조의 빈자리를 설치해 놓았는데, 임금이 재배하고 통곡하니 시신들도 모두 통곡하였다. 이에 자전이 침전에 납시어 발을 드리우고 어보(御寶)를 상에 놓은 다음 임금을 인도해 들어갔다. 임금이 엎드려 통곡하자 자전이 이르기를, '통곡하지 마시오. 종사의 큰 경사인데 어찌 통곡하시오'하였다. 임금이 배례를 올리면서 아뢰기를, '대사가 아직 안정되지 않아 날이 저물어서야 비로소 왔으니 신의 죄가 막심합니다' 하니, 자전이 이르기를, '사양하지 마시오. 무슨 죄가 있단 말이오. 내가 기구한 운명으로 불행하게도 인륜의 대변을 만나, 역괴(광해군)가 선왕에게 유감을 품고 나를 원수로 여겨 나의 부모를 도륙하고 나의 친족을 어육으로 만들고 나의 어린 자식을 살해하고 나를 별궁에다 유폐하였소. 이 몸이 오랫동안 깊은 별궁 속에 처하여 인간의 소식을 막연히 들을 수 없었는데 오늘날 이런 일이 있을 줄은 생각지도 못하였소' 하고, 또 군사들에게 이르기를, '역괴는 선왕에 대하여 실로 원수이다. 조정에 간신이 포진하여 나에게 대악의 누명을 씌우고 10여 년 동안 가둬 놓았는데, 어젯밤 꿈에 선왕께서 나에게 이 일이 있을 것을 말하시더니 경들이 다시 인륜을 밝히는 것을 힘입어 오늘을 볼 수 있었다. 경들의 공로를 어찌 다 말할 수 있겠는가' 하였다. ……"

— 〈인조실록〉 1623년 3월 13일

이때 인목대비는 광해군의 목을 베자고 주장하였습니다. 한 하늘 아래 같이 살 수 없는 원수이며, 자신이 10여 년 갇혀서도 죽지 않은 것은 오직 이날을 기다린 것이라 하였습니다. 그러나 신하들은 예로부터 폐출된 임금은 추방할 뿐 죽이는 일을 신하로서 논의할 수 없다고 하였지요. 특히 한음으로 유명한 이덕형은 "아들이 비록 효도하지 않더라도 어머니로서는 사랑하지 않을 수 없습니다. 이 하교는 차마 들을 수 없을 뿐 아니라 또한 감히 받들 수 없습니다"라며 만류하였습니다. 또 옛날에 중종이 반정을 하고 연산군을 우대하여 천수를 마치게 한 것은 본받을 만한 일이라고 말했습니다.

그러나 대비는 "역괴는 부왕을 시해하고 형을 죽였으며, 부왕의 첩을 간통하고 그 서모를 죽였으며, 그 적모(嫡母)를 유폐하여 온갖 악행을 구비하였다. 어찌 연산군에 비교할 수 있겠는가"라며 "선왕께서 병들어 크게 위독하였는데 고의로 충격을 주어 끝내 돌아가시게 하였으니 이것이 시해한 것과 무엇이 다르겠는가"라고 말했습니다. 결국 신하들의 만류로 광해군을 죽이지는 못했지만 인목대비의 깊은 원한을 짐작할 만한 일이지요.

즉조당은 인조가 즉위한 곳이라 하여 붙은 이름이었는데 이후 태극전으로, 다시 중화전으로 이름이 바뀌었습니다. 지금의 중화전이 지어진 1902년 이전까지 중화전이었던 이곳 즉조당은 고종이 대한제국을 선포하고 황제의 자리에 오른 장소이기도 합니다.

그날, 고종 34년(1897) 10월 13일, 고종 황제는 중화전에서 신하들의 진하를 받고 다음과 같은 글을 내렸습니다.

"…… 짐이 덕이 없다 보니 어려운 시기를 만났으나 상제가 돌봐주신 덕택으로 위기를 모면하고 안정되었으며 독립의 터전을 세우고 자주의 권리를 행사하게 되었다. 이에 여러 신하와 백성들, 군사들과 장사꾼들이 한 목소리로 대궐에 호소하면서 수십 차례나 상소를 올려 반드시 황제의 칭호를 올리려고 하였는데, 짐이 누차 사양하다가 끝내 사양할 수 없어서 올해 9월 17일 백악산의 남쪽에서 천지에 고유제(告由祭 : 개인의 집이나 나라에서 큰 일을 치를 때나 치른 뒤에 그 사정을 하늘이나 사당에 모신 조상에게 고하는 제사)를 지내고 황제의 자리에 올랐다. 국호를 '대한'으로 정하고 이 해를 광무(光武) 원년으로 삼으며, 종묘와 사직을 태사(太社)와 태직(太稷)으로 고쳐 썼다. 왕후 민씨를 황후로 책봉하고 왕태자를 황태자로 책봉하였다. 이리하여 밝은 명을 높이 받들어 큰 의식을 비로소 거행하였다. …… 아! 애당초 임금이 된 것은 하늘의 도움을 받은 것이고, 황제의 칭호를 선포한 것은 온 나라 백성들의 마음에 부합한 것이다. 낡은 것을 없애고 새로운 것을 도모하며 교화를 시행하여 풍속을 아름답게 하려고 하니, 세상에 선포하여 모두 듣고 알게 하라."

— 〈고종실록〉 1897년 10월 13일

고종은 1904년 화재로 즉조당이 소실되자 무척 안타까워했습니다. 인조 즉위 이후 그 모습을 그대로 보존해왔던 것을 화재로 잃었기 때문이지요. 이후 새로 지었을 때 고종은 어필 현판을 내렸습니다. 즉조당 현판에는 '御筆'과 '光武九年乙巳七月 日(광무 9년 을사 7월 일)'이라 적혀 있어 1905년 고종이 쓴 것임을 알 수 있습니다.

고종은 황제에 즉위한지 10년 만인 1907년에 아들 순종에게 황제의 자리를 강제로 물려주어야 했습니다. 순종도 즉조당에서 즉위식을 가졌습니다.

그날, 순종 즉위년(1907) 7월 19일, 황제의 즉위식을 마친 순종은 두려움에 찬 자신의 소감을 다음과 같은 글에 담아 반포하였습니다.

"아! 짐은 덕이 없는 사람으로서 외람되게 황태자로 있으면서 부모의 잠자리와 수랏상을 살피는 일상적인 일도 언제나 미처 하지 못하였는데, 나라의 큰 정사를 대리하라는 명령이 천만 뜻밖에 갑자기 내렸으므로 더없이 송구하여 몸 둘 바를 모르고 있었다. 오직 진정으로 간청하여 내린 명령을 취소하실 것을 바라면서 한 번 호소하고 두 번 호소하였으나, 윤허받지 못하였을 뿐만 아니라 계속하여 황제의 자리를 물려주는 처분까지 있었으므로 더욱 더 놀랍고 두려워서 당장 땅을 파고 들어가고 싶었으나 그렇게 할 수 없었다. 하늘의 의사를 돌려세울 수 없고 사람들의 마음도 불안해졌으므로 하는 수 없이 힘써 명령을 받기는 하였으나, 임무가 너무도 중대한 만큼 어떻게 감당하겠는가? …… 근래 수십 년 동안에 우리나라에는 난관이 많아서 비록 태황제와 같은 훌륭한 덕과 지극한 인자함으로 밤낮 근심 걱정했어도 오히려 장차 그렇게 되는 때를 돌이켜 바로잡지 못하였는데, 변변치 못한 나로서 어떻게 이미 그렇게 된 뒤에 와서 수습할 수 있겠는가? 짐이 깊이 생각해보건대 임금 노릇하는 것만 어려울 뿐 아니라 신하 노릇하기도 어렵다. …… 아! 짐은 다른 생각이 없으니, 오직 옳은 길을 따르는 문제에 대해서 힘쓰겠다. 그대들에게 좋은 계책과 방법이 있으면 짐에게 들어와서 말하라. 그대들의 말만 따르겠다. 그대들은 나 한 사람을 도움으로써 지나간 시대보다도 더 많은 성과를 거두도록 하라. …… 아아! 황제가 되는 것이 즐거움은 없고 단지 두려운 생각만 들게 된다. 믿는 것은 신하들뿐이니 무거운 부담을 돕도록 하라. 열 줄의 포고문을 내리어 대사령의 은전을 베푸는 바이다. …… 조상의 덕을 더럽히지 말고 왕업을 튼튼하게 하여 나의 공적과 성과를 도모하라. ……"

— 〈순종실록〉 1907년 7월 19일

　　즉조당의 왼쪽에 붙어 있는 건물은 준명당(浚明堂)입니다. '준명'은 다스려 밝힌다는 뜻입니다. 앞면 여섯 칸, 옆면 네 칸으로, 왼쪽 끝에 익랑을 달고 있는 ㄱ자 건물이지요. 고종 때는 어진 봉안의 장소로 혹은 외국 사신을 접견하는 장소로 쓰였고 함녕전이

지어지기 전까지는 임금의 침전으로 쓰이기도 했습니다. 그런데
1916년 4월 1일, 고종은 여섯 살 난 외동딸 덕혜옹주를 위해 준명
당에 유치원을 만들도록 하였습니다. 덕혜옹주는 귀인 양씨의 소
생으로 고종이 환갑 넘은 나이에 본 늦둥이 딸입니다.

그날, 순종 9년(1916) 5월 8일, 태황제이던 고종은 준명당에
가서 유치원 학생들을 만나고 붓과 먹을 선물로 내려주었습니다.
고종은 이처럼 유치원에 다니는 덕혜옹주를 보러 준명당에 가끔
들르기도 했던 것 같습니다.
어린 시절 고종의 뜨거운 사랑을 받고 자랐지만 덕혜옹주의 삶

은 순탄치 못했습니다. 고종과 귀인 양씨가 세상을 떠난 후 외롭게 살던 덕혜옹주는 열다섯 살에 강제로 일본으로 유학을 떠나게 되었습니다. 일본에서의 삶은 말 그대로 생지옥이었지요. 식민지 조선의 공주라며 심한 따돌림을 당했고 얼마 지나지 않아 조발성 치매증이라는 정신병까지 얻었기 때문입니다. 그러는 중에도 옹주는 당당한 모습을 지키려고 노력했던 것 같습니다. 일설에 의하면 일본의 황족인 내친왕에게 인사를 하라는 말에 덕혜옹주는 "나도 대한제국의 황녀인데 왜 내가 절을 해야 하느냐"라며 단호하게 거절하였다고 합니다.

하지만 덕혜옹주의 결혼도 일본에 의해 강제로 이뤄졌습니다. 남편은 쓰시마 섬의 도주였던 백작 소 다케유키[宗武志]였습니다. 덕혜옹주가 일본인과 결혼한다는 소식에 조선인들은 크게 분노하였습니다. 옹주는 황실의 마지막 상징이었기 때문이지요. 1931년 5월 조선일보는 남편의 모습을 지워버린 옹주의 결혼 사진을 게재하기도 했습니다.

그러는 동안 덕혜옹주의 병은 깊어만 갔습니다. 1946년 마츠자와 도립 정신병원에 입원한 옹주는 다케유키와의 결혼 생활을 더 이상 유지하기 어려워 1955년 이혼하였습니다. 이후로도 15년 동안이나 이 병원에 입원해 있었지요. 하나 뿐인 딸 마사에도 덕혜옹주의 딸이라는 이유만으로 학교에서 따돌림을 당해야만 했습니다. 마사에는 스물네 살이 되던 해에 자살하겠다는 유서를 남기고 사라져버렸고 이 소식을 들은 옹주의 병은 더욱 심해졌습니다.

1961년, 박정희 전 대통령이 국가재건회의 의장 자격으로 일

본을 방문했을 때 덕혜옹주의 이야기를 전해 듣고 옹주의 환국을 약속했습니다. 1962년 덕혜옹주는 38년 만에 고국에 돌아왔습니다. 이후 덕혜옹주는 창덕궁 낙선재에서 이방자 여사(영친왕비)와 함께 지냈지요.

덕혜옹주가 귀국하고 10여 년이 지난 후, 소 다케유키가 옹주를 만나게 해달라고 요청했지만 이방자 여사는 "지난날 당신에게 받은 정신적인 충격과 학대 때문에 옹주의 병세가 더 심해질까 염려된다"라며 그의 청을 거절하였습니다. 1983년 덕혜옹주는 "나는 낙선재에서 오래오래 살고 싶어요. 전하(영친왕), 비전하(이방자 여사) 보고 싶습니다. 대한민국 우리나라"라는 글을 남겼는데, 이후 끝내 의식을 회복하지 못하고 6년 후 세상을 떠났습니다.

■정관헌의 발코니 기둥 모양은 서양식이지만 재질은 나무이고 용이나 박쥐, 꽃병 등 우리 전통 문양을 새겨져 있다.

준명당과 즉조당은 복도각으로 연결되어 있는데 그 밑으로는 사람이 드나들 수 있는 통로가 있습니다. 준명당과 즉조당 뒤쪽으로는 꽃담이 설치되어 있습니다. 두 건물의 뒤편을 왼쪽에 두고 앞으로 걸어가면 창신문(彰信門)이 있습니다. '창신'은 '믿음을 드러낸다'라는 뜻입니다.

창신문을 들어서면 서양식 건물인 정관헌(靜觀軒)이 있습니다. '정관'은 깨끗함을 본다는 뜻으로, 정관헌은 러시아 건축가 사바틴이 한식과 양식을 절충하여 설계한 건물이지요. 로마네스크식 기둥머리를 얹은 돌기둥을 둘러서 내부를 만들었고 앞면과 양 옆면의 외부에는 발코니를 설치하였습니다. 발코니 기둥의 모양은 서양식이지만 그 재질은 나무인데다 용이나 박쥐, 꽃병 등 우리나라

■정관헌은 아름답게 장식된 담으로 둘러싸여 있다. 그 가운데 전돌로 쌓아 아치형으로 화려하게 만든 유현문이 있다.

전통 문양이 새겨져 있습니다. 발코니 앞의 난간도 우리에게 익숙지 않은 철제로 만들어졌지만 사슴, 소나무 등 전통 문양을 새긴 것이 이색적입니다.

　태조의 어진을 봉안하기도 했지만 정관헌은 주로 고종 황제가 커피를 마시며 외교 사절을 접대하는 공간으로 활용되었습니다. 고종은 러시아 공사관에 머물 때 처음 커피를 맛보았는데 경운궁에 돌아와서도 커피를 계속 즐겼다고 합니다. 함녕전에 머물던 고종은 이 정관헌을 정자처럼 사용하기도 했습니다.

　그날, 고종 39년(1902) 6월 21일, 고종은 정관헌에 나아가 황태자가 곁에 앉은 상태에서 친히 어진을 보고 이어 신하들에게도 들어와 보라고 명하였습니다. 의정 윤용선(尹容善)이 "올해는 바로 천 년에도 보기 드문 경사로운 해인 데다가 어진까지 그렸습니다. 만만세토록 성신(聖神)이 대를 이어 우러러보게 되었으니 신은 기쁨을 금할 수 없습니다"라고 말했습니다. 고종은 "대신이 아직 눈이 밝지만 섬세한 것을 보는 데서는 젊은 사람만 못할 것 같으니 안경을 끼고 볼 것이다. 여러 대신 중 나이 많아 눈이 어두운 사람들도 안경을 낄 것이다"라며 신하들을 배려하기도 했습니다. 이날 확인한 어진은 정결한 도자기에 담고 상자에 넣어 흠문각(欽文閣 : 정관헌 남쪽에 있던 건물)에 봉안하도록 하였습니다.

정관헌을 바라보고 왼쪽에는 꽃담이 있습니다. 꽃담 가운데 있는 유현문(惟賢門)은 전돌로 쌓아 문 윗부분을 무지개 모양의 아치형으로 만든 화려한 문입니다. 유현문은 '오직 어진이가 출입하는 문'이란 뜻이지요. 글씨는 전서(篆書)로 쓰였고 글씨 좌우에는 봉황이 새겨져 있습니다. 유현문 옆으로 문이 두 개 더 있는데 용덕문(龍德門)과 석류문(錫類門)입니다. 유현문에서 가까운 문이 용덕문인데 덕홍전에서 석어당으로 통하는 문입니다. '용덕'은 제왕의 덕을 의미합니다. 그 옆은 석류문인데 '석류'는 선을 내려준다는 뜻입니다.

궁궐의 문은 그냥 출입을 위한 장치가 아니었습니다. 상서롭지 못한 것은 들어오지 못하게 하고 상서로운 것을 나가지 못하도록 막는 것이 문이었지요. 또 문은, 깨끗하지 못한 몸을 가진 사람이 여러 문을 거치면서 깨끗한 몸으로 다시 태어나도록 하는 정화 기능도 가지고 있습니다. 게다가 궁궐의 문은 신분의 벽을 강조하는 도구로 사용되기도 했습니다. 군신과 지위의 높고 낮음, 남녀

■덕홍전(위)은 임금이 고위 관리나 외교 사절을 맞이하는 접견실로 쓰였고 함녕전(아래)은 임금의
침전으로 사용되었다.

와 역할의 차이를 문의 방향이나 크기, 형태 등으로 철저하게 구별하기도 했습니다. 그래서 거의 나란히 붙어 있는 유현문, 용덕문, 석류문도 크기나 모양, 방향에 차이가 있습니다.

정관헌 앞쪽에는 덕홍전(德弘殿)과 함녕전(咸寧殿)이 있습니다. '덕홍'은 덕을 넓게 펼친다는 뜻입니다. 덕홍전은 앞면 세 칸, 옆면 네 칸의 건물로 내부에는 마루가 깔려 있습니다. 천장에는 봉황 문양의 단청과 서양식 샹들리에가 어울려 있고 기둥과 기둥의 위에 가로지르는 굵은 나무 창방에는 오얏꽃 문양이 새겨져 있습니다. 덕홍전은 임금이 고위 관리나 외교 사절을 맞이하는 접견실로 사용되었습니다.

덕홍전과 나란히 서 있는 건물이 함녕전입니다. 함녕전은 앞면 아홉 칸, 옆면 네 칸으로, 왼쪽에 익랑이 붙어 있는 ㄱ자 건물이지요. 가운데 대청마루가 있고 양옆에는 온돌방이 있습니다. 건물 바깥쪽에는 벽이 하나도 없고 네 칸의 분합문으로 안팎을 구분하였습니다.

함녕전은 고종이 러시아 공사관에서 돌아올 때 건립된 임금의 침전입니다. 황제의 자리에서 물러난 후 고종은 수옥헌(지금의 중명전)으로 옮기고 순종이 이곳에 머물렀는데 순종이 창덕궁으로 옮긴 후 고종은 다시 함녕전을 침전으로 사용하였지요. 함녕전 뒤편에는 화계가 있고 유현문에 이르기까지는 꽃담으로 장식되어 있습니다. 함녕전 정문은 광명문이었는데 원래의 광명문은 지금 미술관 쪽으로 옮겨져 유물 전시관으로 쓰이고 있습니다.

1897년 함녕전 대청마루에 정부 각 부처를 연결하는 전화가 설치되었습니다. 고종은 이 전화로 각부 대신에게 지시를 내렸는데 백범 김구 선생의 사형 집행을 막은 것도 이 전화였다고 합니다.

1896년, 스물한 살의 김구는 명성황후 시해 사건에 격분해서 황해도 안악군에서 우연히 마주친 쓰치다 조스케라는 일본인을 죽였습니다. 쓰치다가 일본군 정보 장교일 것이라고 생각했기 때문입니다. 김구는 "국모의 원수를 갚을 목적으로 거사를 벌였다"라는 대자보에 자신의 이름과 주소까지 적어 붙이고 현장을 떠났지요. 3개월 뒤에 체포된 김구는 인천 감옥에 갇혀 재판을 받았고 사형 선고를 받아 집행을 기다리게 되었습니다.

1897년 7월 사형 집행일이 되었습니다. 덕수궁에서 사형수 명단을 보던 고종의 비서는 명단에서 김구라는 이름과 "국모의 복수를 위해 일본인을 죽였다"라는 특이한 범행 동기를 발견했습니다. 보고를 받은 고종은 긴급 어전회의를 열어 사형 집행 정지를 결정했지요. 그런데 그 시각이 사형 집행 직전이었습니다. 인편으로 집행 정지를 알렸다면 제 시간에 닿지도 못할 긴박한 순간이었습니다.

그때 고종은 함녕전 대청의 전화를 사용하였습니다. 〈백범일지〉에 따르면, 서울과 인천을 잇는 전화선은 사형 집행일 사흘 전에 개통되었다고 합니다. 사흘만 늦게 전화선이 개통되었더라면 애국지사 김구 선생의 활약은 볼 수 없었을 것입니다.

함녕전은 고종이 세상을 떠난 곳입니다. 또 이곳에 고종의 빈전과 혼전이 마련되었습니다.

그날, 순종 12년(1919) 1월 21일 묘시(卯時)에 태황제 고종이 함녕전에서 한 많은 삶을 마감하였습니다. 같은 해 3월 4일에 이재완(李載完)은 고종 황제의 행장을 다음과 같이 기록하였습니다.

"오호 통재라. 높은 하늘이 슬픔을 주시어 우리 수강 대왕(壽康大王)께서 무오년(1918) 12월 20일(음력) 묘시에 경운궁의 함녕전에서 돌아가시니 나이 67세에 7일이 넘으셨다. …… 지난 10월 큰 별이 동방에 떨어졌는데 소리가 우레와 같고, 섬광이 번쩍이다가 얼마 후에 그쳤다. 나라 사람들이 크게 두려워하였는데, 두 달이 지나 옥궤(玉几)의 명을 받을 줄 어찌 예상했겠는가? 승하하신 날 도성의 인사와 여인들이 흰 옷을 입고 머리를 풀고 대궐 앞으로 달려와 부르짖으며 눈물을 흘렸는데, 그 소리는 천지를 진동하며 온 나라에서 밤낮으로 그치지 않았다. 문상하는 날에는 모두가 어린 아들이 죽은 어머니를 사모하는 것 같았다. …… 백성을 불쌍히 여겨 물건을 구휼하였고 수재나 화재의 재난을 만나면 반드시 내탕금을 내려서 구제하고, 수령과 신하들을 각별히 신칙하여 집을 지어서 정착할 살만한 곳을 마련해 주도록 하였다. 대대로 벼슬한 신하들을 온전하게 보호하여 비록 모함에 빠지더라도 형벌을 주지 않고 반드시 곡절을 살펴 죄를 말끔히 씻어주었다. 경연에 임하여서는 장중하여 온화하면서도 위엄 있는 용모를 지녔고, 여러 신하의 여쭙는 말씀을 대할 때는 안색이 온화하여 화락하니 각자가 마음속에 품고 있는 바를 다 말하였다. 때문에 한 번 나가 만나본 사람들은 반드시 취한 것같이 진실로 감복하니 마치 봄바람의 온화한 기운 안에 들어있는 것 같았다. 여러 번 변란을 겪으면서도 분노의 기색이 없었으며, 조용히 생각하고 깊이 계산하여 시기나 형편에 잘 맞게 처신하였다. 한 가지 일에 닥치거나 의문 나는 일이 있으면 반드시 자세한 전례를 검토한 후 결정하니 여러 신하가 미치지 못하였다.

곤룡포와 면류관 이외에는 무늬 있는 비단을 쓰지 않았고, 평상복은 두세 번씩 빨아 입었으며, 모든 완상품과 기호품에는 욕심이 없었다. 하늘을 대하여 엄숙하고 공경하며 삼가고 하늘 빛이 비치는 곳에서는 드러누운 적이 없었다. 재난을 만나면 지성으로 경계하고 두려워하여 반찬을 줄이고 충언을 구하며 자신을 돌아보며 자책하였다. …… "

— 〈순종실록 부록〉 1919년 1월 21일

■ 덕수궁의 연못도 천원지방의 사상을 담은 방지원도이다.

함녕전을 등지고 대한문 쪽으로 나오다 보면 왼쪽 매점 옆에 연못이 있습니다. 이 연못도 천원지방 사상을 담은 방지원도 형식으로 만들어져 있습니다. 그래서 연못은 네모지게 팠고 가운데 둥그런 섬을 조성해놓았습니다.

덕수궁은 너무도 많이 훼손되었기 때문에 일부 시설은 궁궐 바깥으로 나가야 볼 수 있습니다. 그 중 하나가 중명전(重明殿)이지요. 중명전은 대한문을 등지고 오른쪽으로 돌담길을 끼고 5분 정도 걸어가야 하는 거리에 있습니다. 미국 대사관저 입구를 지나 서울시립미술관 앞에서 오른쪽으로 돌아가면 정동극장이 있고 그 뒤편에 중명전이 있습니다.

중명전은 벽돌로 된 2층 양옥입니다. 러시아 인 사바틴이 설계

■황실도서관으로 지어졌던 중명전. 중명전은, 을사늑약이 체결된 곳이고 세 명의 밀사에게 헤이그 파견 명령을 내린 장소이다.

한 건물로, 처음에는 황실 도서관으로 지어져 수옥헌(漱玉軒)으로 불리었습니다. 그런데 1904년 덕수궁의 대화재로 고종이 임시로 들어와 살면서 연회장이나 외교 사절의 접견 장소로 사용되었습니다.

'중명'은 광명이 계속 이어져 그치지 않는다는 뜻입니다. 하지만 중명전은 일본이 우리나라의 침략 야욕을 확실하게 드러낸 을사늑약이 체결된 곳이지요.

그날, 고종 42년(1905) 11월 17일, 이른바 한일협상조약이라 불리는 불평등 조약이 체결되었습니다. 그날, 일본은 중명전을 비롯하여 경운궁 안팎에 무장한 군인을 배치하여 공포 분위기를 조성하였습니다. 이런 분위기 속에서도 고종은 어전회의에서 협약의 조인을 거부하였지요. 끝내 고종을 설득하지 못한 일본 총리 이토 히로부미는 이완용 등 을사오적을 데리고 조약을 체결하였습니다. 협약의 주요 내용은 다음과 같습니다.

"일본국 정부와 한국 정부는 두 제국을 결합하는 이해공통주의를 공고히 하기 위하여 한국이 실지로 부강해졌다고 인정할 때까지 이 목적으로 아래에 열거한 조관을 약정한다.

제1조 일본국 정부는 도쿄에 있는 외무성을 통하여 금후 한국의 외국과의 관계 및 사무를 감리 지휘할 수 있고 일본국의 외교 대표자와 영사는 외국에 있는 한국의 신민 및 이익을 보호할 수 있다. 제2조 일본국 정부는 한국과 타국 사이에 현존하는 조약의 실행을 완전

히 하는 책임을 지며 한국 정부는 이후부터 일본국 정부의 중개를 거치지 않고 국제적 성질을 가진 어떠한 조약이나 약속을 하지 않을 것을 기약한다. 제3조 일본국 정부는 그 대표자로서 한국 황제 폐하의 궐하에 1명의 통감을 두되 통감은 오로지 외교에 관한 사항을 관리하기 위하여 경성에 주재하면서 직접 한국 황제 폐하를 궁중에 알현하는 권리를 가진다. …… 제5조 일본 정부는 한국 황실의 안녕과 존엄을 유지함을 보증한다. 이상의 증거로써 아래의 사람들은 각기 자기 나라 정부에서 상당한 위임을 받아 본 협약에 기명 조인한다. ……

광무(光武) 9년 11월 17일 외부 대신 박제순

명치(明治) 38년 11월 17일 특명전권공사 하야시 곤노스께[林權助]"

고종은 끝까지 서명이나 옥새 날인을 하지 않았습니다. 그러니 을사늑약은 우리나라 국가 원수가 승인한 협약이 아닙니다. 협약 자체가 무효인 것이지요. 고종은 이런 억울한 상황을 세계 만방에 알리고 도움을 구하고자 네덜란드 헤이그에서 열린 만국평화회의에 이상설, 이위종, 이준 등을 특사로 파견하였습니다. 그 일이 이루어진 장소도 이곳 중명전입니다.

특사들은 회의에 참석도 못했고 고종은 이 일을 빌미로 하여 일본에 의해 강제 퇴위당했습니다. 순종은 즉위하자마자 일본의 강요에 못 이겨 특사 세 사람을 처벌하라는 조령을 내릴 수밖에 없었습니다.

그날, 순종 즉위년(1907) 7월 20일 순종은, "이상설, 이위종,

■ 환구단의 부속 시설이었던 황궁우. 지금은 없어진 환구단은 지름이 140미터나 되는 엄청난 규모의 구조물이었다.

이준의 무리들은 어떤 흉악한 성품을 부여받았으며 어떤 음모를 품고 있었기에 몰래 해외에 달려가 거짓으로 밀사라고 칭하고 방자하게 행동하여 사람들을 현혹시킴으로써 나라의 외교를 망치게 하였는가? 그들의 소행은 중형에 합치되니 법부에서 법률대로 엄히 처결하라"라고 조령을 내렸습니다.

중명전의 내부에는 을사늑약과 헤이그 밀사 파견과 관련된 자료들이 전시되어 있습니다.

중명전에서 나와 다시 대한문 앞을 지나 서울시청 앞 광장 큰 길을 건너면 조선호텔이 있습니다. 조선호텔 뒤편에 있는 황궁우

(皇穹宇)를 비롯하여 호텔 자리까지가 환구단(圜丘壇) 터입니다. 그곳은 원래 태종의 둘째 딸인 경정공주의 집이 있던 곳입니다. 소공주가 살았던 동네라 하여 지금도 그곳의 지명이 소공동이지요.

1897년 고종이 황제의 자리에 오르면서 이를 하늘에 고하기 위해 이 자리에 환구단을 세웠습니다. 환구단은 하늘과 땅, 별과 천지 만물에 깃든 신령의 신위를 모시고 제사를 지내는 곳입니다. 이후에도 고종은 황제의 자격으로 동지나 새해 첫날에 환구단에서 하늘에 제사를 지냈습니다.

환구단은 3층으로 둥글게 쌓은 제단이고 중앙의 윗부분에는 금색으로 칠한 원추형 지붕이 있었답니다. 천원지방의 사상에 의해 하늘에 제사 지내는 환구단은 둥글게 만들었고 땅에 제사 지내는 사직단은 네모나게 만들었습니다. 황제의 즉위식 날짜에 맞춰 환구단을 완공하기 위해 왕실 최고의 도편수인 심의석을 비롯하여 1천여 명의 숙련된 인부가 한 달 동안 쉼 없이 일했다는데, 완성품은 1층의 지름이 140미터나 되는 엄청난 규모의 구조물이었습니다.

그날, 고종 34년(1897) 10월 11일, 고종은 대신들을 만나 대한제국을 세우는 일에 대해 논의하였습니다. 고종이 "정사를 모두 새롭게 시작하는 지금에 모든 예(禮)가 다 새로워졌으니 환구단에 첫 제사를 지내는 지금부터 마땅히 국호를 정하여 써야 한다. 대신들의 의견은 어떠한가?"라고 묻자 심순택(沈舜澤)과 조병세(趙秉世)가 "천명이 새로워지고 온갖 제도도 다 새로워졌으니, 국호도 역시

■ 고종 황제의 즉위 40주년을 기념하여 만든 석고. 하늘에 제사 지낼 때 사용하는 악기를 형상화한 것이다.

새로 정해야 할 것입니다. 지금부터 억만 년 무궁할 터전이 실로 여기에 달려 있습니다"라고 말했습니다. 고종은 "우리나라는 곧 삼한(三韓)의 땅인데, 국초(國初)에 천명을 받고 하나의 나라로 통합되었다. 지금 국호를 '대한(大韓)'이라고 정한다고 해서 안 될 것이 없다. 또한 매번 각국의 문자를 보면 조선이라고 하지 않고 한(韓)이라 하였다. 이는 아마 미리 징표를 보이고 오늘이 있기를 기다린 것이니, 세상에 공표하지 않아도 세상이 모두 다 '대한'이라는 칭호를 알고 있을 것이다"라고 말했습니다. 신하들이 이에 찬동하자 고종은 "국호가 이미 정해졌으니, 환구단에 행할 고유제의 제문과 반조문(頒詔文 : 나라에 경사가 있을 때 임금이 백성에게 널리 알리던 조서)에 모두 '대한'으로 쓰도록 하라"라고 명하였습니다.

그런데 일본이 1912년에 환구단을 헐고 그 자리에 호텔을 지었지요. 지금은 환구단은 찾아볼 수 없고 그 부속 시설인 황궁우와 세 개의 석고(石鼓 : 돌 북), 석조 대문만이 남아 있습니다. 화강암 기단에 세워진 3층 팔각정 황궁우는 하늘신의 위패를 모신 건물입니다. 기단 주변은 서수가 지키고 있고 팔각형의 건물 내부는 화려하게 장식되어 있는데 3층에는 각 면에 세 개씩의 창문을 만들어놓았습니다. 통층으로 뚫린 천장에는 황제를 상징하는, 일곱 개의 발톱을 가진 황룡(칠조룡)이 새겨져 있습니다.

석고는 1902년 고종 황제 즉위 40주년을 기념하여 만든 것입니다. 세 개의 석고는 하늘에 제사 지낼 때 사용하는 악기를 형상화한 것입니다. 북의 몸통에는 용 무늬가 조각되어 있는데 이 조각은 당시의 조각 중 최고의 걸작으로 평가됩니다.

조선호텔 쪽에 서 있는 삼문 형식의 석조 대문이 환구단 정문이지요. 해체되어 없어졌다고 알려졌는데 2007년 서울 우이동에서 발견되었습니다. 2009년 12월에 복원 공사가 마무리되어서 지금의 자리에 서게 되었습니다.

경희궁 ◉ 왕기가 서린, 그러나 사라졌던 궁궐

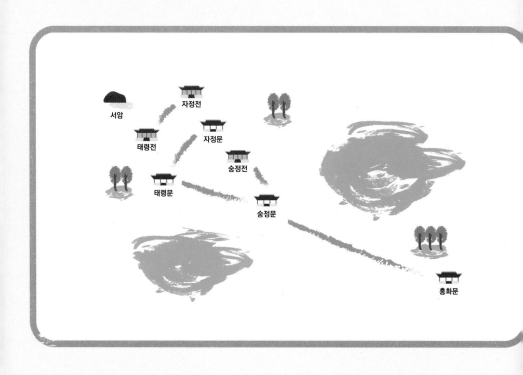

경희궁

왕기가 서린, 그러나 사라졌던 궁궐

경희궁(慶熙宮)은 1617년에 짓기 시작하여 1623년에 완성된 궁궐입니다. 경희궁의 처음 이름은 경덕궁(慶德宮)이었습니다. 경덕궁은 또 원래 선조의 다섯째 아들 정원군의 개인 집이었지요. 광해군은 정원군의 집에 왕의 기운이 서린다는 말을 듣고 그 집을 빼앗아 그 자리에 궁궐을 지었습니다.

광해군과 정원군은 사이가 좋을 수 없는 관계였습니다. 정원군은, 선조가 둘째 아들인 광해군은 물론 장남인 임해군조차 제치고 세자로 삼으려 했던 신성군의 동복형제이기 때문입니다. 또 광해군은 정원군의 아들이며 신성군의 양자가 되었던 능창군의 존재도 마음에 걸렸습니다. 어릴 때부터 총명하고 기상이 대범하다고 알려진 능창군을 임금으로 추대하려는 사건이 일어나자 광해군은 소문을 더 이상 무시해서는 안 되겠다고 생각했겠지요. 그런데 정원군의 집터는 정말 '왕기가 서린 곳'이었나 봅니다. 결국 반정에 의해 그 터에서 임금이 나왔고 쫓겨난 임금 광해군은 이 궁궐에서 살아보지도 못했으니 말입니다.

인조는 반정 이후에 광해군이 지었던 인경궁이나 자수궁은 헐어버렸지만 아버지의 집이었던 경덕궁은 그대로 남겨두었습니다. 인조는 즉위 초기 창경궁에 머물렀었는데 이괄의 난 때 공주로 몽진 간 틈에 창경궁이 불타버리고 말았습니다. 몽진에서 돌아온 인조는 창경궁 대신 경덕궁으로 들어갔고 이후 경덕궁은 조선 후기의 이궁(離宮 : 세자궁 혹은 임금이 궁중 밖으로 나들이할 때 머무는 궁궐) 역할을 하게 되었습니다.

경덕궁이 경희궁이 된 것은 영조 36년인 1760년의 일입니다. '경덕'이 훗날 추존된 원종(정원군)의 시호 '경덕(敬德)'과 발음이 같다는 이유에서였지요. '경희'는 경사롭고 기쁘다는 뜻입니다. 경희궁은 도성의 서쪽에 있다 하여 서궐(西闕)로 불리기도 했습니다. 창덕궁과 창경궁이 동궐, 경복궁이 북궐로 불리던 것과 마찬가지로 말입니다. 또 경희궁은 새문안 대궐로도 불렸습니다. 서울 도성의 서문이 사직공원 근처에서 지금의 서대문 사거리 근처로 옮겨졌는데 경희궁이 새로 만든 문 바로 안에 있다 하여 붙은 이름이지요. 지금도 경희궁이 있는 동네는 신문로(新門路) 혹은 새문안 길로 불리고 있습니다.

경희궁은 조선의 궁궐 가운데 가장 많이 훼손된 궁궐입니다. 아니, 훼손이 아니라 아예 없어졌다고 하는 편이 나을 정도였지요. 1910년 일본인 학교인 경성중학교가 들어서면서 대부분의 궁

■ 경희궁의 정문인 흥화문. 경희궁이 헐린 후 흥화문은 장충동으로 옮겨졌다가 1988년에 다시 이
자리로 돌아왔다.

궐 건물이 헐렸고 1980년까지는 이 자리에 서울고등학교가 있었
습니다. 그 후 서울고등학교는 서초동으로 이전하였고 그 자리에
경희궁의 전각이 몇 개 복원되어 일반인에게 공개되고 있습니다.

경희궁의 정문은 흥화문(興化門)입니다. 지금의 흥화문은 광해
군 때 지어진 그 건물 그대로입니다. 그런데 1932년, 일본이 이토
히로부미를 기리는 사당 박문사(博文祠)를 서울 장충동에 지으면서
정문으로 쓰기 위해 흥화문을 떼어 갔습니다. 광복 이후 박문사
는 없어졌지만 흥화문은 경희궁에 돌아오지 못하고 장충동 그 자
리에 들어선 신라호텔 영빈관 정문으로 쓰였지요. 비운의 흥화문

이 경희궁으로 다시 돌아온 것은 1988년입니다. 하지만 지금 서 있는 곳도 원래의 자리는 아닙니다. 원래 흥화문은 지금 서울 역사박물관 앞에 남아 있는 금천교보다 훨씬 더 광화문 쪽에 동향으로 서 있었다고 합니다.

궁궐의 정문인 흥화문이 중층이 아니라 단층인 이유는 정궁이 아닌 이궁으로 지어졌기 때문입니다. 흥화문은 원형 초석에 둥근 기둥을 올린 삼문 형식의 문입니다. '흥화'는 백성에 대한 교화를 북돋운다는 뜻이지요. 경희궁을 애용했던 영조는 실제로 흥화문 앞에서 자주 백성을 만났습니다.

그날, 영조 36년(1760) 10월 22일, 영조가 흥화문에 나아가서 유민(流民 : 떠돌아다니는 백성)들에게 죽을 먹이고 또 보휼(保恤 : 곤궁한 사람을 도와줌)하라 하였고 가벼운 죄수를 석방하고 옷을 내려주라고 명하였습니다.

또 영조는 38년(1762) 5월 24일에는 흥화문에 나아가 해당 백성들을 불러 사도세자의 빚을 갚아주기도 하였습니다. 영조는 이 자리에서 "어제 내가 본 바가 있어서(세자의 비행을 담은 나경언의 고변을 말함) 세자가 내사(內司 : 왕실 재정 관리를 맡아보는 관아)와 사궁(四宮 : 서울에 있던 명례궁, 수진궁, 어의궁, 용동궁)에서 백성들에게 빚이 많은 것을 알았다. 또 너희가 억울함을 품은 일이 있을 것이니, 숨기지 말고 다 나에게 전하라"하며, 호조 등에 이를 갚아주라 명하였습니다. 이때는 사도세자가 세상을 떠나기 약 한 달 전입니다. 영조는 아들 때문에 일반 백성이 억울한 피해를 입는 것을 막고 싶었던 것입니다.

영조 46년(1770) 1월 2일에도 영조는 흥화문에 나아가 서울의 사민(四民 : 과부, 고아, 홀아비, 자식 없는 노인) 및 걸인을 불러 모으고, 각각 차이를 두어 쌀을 내렸습니다. 이때 호조 판서 정홍순(鄭弘淳)이 "걸인이 이와 같이 많지는 않을 것인데, 요즈음 간사한 짓이 점점 늘어 부당하게 받는 자가 있을 듯 싶습니다"라고 말했습니다. 그러자 영조는 "모두 나의 백성이니, 비록 부당하게 받는 일이 있다 하더라도 무엇이 해로울 게 있겠는가?"라고 말해 정홍순이 부끄러워했다고 합니다.

영조 49년(1773) 1월 10일에 영조는 역시 흥화문에 나아가 백성들의 어려움을 묻고 102세 된 정순천(鄭順天)이라는 사람을 특별히 불러다 만났습니다. 이 자리에서 영조는, "지금 나의 백성 중 어려움을 말하는 자가 많으니 부끄럽지 않으냐?"하고 걱정하였습니다. 그랬더니 신하들은 "전하께서 어려움을 물으셨기 때문에 그렇게 대답한 것입니다. 만일 선치(善治)에 대하여 물으셨다면, 당연히 밭을 갈고 우물을 판 이야기를 노래했을 것입니다"라고 대답하였습니다. 그때 세손(훗날의 정조)이 앞으로 나아가 천세(千歲)를 부르니, 대신과 여러 신하가 거리의 백성들과 더불어 모두 천세를 불렀답니다.

흥화문 안에 있어야 할 금천교는 뚝 떨어진 곳인 서울 역사박물관 앞쪽에 있습니다. 돌 다리 아래 두 개의 홍예가 있고 홍예 사이에는 귀면이 새겨져 있습니다. 귀면 위 장대석 밑에는 여러 개의 서수 머리 조각이 고개만 내민 듯 돌출되어 있지요. 난간 기둥

■ 경희궁의 정전인 숭정전. 원래의 숭정전은 일제강점기에 불당으로 팔려갔는데 목재가 너무 낡고
불교 건물의 성격이 굳어져 복원 때도 돌아오지 못했다.

에는 연꽃 문양이 새겨져 있고 양끝 난간 기둥에는 작은 서수들
이 서 있습니다. 이 금천교는 일본에 의해 땅에 묻혔다가 2001년
에 복원된 것입니다.

　금천교 아래쪽에는 용비천(龍飛泉)이 있습니다. '용비천'은 용이
날아간 샘물이라는 뜻입니다. 이곳은 경희궁의 우물터입니다. 용
비천이라고 초서로 써놓은 비석이 있는데 글씨가 오른쪽부터 읽도
록 쓰인 것으로 보아 근대 이후에 쓴 것이라 짐작할 수 있습니다.

　다시 흥화문을 지나 경희궁으로 들어가면 정면에 숭정문(崇政門)
이 보입니다. '숭정'은 다스림을 드높인다는 뜻입니다. 숭정문은

경희궁의 정전인 숭정전의 정문입니다. 앞면 세 칸, 옆면 두 칸에 팔작지붕을 얹어 전형적인 궁궐 문의 모습을 한 숭정문은 여느 정전의 정문과 마찬가지로 삼문이고 좌우로는 행각이 연결되어 있습니다.

숭정문이 다른 정전의 문과 다른 점은 문 앞 중층의 계단 위에 월대처럼 넓은 공간이 마련되어 있다는 것이지요. 이는 지형을 고려한 배치로 짐작됩니다. 1층 계단에는 소맷돌만 있지만 2층 계단 중앙에는 소맷돌과 함께 봉황이 새겨진 답도가 설치되어 있습니다.

그날, 경종 즉위년(1720) 6월 13일. 경종이 숭정문에서 즉위하였습니다. 6일 전인 6월 8일에 경희궁 융복전(隆福殿)에서 세상을 떠난 숙종의 뒤를 이은 것입니다.

제20대 임금 경종은 숙종의 맏아들이며 어머니는 사극에 자주 등장하는 장희빈입니다. 숙종에게는 인경왕후, 인현왕후, 인원왕후, 희빈으로 강등되기 전 왕비에 자리에 올랐던 장옥정까지 네 명의 왕비가 있었지만 아들을 낳아준 사람은 장옥정 한 사람뿐이었지요. 숙종은 귀한 아들이 태어난 지 두 달 만에 원자로 정하려 했습니다. 그런데 대신들은 강하게 반대하였지요. 하지만 숙종은 경종이 3세 되었을 때 세자로 책봉하였습니다. 이때 인현왕후가 폐출되고 장옥정이 왕비가 되었습니다. 그 후 다시 정국이 뒤집혀 인현왕후가 복위되었고 희빈으로 강등된 장옥정은 인현왕후를 저주했다는 혐의를 받고 사사되었습니다. 이 때 경종은 14

세였습니다. 경종은 이때의 정신적, 육체적 충격으로 줄곧 병을 앓았습니다.

장희빈이 죽은 후 노론의 대신들은 물론 숙종까지도 경종을 왕위에 올리지 않으려 여러 모로 애를 썼습니다. 세자가 병이 많고 자식이 없음을 들어 숙빈 최씨의 아들 연잉군을 후사로 정하려 했지요. 이에 반대하는 여론에 부딪혀 혼란을 겪는 중에 숙종은 세상을 떠났습니다. 그 뒤를 이어 임금이 되었을 때 경종의 나이 33세였습니다.

임금이 되기는 했지만 경종은 정사를 제대로 돌보지도 못할 정도로 건강이 안 좋았습니다. 임금이 강력한 왕권을 행사하지 못하자 경종을 옹호하는 소론과 그 반대파인 노론의 당쟁은 더욱 심해졌지요. 1721년 신축년과 1722년 임인년 두 해에 신임사화(辛壬士禍)라는 큰 옥사가 일어나고 조정은 소론의 손에 넘어가게 되었습니다.

신임사화 이후 김일경은 경종의 계비인 선의왕후와 함께 양자 들일 계획을 세웠습니다. 소현세자의 후손인 밀풍군의 아들을 양자로 들여 경종의 뒤를 잇게 하려 한 것입니다. 이런 소식을 들은 숙종의 계비 인원왕후는 "무슨 변고가 있더라도 선왕(숙종)의 혈통이 두 분이나 있어 혈통이 끊이지 않을 터인데 누가 망령된 짓으로 선왕의 혈통을 막으려 한단 말인가?"하며 대신들을 엄히 꾸짖었습니다.

이런 혼란 가운데 경종은 1724년 창경궁 환취정에서 세상을 떠났습니다. 경종은 4년여의 짧은 재위 기간에 별다른 치적을 남기

■숭정전에서 즉위 하례를 받은 정조는 그 자리에서 "나는 사도세자의 아들이다"라고 선언하였다.

지 못하고 독살되었다는 의혹만 남겼지요. 독살의 제1 용의자는 연잉군입니다. 경종이 한의학에서 상극인 게장과 연시를 먹었는데 이는 연잉군이 올린 것이고 또 의관이 말리는데도 불구하고 연잉군이 세 차례나 인삼차를 마시게 하여 경종이 사망했다는 것입니다.

그러나 실록에 의하면 경종은 세상을 떠나기 한 달 전부터도 열이 심하게 나면서 배와 가슴이 조이는 듯한 증세를 보였습니다. 병이 여러 날 동안 낫지 않아 수라 드는 것마저 싫어했다는 것이지요. 세자 시절부터 걱정과 두려움이 쌓여 마침내 형용하기 어려운 병을 이루었고, 해를 지낼수록 깊은 고질이 되었으며, 더운 열기가 위로 올라와서 때로는 혼미한 증상도 있었다는 것입니다. 의원들은 경종이 한방에서 상극으로 통하는 게장과 생감을 먹어서 그런 것 같다며 처방약을 올렸지만 복통은 멎지 않고 설사까지 심해졌습니다.

경종이 사경을 헤매는 가운데 의관들은 인삼과 좁쌀로 끓인 미음을 올렸고 한기를 삭히기 위해 인삼차도 올렸습니다. 인삼차는 연잉군보다 의관이 먼저 올린 것이지요. 의관들의 조치에도 효과가 없자 세제 연잉군은 비상 수단으로 인삼과 부자를 올리게 하였습니다. 이때 인삼차를 마신 경종은 잠시 눈빛이 안정되고 콧등이 따스해졌습니다. 그러나 밤이 깊어가자 경종은 의식을 잃었고 결국 숨이 끊어지고 말았습니다. 1724년 8월 25일의 일이었습니다.

경종의 독살설은 영조가 왕위에 오른 후까지도 사라지지 않았습니다. 영조는 1755년 발행한 《천의소감》에, "그때 게장을 진어한 것은 동궁이 아니라 수라간이었다. 그때도 무식한 나인이 지나치게 진어했다는 소문이 퍼졌다. 지금 분명히 말하지 않으면 이것이 어찌 사람의 자식된 도리이고 아우된 도리이겠는가"라고 써서 독살설에 대해 직접 해명하기도 했습니다. 《천의소감》은 영조가 자신의 왕위 정통성을 밝히기 위해 쓴 책입니다.

그날, 영조 52년(1776) 3월 10일에는 영조를 이어 정조가 숭정문에서 즉위하였습니다. 대신들의 재촉을 받아 울며 여차에서 나온 정조는 숭정문 앞에서 가마에서 내렸습니다. 정조는, "이제 이곳에 오니, 가슴이 찢어지려 한다. 이 어좌는 곧 선왕께서 앉으시

■숭정전의 답도(왼쪽)와 계단 소맷돌. 이들 석재 중에는 경희궁 터 발굴 때 발견된, 훼손 이전의 것들도 포함되어 있다.

던 어좌이다. 어찌 오늘 내가 이 어좌를 마주 대할 줄을 생각이나 했겠는가?"하고는 실성할 정도로 눈물을 흘렸지요. 신하들이 다 울음을 머금고 어좌에 오르기를 여러 차례 청했지만 정조는 자신을 강요하지 말라며 어좌에 오르기를 계속 사양했습니다. 대신들이 해가 이미 기울어진 것을 들어 계속 청하니 정조는 마침내 어좌에 올랐습니다. 이로써 새 임금이 탄생한 것입니다. 정조의 증손자인 헌종도 숭정문에서 즉위하였습니다.

숭정문을 들어서면 정면에 숭정전(崇政殿)이 보입니다. 숭정전은 경희궁의 정전으로 경종, 정조, 헌종이 즉위하여 하례를 받은 곳입니다. 숭정문 좌우에 이어진 행각으로 만들어진 숭정전 앞마당에는 여느 정전과 마찬가지로 박석이 깔려 있고 어도 양쪽에 품계석이 서 있습니다. 2단의 월대로 올라가는 계단 중앙에는 봉황이 새겨진 답도가 있고 답도 양옆 계단은 당초문으로 장식되어 있습니다. 소맷돌에는 뿔이 하나 달리고 앞발을 가지런히 앞으로 모은 서수가 조각되어 있지요. 답도와 서수 등의 석재 중에는 1985년 경희궁 터 발굴 때 발견된, 훼손 이전의 것들도 포함되어 있습니다.

숭정전은 단층의 목조 건물입니다. 그런데 지금 경희궁에 있는 숭정전은 최근에 복원된 것이고 광해군 10년에 지어진 원래의 숭정전을 보려면 서울 장충동의 동국대학교로 가야 합니다. 일본은 1926년 경희궁을 훼손하면서 숭정전을 일본 사찰인 조계사에 팔았고 그 후 숭정전은 동국대학교에서 정각원(正覺院)이라는 불당이 되었기 때문이지요. 경희궁 복원 때 제 건물을 옮겨오지 않은 이유는, 목재가 너무 낡았고 이미 불교 건물의 성격이 굳어졌기 때문입니다.

숭정전의 내부 바닥에는 전돌이 깔려 있습니다. 중앙에는 어좌 뒤로 일월오봉병이 펼쳐진 어탑이 있고 천장에는 일곱 개의 발톱을 가진 황룡이 조각되어 있습니다. 경희궁 천장에 봉황이 아닌 황룡이 있는 이유는 대한제국 선포 후에도 이 궁궐이 임금의 집무 공간으로 사용되었기 때문이지요. 숭정전에서는 즉위식 하례 외에도 임금과 신하들과의 조회, 궁중 연회, 사신 접대 등의 공식 행사가 열렸습니다.

■ 숭정전 내부 중앙에는 일월오
봉병이 펼쳐진 어탑이 있고 천
장에는 일곱 개의 발톱을 가진
황룡이 장식되어 있다.

그날, 인조 6년(1628) 12월 4일, 인조는 숭정전에 나아가 청나
라 장수 용골대 등을 접견하고 그들의 국서를 받았습니다. 그들의
국서에는 다음과 같은 내용이 담겨 있었습니다.

"두 나라가 수호(修好)하여 정의가 두터운데 미처 문안하지 못하
여 마음이 매우 편치 못하였습니다. 이제 삼가 사신들을 보내어
문안을 여쭙고 겸하여 약간의 물건을 드려 조그만 성의를 표합니
다. 들으니, 귀국에 금나라와 원나라의 글로 번역된 사서삼경이
있다고 하니, 삼가 구하여 한 번 보고자 합니다. 도와주시기 바
랍니다. 통사 권인록(權仁祿)은 본래 붙들어 두고 쓰고자 하였으나

■ 편전으로 사용되었던 자정전. 숙종이 세상을 떠났을 때는 빈전으로 사용되기도 했다.

조선 임금의 의사가 매우 간절하시기 때문에 이번에 송환합니다. 이만 줄입니다."

숭정전의 행각에는 사방으로 문이 나 있습니다. 남문은 숭정문, 동남문은 건명문(建明門), 동문은 여춘문(麗春門), 서문은 의추문(宜秋門), 북문은 자정문(資政門)입니다. 숭정전 행각은 가운데 기둥으로 안쪽 행각, 바깥쪽 행각이 나뉘는 복행랑 구조로 되어 있습니다. 천원지방의 사상을 담아 네모난 주춧돌에 둥근 기둥을 세웠습니다. 숭정전 마당과 행각은 안쪽으로 들어갈수록 계단식으로 층이 높아지는데 지형을 그대로 살려서 만들었기 때문입니다.

숭정전의 북문인 자정문은 자정전(資政殿)의 정문입니다. 앞면 세 칸, 옆면 세 칸의 아담한 건물인 자정전 앞에는 단층의 월대가 있습니다. 삼문인 자정문 앞 계단에는 소맷돌과 답도가 있는데 자정전 앞에는 계단만 놓여 있지요. 내부에는 전돌이 깔려 있고, 주위에는 행각이 둘러쳐져 있습니다. 자정전 행각도 안쪽으로 갈수록 층이 높아지도록 만들어졌습니다.

'자정'은 정사를 돕는다는 뜻입니다. 자정전은 임금이 신하들과 회의를 하거나 경연을 베풀던 편전입니다.

그날, 효종 3년(1652) 11월 12일, 효종은 자정전에서 사형수를 계복(啓覆 : 사형 선고를 받은 죄인을 다시 심사함)하는 회의를 열었습니다. 이 자리에서 공신 원두표(元斗杓)를 탄핵한 윤선도(尹善道)를 어떻게 처벌할 것인가에 대한 논의도 진행되었습니다. '어부사시사' 등 여러 편의 시조로 유명한 시인이며 정치인, 음악가이기도 했던 윤선도는 1652년 10월에 예조 참의가 되었습니다. 그는 시급히 처리해야 할 여덟 가지 현안 시책을 건의한 '시무팔조(時務八條)'를 올린 후 사직하고 양주에 머물면서 11월에 원두표의 전횡을 비판한 상소를 올렸습니다.

윤선도는 상소에서 "원두표는 재주는 많으나 덕이 적고, 이득을 좋아하고 의리가 없으며, 사납고 교활하며, 포학하게 화심(禍心)을 감추고 있으므로, 거리에서 이야기하는 사람들은 장차 화를 면하지 못할 것이라 하고, 원대한 안목이 있는 사람은 잘 죽기 어려울 것이라고 염려합니다. 이러한 사람에게 일을 맡기지 않는 것은 옛날의 밝은 임금이 공신을 보전한 덕이고, 이러한 사람을 먼 변방으로 내치는 것은 옛날 성인이 망설이지 않고 간사한 자를 물리친 도였습니다. …… 바라건대, 전하께서는 빨리 원두표를 먼 지방에서 한가히 살도록 명하여 연말까지 한가롭게 놀게 하다가 나라의 형세가 굳어지고 조정이 안정된 뒤에 그가 새로워지거든 다시 등용하소서. 그러면 종사에는 실로 억만 년 끝없는 복이 되고 원두표에게도 억만 년토록 얻기 어려운 복이 되지 않겠습니까?"라고 쓰고 효종이 강력한 왕권을 가져야 함도 주장하였습니다.

그러나 이 글들에 원두표 뿐만 아니라 김자점(金自點), 송시열 등 당시 서인의 중진들이 파벌을 조장한다고 비난하는 내용이 들어있어서 윤선도는 서인의 격렬한 공격을 받았지요. 효종 역시 사연이 매우 해괴하고 경망하여 버려둘 수 없다며 자정전에서 열린 그날 회의에서 윤선도를 파면하고 도성에서 추방하는 '문외 출송(門外黜送)'의 벌을 내렸습니다.

숙종이 세상을 떠났을 때 자정전은 숙종의 빈전으로 사용되었습니다.

그날, 영조 15년(1739) 5월 5일, 영조는 자정전에서 고동 가제(告動駕祭 : 삼년상이 끝난 뒤, 임금의 신주를 종묘에 모셔가기 위해 조상에게 알리는 제사)를 행하였습니다. 신위를 수레에 모시니, 영조가 먼저 숭정문 밖에 나가 서쪽으로 향하여 섰습니다. 신주를 모신 수레가 의장을 갖추고 나오니 영조가 맞이하고 뒤따라가서 종묘에 모시고 돌아왔습니다. 이후에 자정전은 선왕들의 위패를 보관하

■ 태령전의 용도는 불명확하나, 구조로 보아 정무를 보거나 선왕을 추모하는 곳이었음을 미루어 짐작할 수 있다.

는 장소로, 혹은 태조의 어진을 모시는 진전(眞殿)으로 쓰이기도 했습니다.

자정전을 바라보고 섰을 때 왼쪽에 태령전(泰寧殿)이 있습니다. '태령'은 모든 것이 형통하고 편안하다는 뜻이지요. 태령전의 정문인 태령문은 하나의 지붕 아래 세 개의 문이 있는 전형적인 궁궐의 문과는 조금 다르게 생겼습니다. 세 개의 문 중 가운데 문이 높이 솟은 사당의 정문처럼 생겼습니다. 정문의 이런 구조로 보아, 태령전이 임금이 정무를 보는 공간이 아닌, 선대왕을 추모하는 공간으로 지어졌음을 짐작할 수 있습니다.

태령전은 앞면 다섯 칸, 옆면 두 칸의 건물입니다. 2단의 월대 위에 지어졌지만 각층에 세 개씩 있는 계단에는 아무런 장식도 없

■상서로운 바위라는 뜻의 서암. 왕암이라고도 불렸던 이 바위 때문에 이곳에 왕기가 서린다는 소문이 돌았다고 한다.

습니다. 태령문과 태령전의 현판은 복원할 때 명필 한석봉의 글씨를 집자하여 만든 것입니다. 지금은 이 건물 안에 영조의 어진이 보관되어 있습니다. 영조의 어진이 모셔진 것은 영조 20년(1744) 이후부터였습니다.

그날, 영조 35년(1759) 1월 21일, 영조는 한성부에서 얻은 숙종의 호적 단자와 1699년 10월 23일 어머니 최씨가 귀인에서 숙빈으로 승급될 때의 교지 등을 상자에 넣어 태령전에 안치하게 하였습니다. 그러면서 영조는 자신이 세상을 떠난 후 그 상자를 자신의 재궁 앞에 놓아달라고 유언했습니다.

영조 52년(1776) 3월 5일, 영조가 경희궁 집경당에서 세상을 떠나자 세손(훗날의 정조)은 태령전에 있던 상자를 받들어 오라고 명

하였습니다. 도승지 등이 상자를 가져오니 세손이 받들고 소리 내
어 울며 어상(御床) 북쪽에 놓았습니다. 그해 7월 27일에 영조의 인
산(因山 : 임금과 왕비, 세자와 세자빈, 세손과 세손빈의 장례) 예절이 이루
어질 때 정조는 상복을 입고 태령전에서 망곡례를 행하였습니다.

태령전 뒤에는 서암(瑞巖)이라는 큰 바위가 있고 그 아래 암천(巖
川)이라는 샘이 있습니다. 상서로운 바위라는 뜻을 가진 서암의 본
래 이름은 '왕암(王巖)'이었답니다. 종친의 집이었던 그곳에 왕기가
서린다는 소문이 돈 것은 이 바위 때문이었다고 하지요.

그날, 영조 49년(1773) 11월 12일에 영조는 여러 신하에게 서
암에 가서 살펴보게 하고, 이어 '서암송(瑞巖頌)'을 지어 올리라 명
하고, 자신이 그 서문(序文)을 짓기도 하였습니다. 이 날의 실록에
는 서암에 대하여 다음과 같이 기록되어 있습니다.

> "서암은 덕유당(德游堂) 서북쪽에 있었는데 이 궁궐은 바로 장릉(章
> 陵 : 인조의 아버지 원종의 능. 여기서는 원종을 말함)의 옛 집이었다. 광해
> 가 '왕암'이라는 말을 듣고 여기에 궁을 세웠는데 인조 대왕이 반정
> 하였고, 계사년(1653) 이후로는 이 궁에 임어(臨御)하였다. 숙종 무자
> 년(1708)에 이르러 이름을 '서암'으로 고치고 어필로 '서암' 두 글자를
> 크게 써서 사방석(四方石 : 네모난 돌)에 새기고, 오른쪽 곁에는 새기기
> 를, '속칭이 왕암인데, 바로 상서로움을 징험한다'라고 하였는데, 역
> 시 어필이었다."
>
> — 〈영조실록〉 1773년 11월 12일

아쉽게도 지금 이 사방석은 남아 있지 않습니다. 하지만 경희궁 궁궐 전체가 사라졌던 것을 생각하면 옛 궁궐터의 유일한 흔적인, 그래서 이곳에 궁궐을 다시 복원하는 기초가 되어준 서암이야말로 진정한 왕암이라 하겠습니다.

기파랑耆婆郎은 삼국유사에 수록된 신라시대 향가 찬기파랑가讚耆婆郎歌의 주인공입니다.
작자 충담忠談은 달과 시내와 잣나무의 은유를 통해 이상적인 화랑의 모습을 그리고 있습니다.
어두운 구름을 헤치고 나와 세상을 비추는 달의 강인함, 끝간 데 없이 뻗어나간 시냇물의 영원함,
그리고 겨울 찬서리 이겨내고 늘 푸른빛 잃지 않는 잣나무의 불변함은 도서출판 기파랑의 정신
입니다.

궁 궐 그날의 역사

초판 1쇄 발행 2014년 9월 30일
초판 4쇄 인쇄 2014년 5월 20일

지은이 · 황인희
사 진 · 윤상구
펴낸이 · 안병훈
디자인 · 황은경
일러스트 · 오성윤

펴낸곳 · 도서출판 기파랑
등 록 · 2004. 12. 27 제300-2004-204호
주 소 · (03086) 서울시 종로구 대학로8가길 56 동숭빌딩 301호
전 화 · 02-763-8996(편집부) 02-3288-0077(영업마케팅부)
팩 스 · 02-763-8936
이메일 · info@guiparang.com
홈페이지 · www.guiparang.com

ISBN 978-89-6523-881-2 03910